智慧交通论丛

智慧公路
发展战略研究
（下册）

傅志寰　翁孟勇　主编

课题报告4	智慧公路养护研究
课题报告5	智慧服务区发展研究
课题报告6	智慧公路安全应急保障研究
课题报告7	"四网融合"系统研究

人民交通出版社
北京

内 容 提 要

本书是中国工程院2022年重大战略研究与咨询项目"智慧公路发展战略研究"成果,由上、下两册组成。本书为《智慧公路发展战略研究(下册)》,包括4个课题报告。课题报告4《智慧公路养护研究》提出了智慧公路养护的发展目标、技术架构、重点任务,分析了智慧化养护的经济效益优势。课题报告5《智慧服务区发展研究》研究了智慧服务区的发展目标、体系架构、应用场景、分级分类、评价指标及重点任务。课题报告6《智慧公路安全应急保障研究》提出了智慧公路安全应急保障的发展目标、分级分类、发展架构、技术体系、实施路径及重点任务。课题报告7《"四网融合"系统研究》基于对公路沿线资源的分析,提出了公路基础设施网与能源网、信息网、运输服务网融合的发展目标、技术架构及重点任务。

本书可为政府部门、交通运输企业和科研机构中从事智慧公路行业政策制定、管理决策、咨询研究的人员提供参考,也可供高等院校相关专业师生及其他对公路行业感兴趣的读者阅读使用。

图书在版编目(CIP)数据

智慧公路发展战略研究. 下册 / 傅志寰,翁孟勇主编. — 北京:人民交通出版社股份有限公司,2024.1
ISBN 978-7-114-19505-1

Ⅰ.①智… Ⅱ.①傅…②翁… Ⅲ.①电子公路—道路建设—研究—中国 Ⅳ.①U412.36

中国国家版本馆CIP数据核字(2024)第088251号

Zhihui Gonglu Fazhan Zhanlüe Yanjiu

书　　名:	智慧公路发展战略研究(下册)
著 作 者:	傅志寰　翁孟勇
责任编辑:	郭晓旭　齐黄柏盈
责任校对:	赵媛媛　魏佳宁
责任印制:	刘高彤
出版发行:	人民交通出版社
地　　址:	(100011)北京市朝阳区安定门外外馆斜街3号
网　　址:	http://www.ccpcl.com.cn
销售电话:	(010)59757973
总 经 销:	人民交通出版社发行部
经　　销:	各地新华书店
印　　刷:	北京印匠彩色印刷有限公司
开　　本:	787×1092　1/16
印　　张:	20.25
字　　数:	420千
版　　次:	2024年1月　第1版
印　　次:	2024年1月　第1次印刷
书　　号:	ISBN 978-7-114-19505-1
定　　价:	186.00元

(有印刷、装订质量问题的图书,由本社负责调换)

编写委员会
Editorial Committee

主任委员

傅志寰　翁孟勇

副主任委员

周　伟　吴春耕　陆化普　李兴华

编委会成员

卢春房　聂建国　郑健龙　张喜刚　杨长风　王云鹏　林　鸣
李克强　刘加平　朱合华　周海涛　徐亚华　周荣峰　徐文强
高战军　王　太　林　强　聂淑琴　王恒斌　张劲泉　李　斌
蒋振雄　王其峰　顾德军　邢桂伟　杨文银　巨荣云　王大鹏
王　刚　刘　建　陈山枝　崔玉萍　左志武　杨卫东　冉　斌
施雪松　孙虎成

总报告主要执笔人

孙虎成　张晓璇　付振茹　孙　静　杨　超

课题报告主要执笔人（按报告编号顺序）

李　斌　李法雄　芮一康　李林恒　孙　静　李　晶　虞明远
姜宏维　张艳红　刘传雷　马　健　吴洲豪　王　益　徐志远
陈　琨

项目办公室

孙虎成　高金金　毕　鑫　张晓璇　江　媛　黄德刚

前言
Preface

  公路网是综合运输体系的基础和骨干,在国家安全和发展中发挥着基础性、引导性、支撑性和战略性作用。我国公路的规模里程、承担运输量都位居世界前列,但发展面临安全问题突出、通行效率和服务水平不高、环境土地要素约束等诸多问题和挑战。发展智慧公路,有利于提升公路网运行安全、通行效率和服务能力,促进公路绿色转型发展,带动智能制造、智能网联汽车、通信信息、能源、新材料等相关产业,并促进数字经济发展,在未来交通技术发展中确立全球领先地位,意义重大。围绕国家新型基础设施建设、数字中国建设、交通强国建设等决策部署,发展智慧公路成为公路交通高质量发展的必由之路,《交通强国建设纲要》《国家综合立体交通网规划纲要》也对发展智慧交通、推进交通基础设施数字化作出了明确部署。

  在交通运输主管部门的大力引导下,各地探索推进智慧公路的建设与发展,取得了一些成果和经验,但仍面临诸多问题和挑战。由于我国智慧公路发展缺乏统一明确的发展目标、体系设计,各地在发展中主要为自行摸索,全国智慧公路建设各成体系、模式多样、标准规范不一,影响路网整体协同效应的发挥,不利于智慧公路健康有序发展。

  针对以上问题,2022年3月,中国工程院启动了中国工程院重大战略研究与咨询项目"智慧公路发展战略研究"。项目成员包括中国工程院的11位院士以及来自中国公路学会、中国工程院战略咨询中心、清华大学、交通运输部公路科学研究院、交通运输部规划研究院、同济大学、东南大学、中国公路工程咨询集团等单位的100多位研究人员。

  研究工作得到了交通运输部尤其是部公路局的高度重视和支持,交通运输部领导对"智慧公路发展战略研究"项目的推进做了重要指导。项目研究始终坚持广泛调研,得到了中国卫星导航系统管理办公室、交通运输部路网监测与应急处置中心、中国交通通信信息中心、北京理工大学电动车辆国家工程研究中心等单位的研究支持,听取了来自新加坡、美国等国家交通专家的意见,向江苏、山东、浙江、四川、广东、湖北、河北、北京、宁夏9个省(自治区、直辖市)有关政府部门、研究机构和公路企业调研需求并征求意见,得到了江苏省交通工程建设局、山东高速集团、中国银行、华设设计集团、腾讯等单位的参与支持。项目研究周期为一年半，其间组织了现场调研、座谈调研、专家咨询、学术讲座、学术论坛、专题研讨等研究交流活动30余次，其中在2023世界交通运输大会上举办的"智慧公路工程科技论坛"参与人数众多，该活动受到行业广泛关注。项目研究坚持从行业中来、到行业中去，广泛听取各方面意见，充分凝聚行业的智慧和力量，这为项目成果落地创造了有利条件。

项目组坚持理论联系实际，以全局性、前瞻性视角，对智慧公路的内涵特征、总体架构、发展目标、推进路线、分级分类、重点任务等问题提出了咨询建议，并撰写了《智慧公路发展战略研究总报告》和7份课题报告。

《智慧公路发展战略研究总报告》首次从战略层面谋划了我国智慧公路发展的顶层设计，系统回答了"为什么要建设智慧公路""建设什么样的智慧公路""怎样建设智慧公路"三个智慧公路发展的核心问题，回应了行业关切，对指导我国智慧公路健康有序高质量发展具有重要意义。研究报告分析梳理了智慧公路的提出背景、国内外实践情况，系统阐述了智慧公路的内涵特征和总体架构，制定了我国智慧公路两阶段发展目标、三步走推进路线、分级分类框架，并提出了智能建造、数字化公路基础设施、车路协同自动驾驶系统、新一代公路智能税费征收系统、智慧化养护、智慧服务区、伴随式出行服务、智慧公路安全应急保障、"四网融合"系统九大重点建设内容以及相关政策建议。

在工作方法上，项目组既坚持独立研究，又与行业主管部门密切配合。在研究过程中，部分研究成果被2023年9月交通运输部印发的《关于推进公路数字化转型加快智慧公路建设发展的意见》（交公路发〔2023〕131号）吸收。

本书系统、全面地总结了"智慧公路发展战略研究"项目成果，积极宣传普及智慧公路发展的理念、重要意义、战略目标、推进路线、技术架构、重点应用场景等，凝聚行业共识，助力指导智慧公路健康有序发展，助推我国智慧公路发展迈上新台阶，为加快建设交通强国提供有力支撑，为全球智慧公路发展贡献中国智慧、中国方案。

最后，在《智慧公路发展战略研究》即将付梓之际，深切期望本书能够为政府部门决策、企业经营、科研院所研究等相关工作提供有益的参考，同时也敬请读者对不足之处予以指正。

主　编

2023年11月

目录
Contents

课题报告 4
智慧公路养护研究

课题组主要研究人员	002
内容摘要	003
第一章　对智慧化养护的基本认识	005
第一节　对智慧化养护的理解	005
第二节　推进智慧化养护的目的	008
第二章　我国智慧化养护现状分析	010
第一节　公路的智慧养护现状与小结	010
第二节　智慧公路的智慧养护现状与小结	012
第三节　总体评价	017
第三章　国内外智慧化养护发展经验借鉴	018
第一节　国内智慧化养护发展经验借鉴	018
第二节　国外智慧化养护发展经验借鉴	028
第四章　智慧化养护发展形势分析	032
第五章　智慧化养护发展战略目标	035
第一节　智慧化养护的内涵及分级	035
第二节　智慧化养护的基本原则	038
第三节　智慧化养护的发展目标	038
第四节　智慧化养护的发展思路	040

第六章　智慧化养护发展的重点任务 ········ 042
    第一节　建立智慧化养护发展的统一标准 ········ 042
    第二节　建立智慧化养护的技术支撑体系 ········ 042
    第三节　完善智慧化养护的管理运行机制 ········ 046
    第四节　促进智慧化养护的制度体系建设 ········ 046
    第五节　强化智慧化养护发展的要素支撑 ········ 046
    第六节　创建智慧化养护的试点示范工程 ········ 047

第七章　智慧化养护发展的战略保障 ········ 052
    第一节　体制机制保障 ········ 052
    第二节　资金保障 ········ 053
    第三节　人才保障 ········ 053
    第四节　技术保障 ········ 054

第八章　智慧化养护的经济分析 ········ 055
    第一节　智慧化养护实施测算 ········ 055
    第二节　效益分析 ········ 059

参考文献 ········ 062

课题报告 5
智慧服务区发展研究

课题组主要研究人员 ········ 066
内容摘要 ········ 067

第一章　智慧服务区发展基础与需求 ········ 069
    第一节　智慧服务区发展基础 ········ 069
    第二节　智慧服务区实践与启示 ········ 073
    第三节　智慧服务区发展需求 ········ 077

第二章　智慧服务区定义、发展目标与实施路径 ········ 081
    第一节　智慧服务区定义与主要特征 ········ 081
    第二节　智慧服务区发展目标 ········ 083
    第三节　智慧服务区发展思路 ········ 086

第三章　智慧服务区体系架构、关键技术与应用场景 …… 089
　第一节　智慧服务区的多级平台架构 …… 089
　第二节　智慧服务区关键技术 …… 093
　第三节　智慧服务区应用场景 …… 096

第四章　智慧服务区分类分级、配置与评价 …… 099
　第一节　智慧服务区分类分级 …… 099
　第二节　智慧服务区资源配置要求 …… 100
　第三节　智慧服务区评价 …… 108

第五章　发展建议与示范工程 …… 110
　第一节　发展建议 …… 110
　第二节　试点示范建议 …… 114

附件　智慧服务区评价指标计算表 …… 116

参考文献 …… 129

课题报告 6
智慧公路安全应急保障研究

课题组主要研究人员 …… 132
内容摘要 …… 133
第一章　研究背景 …… 135
　第一节　公路发展背景 …… 135
　第二节　政策支撑 …… 136
　第三节　安全应急是智慧公路发展的重要任务 …… 137
第二章　智慧公路安全应急保障的内涵 …… 139
　第一节　资料收集与方法 …… 139
　第二节　公路定义与内涵 …… 140
　第三节　智慧公路定义与内涵 …… 141
　第四节　安全应急保障内涵 …… 143
　第五节　智慧公路安全应急保障内涵 …… 144
第三章　智慧公路安全应急保障发展现状 …… 146
　第一节　实践 …… 146
　第二节　系统功能 …… 157

第三节　关键技术 ……………………………………………… 161
　　第四节　体制机制 ……………………………………………… 177
　　第五节　存在问题 ……………………………………………… 186
第四章　智慧公路安全应急保障发展目标 ……………………………… 189
　　第一节　具体目标 ……………………………………………… 190
　　第二节　需求分析 ……………………………………………… 191
　　第三节　评价指标 ……………………………………………… 196
　　第四节　智慧能力分级 ………………………………………… 200
第五章　智慧公路安全应急保障发展架构与技术路线 ………………… 204
　　第一节　总体框架 ……………………………………………… 204
　　第二节　智能安全管控与应急救援技术体系 ………………… 206
　　第三节　应急救援体制机制、系统架构 ……………………… 224
第六章　智慧公路安全应急保障示范工程建议 ………………………… 236
　　第一节　隧道场景下的安全应急保障示范 …………………… 236
　　第二节　长大下坡桥梁等特殊路段下的安全应急保障示范 … 240
参考文献 …………………………………………………………………… 246

课题报告 7
"四网融合"系统研究

课题组主要研究人员 ……………………………………………………… 250
内容摘要 …………………………………………………………………… 251
第一章　概述 ……………………………………………………………… 253
　　第一节　研究背景 ……………………………………………… 253
　　第二节　课题定位 ……………………………………………… 254
　　第三节　研究目标和内容 ……………………………………… 257
　　第四节　研究思路 ……………………………………………… 259
　　第五节　技术路线 ……………………………………………… 259
第二章　智慧公路"四网融合"的含义和发展现状 ……………………… 261
　　第一节　智慧公路"四网融合"的内涵 ………………………… 261
　　第二节　智慧公路"四网融合"发展现状 ……………………… 262
　　第三节　"四网融合"形势要求 ………………………………… 277

第三章 发展目标和总体架构 ····· 279
第一节 发展目标 ····· 279
第二节 "四网融合"的总体架构 ····· 281

第四章 "四网融合"发展需求 ····· 283
第一节 信息量匡算 ····· 283
第二节 能耗量匡算 ····· 285

第五章 "四网融合"建设总体思路和发展路径 ····· 292
第一节 建设总体思路 ····· 292
第二节 发展路径 ····· 293

第六章 "四网融合"重点建设任务 ····· 295
第一节 推进公路基础设施网与能源网融合发展 ····· 295
第二节 推进公路基础设施网与信息网融合发展 ····· 297
第三节 构建"三网融合"的基础设施供给网络 ····· 298
第四节 构建"四网融合"的一体化服务网 ····· 299

第七章 "四网融合"布局策略 ····· 300
第一节 公路基础设施网与信息网融合的布局策略 ····· 300
第二节 公路基础设施网与能源网融合的布局策略 ····· 302

第八章 保障措施 ····· 306

第九章 "四网融合"示范工程建议 ····· 307
第一节 示范目的 ····· 307
第二节 建设内容 ····· 307
第三节 预期成效 ····· 308

参考文献 ····· 310

● 中国工程院重大战略研究与咨询项目

课题报告 ④

智慧公路养护研究

课题组主要研究人员

课题顾问

　　李　华　杨　亮　侯晓明　薛忠军　刘淞男

课题组长

　　林　鸣　崔玉萍

课题组主要成员

　　姜宏维　侯　芸　张艳红　戴建华　王宪伟

　　于艳波　李宇轩　仝鑫隆　田佳磊　周　晶

　　彭　鹏　贾　非　郭建明　王　杨　冯红耀

课题主要执笔人

　　姜宏维　张艳红　李宇轩

内容摘要

本研究的总体思路是,明确认识到智慧公路是交通强国建设、国家综合交通立体网规划的重要优先发展领域,在全面梳理我国智慧化养护发展现状的基础上,通过借鉴吸取国内外智慧化养护的发展经验和教训,综合研判未来智慧化养护的发展机遇和发展挑战,提出我国智慧化养护发展的战略目标、重点任务和保障措施,并作出经济分析,为智慧公路发展提供基础支撑。

本研究的重点是,基于问题导向和目标导向,升级养护发展新理念,明确智慧化养护定位与发展思路,提出智慧化养护发展的战略目标和重点任务,服务现代化经济体系建设,更好地发挥公路行业在综合交通运输系统中的基础性、服务性、战略性、引领性作用,以及在国民经济中的支柱作用,推动我国智慧公路健康可持续发展,进一步支撑交通强国建设。

本研究的具体内容是,基于对智慧化养护的基本认识与界定,围绕智慧化养护发展的现在与未来,深入剖析存在问题,提出发展目标、发展重点和保障措施,并就智慧化养护展开经济分析。在项目研究过程中,课题组参阅了大量国内外研究文献,并吸取了智慧公路发展战略研究课题的相关成果,在此表示感谢!

第一章
对智慧化养护的基本认识

第一节 对智慧化养护的理解

从公路的智慧养护到智慧公路的智慧养护,重点应该放在公路的智慧化养护上,从量变到质变,进而实现智慧公路的智慧养护。

一、对智慧化养护的认识

智慧化养护包括公路的智慧养护、智慧公路的智慧养护,两者并非并列关系。具体而言,智慧化养护是渐进和过渡的过程,实施必须要有实质载体,要从现有公路的智慧养护,到智慧公路全面建成后,进一步实现智慧公路的智慧养护。

(一)公路的智慧养护

1. 定义

公路的智慧养护是工程维护和新一代信息技术的交叉学科。公路的智慧养护是指以安全、高效、绿色、经济、韧性为目标,融合应用大数据、云计算、物联网、人工智能(AI)等新一代信息技术和智能装备、新材料、新能源等,具有实时感知、泛在互联、融合计算、自主决策、智能协同、服务触达等能力,实现对公路及其沿线设施全领域、全过程、全周期、全要素、全天候的科学化、智能化、主动式、预防性的维护、保障和提升。

2. 组成内容

公路的智慧养护包括数字化接养、自动化巡查、大数据决策、仿真化设计、模块化制造、自动化作业、全景化感知、全方位应急、精准化服务等多个层次,以养护大数据的共享、融合、分析、挖掘为主线,实现交通基础设施的智能感知、智能识别、智能评估、智能预测、智能调控、自我适应。

3. 技术载体

作为公路智慧养护的技术载体,公路智慧养护管理系统充分利用大数据、物联网、云计算、5G、人工智能等新一代信息技术、先进传感器技术、材料技术、智能制造技术、自动控制技术、智能决策技术,结合人工智能交通气象预报算法和气象、桥梁位移动态监测等物联网采集系统,综合运用交通科学、系统方法、人工智能、知识挖掘等理论与工具,以全面感知、深度融合、主动服务、科学决策为目标,进行数据的采集、分析、整理、存储、整合、应用等。

(二)智慧公路的智慧养护

对于智慧公路的智慧养护而言,养护是智慧公路总体架构中的一项重要支撑内容。根据各地的具体实践,目前对智慧公路的智慧养护认识如下。

1. 技术上以新一代信息技术的应用为显著特征

在公路养护过程中,利用大数据、云计算、物联网、人工智能等新一代信息技术及智能装备技术,实现科学评价、预测、决策、实施。例如,《江苏省普通国省道智慧公路建设技术指南》强调,通过5G、北斗卫星导航、建筑信息模型(BIM)、人工智能、大数据、车路协同自动驾驶等新一代信息技术,形成智能感知、智能管控、智能服务的综合管理服务系统;《云南省智慧高速公路建设指南(试行)》指出,智慧高速公路是指在高速公路沿线布设相应设施设备并建有交通运行控制中心,集成应用传感、通信、信息、云计算、大数据、人工智能和绿色能源等先进技术,实现汽车更加安全、快速和绿色行驶的高速公路。

2. 范围上覆盖智慧公路从建设移交到运营维护的全过程

强化并应用全寿命周期养护理念,基于对公路基础设施全寿命周期养护效益最优的基本原则,结合公路技术状况、交通量、管理需求、资金约束等因素,将建设、检查评定、日常养护、科学决策、养护计划、养护工程等养护全过程深度融合,实施全过程、全要素的科学化、智能化、主动式、预防性管理。例如,浙江省交通运输厅发布的《智慧高速公路建设指南(暂行)》对智慧养护的定义为全寿命周期智能养护,即应用各种先进传感器技术、信息技术、网络技术、自动控制技术、计算机处理技术、智能决策技术等,实现公路整个寿命周期内优质、高效、可控、节约的养护;《河南省智慧高速公路建设技术指南(试行)》强调,基于交通工程理论,构建以数据为核心的协同管控与创新服务体系,利用"人的智慧思维+先进的技术手段+协同的运行机制+创新的模式",实现对高速公路的全要素实时感知、全过程管控、全数字运营、伴随式出行服务。

3. 养护上以服务人、车、路环境的深度融合及协同为主要目的

以养护信息和数据的收集、处理、发布、交换、分析、利用为主线,为公路使用者提供多样性的服务。同时,在物联网的大背景下,强调养护信息可以最大限度地与其他信息系统(人、车、路)之间实现互联互通,促进人、车、路环境深度融合,实现信息实时共享。例如,《甘肃省智慧高速公路建设技术指南》指出,智慧公路是在云计算、边缘计算、物联网、5G、人工智能等先进技术的支撑下,可以实现路网信息全面精准感知、数据传输双向高效互通,在数据和模型的双重驱动下,具备多智能体协同的精确交通管控能力,可以为用户提供针对性的丰富出行服务,最终实现安全、便捷、绿色、高效的公路系统。

二、智慧公路的智慧养护与公路的智慧养护的主要联系与区别

(一)主要联系

总的来说,智慧化养护是渐进和过渡的过程,实施必须要有实质载体,要从现有公路的智慧养护,到智慧公路全面建成后,进一步实现智慧公路的智慧养护。

(二)主要区别

1. 对象不同

公路的智慧养护是对传统公路如何进行智慧化、智能化的养护;智慧公路的智慧养护是对已建成的智慧公路如何进行全面养护。二者之间的最根本区别在于,前者解决的是在传统公路养护的过程中如何实现智慧养护的问题,后者首先应明确现有公路是否已经智慧化,解决的是在面对已经智慧化的公路上如何进行养护的问题。

2. 侧重点不同

对于传统公路养护如何实现养护智慧化:传统公路的智慧养护以传统公路基础设施为基础,重点在于大数据、物联网、云计算、5G、人工智能等新一代信息技术、先进传感器技术、材料技术、智能制造技术、自动控制技术、智能决策技术的整合运用,是养护智慧化的过程,与公路是否智慧化没有关联。

对于已经智慧化的公路如何进行养护:智慧公路在养护方面的"智慧"主要体现在两个方面,一是公路设施网的"智慧",包括公路主体设施、公路附属设施、公路服务设施;二

是应用技术的"智慧",包括基础设施智能监测检测、科学养护决策、高效养护施工、机电设施运维、信息系统运维等方面。养护重点在于借助智慧公路建设成果,在此基础上进行升级,并加以合理运用。

3. 数据平台不同

传统公路的智慧养护数据平台多集中在数据库中,以信息化和数字化为主要特征,记录较多的是养护数据、养护设施等;智慧公路建设最大的进展在于实现多维度的新一代感知以及精准预测发展趋势,因此在智慧公路的智慧养护过程中,要在信息化与数字化的基础上增加感知能力与预测能力,同时这些感知数据要通过低功耗物联网、5G、光纤等通信技术传输,养护数据平台融合云计算、大数据分析、物联网、人工智能等新一代信息技术,进行全面、彻底、精准的公路信息及状态感知与预测。

三、智慧化养护的涵盖范畴

智慧化养护的服务对象为路网体系,包括高速公路、普通国省道和农村公路三类路网。智慧化养护服务于三大路网,有助于推进智慧公路养护高质量发展,推动智慧公路实现安全、高效、绿色、经济、韧性的目标。

高速公路、普通国省道和农村公路三类路网的智慧化养护均有所差异,具体体现在服务对象、实现阶段、要求、智慧养护发挥的功能等方面。

第二节 推进智慧化养护的目的

一、促进行业高质量发展

在当前公路养护资金普遍不足、养护管理效率亟待提升的行业发展背景下,大力发展智慧化养护,推动新一代信息技术与公路行业深度融合,建立先进的智慧化养护体系势必会成为支撑公路行业可持续发展的重要保障。

二、提高养护管理实效

基于新一代信息技术的智慧化养护管理技术的应用,可进一步提高基础设施的使用寿命和管养部门的管理水平,有助于进一步提升资源配置优化能力和管养部门的决策与管理能力,提高公路养护管理的质量与效率。

三、强化服务保障功能

通过实施智慧化养护,可进一步延长道路使用寿命,提升道路性能指标;加快交通事故、特殊天气等突发事件的反应和处置速度,最大限度地降低负面事件对车辆通行的影响;提供精准化的信息服务,通过各种渠道,及时、准确地发布占路、阻断、灾害等路面灾害信息及交通设施异常等信息,为公众出行提供精准、优质的信息服务。

四、降低养护经济成本

在信息化时代背景下,高效利用智慧化的养护管理模式,构建完善的智能一体化信息平台,不仅能够利用大数据分析技术完成海量数据信息的自动分析,提高数据信息处理的精确度,还能提前做好养护预警工作,降低后期运维成本。

五、促进人民满意交通建设

基于先进的科技手段和智能化设备对公路进行全方位、全天候的监测和管理,结合"精细管理、精准服务"理念,实现公路设施的高效运行和维护,为公众提供安全、舒适、便捷的乘车环境,让人民群众在出行体验中感受到的获得感、幸福感、安全感更加充实、更有保障、更可持续,为加快建设人民满意交通、努力当好中国式现代化的开路先锋提供坚实支撑。

第二章
我国智慧化养护现状分析

第一节 公路的智慧养护现状与小结

一、公路的智慧养护现状

(一)公路的智慧养护相关实践现状

我国各省均有公路的智慧养护相关实践案例,以北京市首都公路发展集团有限公司(简称"首发集团")公路的智慧养护实践现状为例展开叙述。

近年来,首发集团持续投入人力、物力、资金等进行公路的智慧养护建设,制定了智慧养护发展规划,对数字化接养、自动化巡查、大数据决策、仿真化设计、模块化智造、自动化作业、全景化感知、全方位应急、精准化服务等智慧养护的九个方面内容都有研究和实践,部分成果已投入日常的养护管理、生产作业中,并取得了一定的成效,显著提高了养护管理水平。部分成效如下所示。

数字化接养方面,建成北京市高速公路基础信息数据库,并且用地理信息系统(GIS)地图的形式展现,养护管理者可实时、准确地掌握道路基础信息。

自动化巡查方面,初步实现车载智能终端的自动巡视,通过车载设备进行道路巡视,大幅提高道路病害的发现效率。此外,同步开展路侧摄像机前端赋能研究,力争实现摄像机的不间断巡视。

仿真化设计方面,使用交通仿真软件,在大型项目施工前通过软件对交通流量进行模拟测算,制定最优的导行方案,最大限度地降低对交通的影响。

全景化感知方面，建立桥梁健康监测、边坡健康监测、隧道健康监测、积水自动预警、积雪结冰预警等智慧化管理平台，实现对积水、积雪、地质灾害、设施病害等特殊气象及道路病害的实时监测和自动预警。

精准化服务方面，不仅可以通过信息平台将施工信息及时收集并报送集团信息中心对外发布，还可以充分利用社会资源，使用智慧锥桶，将道路施工信息实时推送到高德地图、百度地图等平台上，方便广大市民合理规划出行路线，并提示驾驶员在施工区域小心驾驶。此外，积极尝试将清扫车实时作业信息推送至高德地图、百度地图等平台，提示过往车辆减速慢行、注意避让，多渠道减少追尾等交通事故的发生。

（二）公路的智慧养护手段应用现状

1. 公路养护平台

公路养护平台运作方面，建立分层级管理运行机制，即省级养护平台进行顶层设计，市级养护平台统筹管理，各养护站所负责养护的执行工作。

公路养护平台布局方面，目前公路养护平台的布局主体有传统养护企业、互联网巨头及其他第三方软件服务商。

2. 智能化巡查

智能化巡查方面，目前主要有专用巡检车和轻量化设备两种。专用巡检车以交通运输部公路科学研究院研究开发的路况快速检测车为例，多功能路况快速检测系统（CiCS I-C）标准版由11个主要模块和2个选装模块组成，可以对路面损坏程度、平整度、车辙、构造深度、几何线形和前方景观等进行综合检测，但整套设备昂贵，操作专业性强，一般仅在一年一度的国家公路网技术状态监测（即国检）中使用，无法成为常规巡查手段。轻量化设备以中国公路工程咨询集团有限公司（简称"中咨集团"）开发的便携式自动化检测设备为代表，采用高清工业相机作为视觉系统，通过三角吸附式支架与车辆集成，自动识别检测路面裂缝、坑槽、修补及平整度等指标信息，具有安装携带方便、操作简易、成本低廉的特点，可用于高频率的公路日常巡检工作，为养护管理部门及时提供丰富的道路状况信息。该便携式自动化检测设备已在全国多个省（自治区、直辖市）的高速公路及国省道广泛应用，并与公路智能养护管理平台相结合，为检养一体化模式转化、养护决策大数据挖掘提供了新的解决方案。

3. 应急养护处理系统

公路智慧养护系统搭建应急指挥系统，辅以应急指挥车、集群对讲机、无人机、单兵设备、多功能视频平台等智能设备,通过指挥层、执行层、反馈层三层结构,实现预案管理、执行环节、集中指挥调度和后期反馈的闭环管理。其中,指挥层负责预案管理、监测预警、事件处理、灾情评估、信息管理五方面内容;执行层负责任务管理、资源准备、应急工作、质量检查四方面内容;反馈层则通过对执行与调度过程中的评价进行逆向反馈。

二、小结

当前公路的智慧养护体系建设相对比较完善,但迫切需要顶层设计加以规范,交通基础设施的智慧养护还处于探索和小范围应用阶段,技术应用协同性不强,公路的智慧养护发展环境有待进一步完善,智慧养护发展资金体系尚未建立,安全保障水平有待提升。

综合来看,我国公路的智慧养护现状具有以下特点:

一是从发展阶段看,目前公路的智慧养护已经到了较为迫切需要进一步升级优化的阶段。

二是从发展范围看,目前我国各地都在纷纷开展公路的智慧养护实践,且均取得较为可观的实践结果。

三是从发展指导看,公路的智慧养护依旧缺少系统的可操作性方法和定量定性的评价体系等。

四是从支撑保障看,公路的智慧养护的推进缺乏重要的支撑,存在现有养护经费不足、智慧养护动力不足、行业管理指导性较差等问题。

五是从顶层设计看,公路的智慧养护尚缺乏成体系的顶层设计,现在总体比较松散,迫切需要顶层设计加以规范。

基于上述特点,公路基础设施智慧养护的发展,要立足于养护现状,融合各行业高新技术,解决传统养护存在的问题,实现基础设施养护的智能化、精细化管理和精准化服务。

第二节 智慧公路的智慧养护现状与小结

一、智慧公路的智慧养护现状

(一)智慧公路的智慧养护相关实践现状

我国各省(自治区、直辖市)均有智慧公路的智慧养护的相关实践案例。其中,江苏省从全省布局的角度出发谋划智慧交通建设;浙江省勇于探索,根据不同的特点开展试点工作;中咨集团统筹《公路养护技术标准》的修订工作,出版国内首部智慧公路养护专著,构建中咨智慧公路养护解决方案并在多地成功实践；首发集团探索"互联网+"管养新模式；青岛卓尔软件开发有限公司构建智慧公路管养云平台。

江苏省聚焦基础设施数字化、运输服务全链化、行业治理精准化、智慧产业集聚化，通过跨界融合、共建共享、综合应用，加快交通运输向数字化、网络化、智能化发展，并围绕交通基础设施要素数字化、智慧交通基础设施建设、5G及区块链应用、车路协同自动驾驶、大数据应用、智能便捷出行、智慧物流等内容，确定了8个专项行动方案和31项智能交通项目，着力推进智慧交通实施。同时，依托沪蓉高速公路江苏段、五峰山大桥、常泰长江大桥、太湖隧道等路段开展智慧公路建设，布局了京杭运河智慧航运和南京港、太仓港智慧港口等一批智慧交通基础设施。总体来看，江苏省初步实现了智慧交通建设的良好开局，为全行业深入开展智慧交通和智慧养护工作打下了坚实的基础。

浙江省在智慧公路方面，重点建设杭绍甬、杭州绕城西复线、沪杭甬、杭州湾跨海大桥及接线工程等智慧公路试点，积极探索杭州萧山国际机场高速公路等数字化、智能化改造。在《智慧高速公路建设指南（暂行）》中，提出了道路基础设施全寿命周期服役性能预估模型精度应不低于75%、结构维修周期延长应不低于20%、基础设施在线监测覆盖率应不低于90%、状态异常预警准确率应不低于80%等具体指标要求，对交通基础设施智慧养护具有重要的指导作用和参考价值。

中咨集团一直致力于公路基础设施全寿命周期的智慧养护、绿色养护、快速养护和预防性养护，在智慧养护的理论体系、实践应用等方面进行了全方位的探索和实践。中咨集团将绿色建造、低碳施工作为传统业务重点，将智能检测、大数据决策作为拓展方向，将精细化设计、全方位感知作为突破方向，分阶段、分重点、分层次开展研究、突破及整合，创造性地搭建了具有中交特色的公路智慧养护整体解决方案，以全寿命周期数字驱动的路产精细化管养为主线，强调处理好技术创新与管理创新协同、绿色发展与智能发展协同关系。依托内蒙古综合养护管理、山西国省道路面改造工程、海南普通国省干线养护工程、新疆独山子至库车智慧高速公路运营养护等养护项目，研发了基于大数据、人工智能、云技术等新一代信息技术的公路智慧养护关键技术，提出了全寿命周期绿色养护理念，开发了便携式设备、无人机检测技术和同步施工及现场拌和系列设备，攻克了低影响开发海绵城市建养技术、公路常温养护材料及施工技术、多源固废再生应用技术等，打造了全寿命周期绿色及低碳养护技术体系，出版了国内首部公路智能养护专著《现代公路智能养护技术》，编制了《公路养护技术标准》（JTG 5110—2023）等行业标准。

青岛卓尔软件开发有限公司智慧公路事业部根据《农村公路养护管理办法》《市政工程设施管理条例》《公路技术状况评定标准》等法规、标准规范，开发智慧公路管养云平台。平台依托物联网、移动互联网、云计算、大数据、空间地理信息技术等新一代信息技术，以国家公路技术状况评定标准及相关规范为依据，以"一云""一库""一平台""一图"

"一屏""一终端"为核心,以惠民、路畅为最终目标,对人、车、物、事、财等进行整合管控,搭建智慧公路云脑,全面支撑智慧公路发展,实现智慧公路养护工作的信息网络化、数据标准化、资源合理化、业务规范化、决策科学化。智慧公路"物联网+"监测系统(公路智能监测传感)是基于卓尔软件智慧公路养护云平台建立的公路数据资源体系而延伸建立的公路物联网应用支撑平台。该系统将人工智能、云计算、大数据、物联网、移动互联网等新技术融入公路日常运营管理,构建基于智能物联网开放平台的智慧公路体系,着力解决公路网运营管理中感知低效、管控粗放、决策迟缓、服务体验欠佳的问题,以提升公路网运行监测、应急指挥、路政执法、出行服务的效能。

(二)智慧公路的智慧养护手段应用现状

实现基础设施数字化。《国家综合立体交通网规划纲要》明确,到2035年,交通基础设施数字化率要达到90%。基础设施的数字化率将为基础设施领域,特别是养护、运营、管理领域提供可感、可知、可控,直至实现车路协同、自动驾驶等未来交通场景的基础性支撑。

新一代信息技术深度融合养护科技。智慧公路养护需要与大数据、物联网、云计算、5G、人工智能等新一代信息技术深度融合,以实现交通基础设施全时空监控及数字化交通网、通信控制网、新型能源网融合发展。

相关产业协同发展。智能材料、新型耐久传感器、水下机器人、检测无人机、可穿戴设备等智能检测、监测装备产业要协同发展,为智慧养护提供支撑。

就现阶段而言,以上三个前提条件还有很大发展空间,对智慧养护的支撑力度还有待提升。各省(自治区、直辖市)都在积极探索和实践智慧养护,一些大型企业、高等院校和科研单位也在加速研发。例如,江苏省出台了《江苏省交通运输新型基础设施建设行动方案》《江苏省智慧高速公路建设技术指南》《江苏省普通国省道智慧公路建设技术指南》《行业治理数字化转型三年行动计划(2021—2023年)》《5G、北斗等新技术推广应用(2021—2023年)》和《智慧交通产业发展(2021—2023年)》等一系列文件。浙江省出台了《浙江省交通数字化改革行动方案》和《智慧高速公路建设指南(暂行)》等相关文件。但以上文件更多聚焦于交通行业监管、智慧出行、自动驾驶、车路协同等方面,关于智慧养护方面的内容相对较少。

(三)智慧公路指南中养护相关内容分析

智慧高速公路是"十四五"建设的重点,国家和地方都高度重视。为了避免盲目建设和资源浪费,各省(自治区、直辖市)基于自身智慧高速公路建设实践,开始自行编写宏观指导性文件。自2020年初浙江省最早发布《智慧高速公路建设指南(暂行)》开始,江苏、山东、川渝、北京、云南、甘肃、河南等地陆续发布智慧公路建设的指导性文件,探索从专业角度精准定义场景和要素。此外,江苏省、广东省还发布了普通国省道智慧公路建设技术指南,是全国截至2023年底检索到的仅有的两部普通国省道智慧公路建设技术指南。2021年12月1日,川渝两地智慧高速公路地方标准经两地市场监督管理局批准后发布。该标准是全国首个智慧高速公路地方标准,也是川渝两地在智慧高速公路建设领域发布的首个统一标准,于2022年2月起在川渝同步实施。

截至2023年11月,课题组收集到的15项地方指南见表4-1,其中,除江苏省、广东省针对普通国省道智慧公路建设提出了相应的指导外,其他地区基本集中在智慧高速公路建设领域。该现象说明智慧公路的建设需要循序渐进,目前智慧高速公路的建设是重点内容,在将来可能会逐步向普通国省道乃至农村公路普及,以实现路网的全面智慧化。

各地智慧公路建设指南汇总　　　　　　　　　　　表4-1

省(直辖市)	发布时间	指南名称	与养护相关的关键词
浙江	2020年3月	智慧高速公路建设指南(暂行)	全寿命周期、监测传感、基础设施状态采集、北斗、基础设施数字化模型
江苏	2020年11月	江苏省智慧高速公路建设技术指南	基础设施状态获取、图上作业、智慧化日常养护作业、车载自动化设备、可穿戴设备、养护信息提示
江苏	2020年12月	江苏省普通国省道智慧公路建设技术指南	路面:检测评定多维度评价、养护科学决策、养护施工智能控制技术、养护评估 桥梁:无人巡检技术、无线传输技术、人工智能技术、BIM分析平台、数据库
山东	2021年6月	智慧高速公路建设指南(试行)	基础设施检测:道路自动化检测设备、桥梁快速/无损检测、隧道快速检测(机器人) 基础设施监测:总体规划、技术先进、设备成熟、监测范围全面(路基、路面、边坡、桥梁、隧道、机电设施)
四川、重庆	2021年12月	智慧高速公路 第1部分:总体技术要求	养护管理实现高速公路养护业务的全周期、全过程信息化管理,具备养护事件智能识别功能
北京	2021年12月	智慧高速公路建设指南(试行)	维养范围:基础设施、机电设施、信息系统 科学决策:全过程、全要素的数字化、智能化、主动式、预防性管理
云南	2022年1月	云南省智慧高速公路建设指南(试行)	基础信息、监测、巡查、检查、养护维修信息、养护成本分析信息
甘肃	2022年3月	甘肃省智慧高速公路建设技术指南	基础设施:项目规划、立项、设计、建设、养护、运行管理等全生命周期数字化管理,基础设施监测、数字化档案 机电设施:全生命周期管理
河南	2022年6月	河南省智慧高速公路建设技术指南(试行)	养护环节向运营阶段交付基础设施结构养护数据、养护施工作业数据自动上传

表 4-1

省(直辖市)	发布时间	指南名称	与养护相关的关键词
上海	2022年9月	上海市智慧高速公路建设技术导则	管理更智能,养护更专业,智慧养护;智慧高速公路应遵循全生命周期管理理念,实现高速公路的设计、建设、管理、养护、运营及服务的数字化、智能化和协同化
广东	2022年9月	广东省智慧高速公路建设指南(试行)	全生命周期数字化管理,养护阶段数字化管理,智能化养护机械,养护信息化、可视化和科学化管理,养护施工
吉林	2023年1月	智慧高速公路建设技术指南	养护管理,智慧公路的养护,智慧公路养护数字信息化建设满足养护决策、养护设计、养护作业和养护质量检查评定等过程需求
贵州	2023年2月	贵州省智慧高速公路建设指南(试行)	全周期智能建养;智慧养护;智慧高速公路建设应贯穿高速公路规划、设计、建造和运营全生命周期,应全面提升基础设施规划设计、施工建造、运营管养全周期全要素数字化水平
河北	2023年5月	智慧高速公路建设指南	基础设施全寿命资产管理系统,实现高速公路基础设施建设、管理和养护等全寿命周期内的数字化、可视化功能
广东	2023年11月	广东省普通国省道智慧公路建设指南(试行)	智慧养护,推进建设-运管-养护-服务全生命周期数字化,数字化养护,自动检测设备、三维探地雷达,构建养护管理大数据应用体系

二、小结

综合来看,我国智慧公路建设已形成多点开花局势,东部、中部、西部尝试开展智慧公路养护的热情均比较高,各地也在逐步完善建立个性化的养护体系和政策指南,指南的重点内容大多围绕智慧公路养护监测、管理、服务等方面,并且在技术应用上取得了创新和突破。具体而言,各地智慧公路指南有以下四方面共性:

一是指南体系的建立重点集中在高速公路的智慧公路建设上,针对普通国省道的智慧公路建设研究相对较少。

二是指南中重点关注智慧公路建设,针对智慧公路养护的问题鲜有涉及,应注重考虑智慧公路建设与养护的衔接问题,以实现智慧公路针对性建设。

三是各地实践中突出智慧公路建设的技术要求,如运用无人机、雷达、物联网等技术,对智慧公路养护体系的建设较为薄弱。

四是指南中较多针对公路的养护工程,对于日常养护的智能化关注度不足。

当前,智慧公路养护体系建设空缺,迫切需要顶层设计加以规范,交通基础设施的智慧化养护还处于探索和小范围应用阶段,技术应用协同性不强,智慧公路养护发展环境有待完善,智慧公路养护发展资金体系尚未建立,安全保障水平有待提升。

第三节 总体评价

总体而言，智慧公路建设方案趋同，智慧化养护的相关实践较少，缺乏深入探讨研究，整体智慧化程度较低，发展空间有限。智慧化养护现具有以下特点：

一是从发展阶段来看，目前我国仍旧处于对传统公路的智慧养护阶段，在此过程中逐步探索与实践智慧公路的建设及养护，并形成了一系列实践经验，以助于未来智慧公路全面建成后，承接原来的经验实现智慧公路的智慧养护。

二是从规划设计来看，如何从公路的智慧养护发展到智慧公路的智慧养护，目前我国尚未形成系统的规划设计，即缺少具象化的发展条件，未来需要进一步探索完善。

三是从发展规律来看，基于我国公路养护发展规律，目前少数的智慧公路的智慧养护并非独立发展，而是在现有公路的智慧养护发展过程中派生出来的，因此要尊重这个客观规律，以加快实现智慧公路的智慧养护。

四是从技术指导来看，虽然目前我国公路的智慧养护在相对成熟的技术指导下取得了较为可观的实践结果，但要从公路的智慧养护过渡到智慧公路的智慧养护仍旧缺乏系统的技术指导依据。

基于上述特点，需明确智慧化养护是渐进和过渡的过程，实施必须要有实质载体，要从现有公路的智慧养护，到智慧公路全面建成后，进一步实现智慧公路的智慧养护。

第三章
国内外智慧化养护发展经验借鉴

第一节　国内智慧化养护发展经验借鉴

一、国内三大路网智慧化养护的发展经验

（一）江西省高速公路的智慧管养实践

随着高速公路养护管理数字化转型发展，江西省交通投资集团路网运营管理公司积极探索高速公路智慧管养技术，构建了江西省首个智慧管养系统——江西省交通投资集团养护管理系统（简称"江西交投养护管理系统"）。该系统立足于高速公路养护管理实际业务需求，紧密结合大数据和智慧科技，有助于消除"数据孤岛"，促进业务协同，提升高速公路养护科学决策水平，助力高速公路养护工作高质量开展，是江西省高速公路养护管理数字化转型发展的重要实践。

1. 消除"数据孤岛"，夯实信息数据基底

江西交投养护管理系统内设的养护数据中心收录了江西交投所辖的5367km高速公路路产基础数据，近10年的路面、桥梁、隧道养护历史数据和检测评定数据，以及近6年的交通量数据和高速公路运行期间的业务数据，形成了数据完整、资源共享的高速公路养护数据库。截至2023年11月底，该系统已收录数据近2100万条，填补了江西高速公路高精度养护信息的空白，为高速公路养护现代化奠定了扎实的数据基底。

2. 促进业务协同,达成系统互联互通

江西交投养护管理系统是全方位高速公路智慧管养平台,集养护统一管理平台、养护数据中心、养护展示子系统和各养护业务管理子系统于一体。该系统可统一协调管理养护数据中心、日常养护子系统和路面辅助决策子系统,生成养护数据以支撑养护管理决策。当需要制订年度养护计划时,辅助决策系统能综合分析、统一决策,形成科学管理模式,提高业务协同性。

3. 辅助决策分析,提高科学决策水平

江西交投路面养护辅助决策系统的核心技术,是基于养护数据中心的大数据分析建立的路面养护投入评估模型。该模型综合了路面历史、交通量、技术状况等多种因素,通过纵向深度分析和横向联动性分析,对高速公路历年路况、国检评分、养护投入、交通量等数据进行综合分析,能够辅助提高路面养护的科学决策水平,为高速公路养护管理者提供最优的养护实施方案和养护资金配置。

江西交投养护管理系统自投入使用以来,江西交投路网运营管理公司通过辅助决策系统分析制订了近3年的路面养护年度计划,使养护决策效率提高约60%,决策资金与实际匹配度超过90%,匹配可靠度居行业前列,每年节约路面养护资金约5000万元。

4. 搭建"实景地图",实现路况信息可视化

江西交投养护管理系统采取路产数据轻量化采集方案,建立了基于三维实景的高速公路电子地图。2020年7月,随着养护管理系统上线试运营,GIS电子地图覆盖江西交投所辖的所有高速公路。2022年3月,在G60沪昆高速公路江西梨园至温家圳段,养护管理者示范应用江西交投养护管理系统的GIS电子地图,其高精度地理检索和路产三维影像精准表征了高速公路、桥梁、隧道、标志标牌信息及构造结构,实现信息可视化,助力养护管理者高效分析高速公路配准信息,提升养护管理效率和精准管养能力。

5. 开展养护巡查,精准识别路面病害

江西交投养护管理系统接入的路面智能巡查技术,如同高速公路上的"智能机器人",能够代替养护人员对高速公路进行日常巡查。"智能机器人"只需对现有巡查流程作业进行轻量化技术升级改造,在现有巡查车上配备前置摄像头,采集现场图像并经过人工智能动态数据分析,就能判断高速公路状态及安全隐患。截至2022年5月,该技术已在江西省境内G35济广高速公路、G45大广高速公路、G60沪昆高速公路、G70福银高速公路4条国家高速公路部分路段和S38昌栗高速公路、S42东昌高速公路、S43抚州东外环高速公

路、S46金抚高速公路、S81铜万高速公路等6条省级高速公路部分路段开展试点巡查工作，试点总里程714km，巡查里程达3.5万km，共发现路面病害8000余条，准确率高达90%以上。

6. 引入BIM+虚拟现实(VR)技术，创新养护模式

基于江西交投养护管理系统开发的隧道养护可视化平台，已经在江西省内最长的隧道——井冈山隧道成功应用。该平台具备三维立体沉浸式培训和隧道数据可视化两大功能，即利用BIM技术建立含井冈山隧道几何形状和基本设施等信息的虚拟情境，通过佩戴VR眼镜，隧道管理者能身处虚拟隧道，看见隧道的整体运营情况和各种养护数据。截至2022年5月，养护管理系统已正式运行20多个月，系统建设的相关成果广泛应用于江西高速公路管养及相关设计、检测等近百家单位，用户总数超过千人。

(二)国省干线智能养护泰州先行

坚持问题导向，泰州公路守正创新，联合科研单位，把智慧养护作为新方向和新途径，选择货车流量较大的省道S506线长江大道段(简称"S506线")作为江苏省首条国省干线智慧养护现代化施工示范路段，通过建立精细化养护设计、智能化养护施工、安全性养护作业、全寿命周期性能监测，以及快速、耐久、低碳的养护技术，构筑全方位智慧养护体系，充分运用大数据、物联网、人工智能等技术，借助北斗高精度定位、智慧粒子监测、无人集群协同施工、新型复合材料、新科技施工工艺，助力"苏式养护"跨入智慧养护时代，以营造更舒适的公路出行环境，更好地服务公众出行。

1. 人工智能助力病害检测

S506线31km至32.1km段采用了携带高清视觉与三维探地雷达的道路检测机器人，其在自主规划路径之后，可以以1.5万m^2/h的检测速度对1.1km长路段的路面及路基等全部结构进行检测，并通过无线网络将数据导入系统自动生成道路3D模型，为分析、治理道路病害奠定基础。

2. 智能观测守护路面健康

全寿命周期路面性能观测站具备连续数据自动采集功能，无须人员检测和封路，能够在公路运营过程中实时监测路面性能，判断路面健康状况。

全寿命周期路面性能观测站实现了在公路运营过程中实时采集时间、温度、路面内部三轴正应力、三轴加速度及欧拉角四元素等数据。例如，利用低功耗蓝牙传输协议等无线方式和有线方式传输数据至路边接收器，再由接收器上传至云端数据库分析处理，最终评

价路面的力学性能,为公路后期预防性养护提供科学决策依据。

3. 无人集群实现智能施工

S506 线智慧养护工程项目在江苏省内首次采用全套路面智能施工技术,实现"摊铺机+压路机"无人集群施工,真正实现路面养护工程的无人化、标准化与智能化。

4. 智能管控强化事前控制

为将施工质量从事后把关转向事前控制,S506 线智慧养护工程项目基于物联网的公路工程施工质量管控技术,运用动态管控的方法,为公路工程施工质量管理提供了一种全新的信息化管理模式。

硬件改造方面,S506 线智慧养护工程项目应用的沥青面层智能管控系统,主要将沥青混合料从拌和生产到施工现场管理的全过程作为管理对象,运用质量动态管理的方法,采用软硬件结合的手段,通过改造或利用现有的各类设备,充分运用基于物联网架构的传感技术和基于 4G/5G 的传输技术,实时采集沥青混合料的生产过程及施工过程中的数据信息,并采用无线网络传输,通过通信模块及时上报至服务器,实时分析、预警、评价,进而形成有关决策。

管控系统方面,江苏省普通国省道养护现代化质量管控系统集成现场管控、运输车管控、拌和楼管控、视频监控四大功能。通过智能传感和视频监控实时采集关键参数,指导养护作业规范施工;通过实时展示运输车状态并全程监管,预警混合料温度;借助物联网、大数据等技术实现沥青拌和楼生产事前预控、事中监控、事后分析,减少人员投入,节约成本;通过视频监控设备识别不安全行为并推送至责任人处,支撑智慧养护工程项目达到全面质量管理要求,确保公路工程施工质量、施工安全,延长使用寿命,节约后期运营养护成本。

5. 免振免养水稳基层技术

S506 线智慧养护工程项目安排专业团队,从施工前期培训工作开始介入,全过程参与配合比设计优化、混合料拌和质量控制、施工现场混合料摊铺碾压,以及灌浆实施,做到全过程技术把关。

免养生水泥稳定碎石施工时,料车运输、倒料均采用全程油布覆盖的方式进行,混合料运输到现场的含水率能够得到保证。压实方案为初压—复压—终压。初压为双钢轮振动压路机静压 2 遍,复压为单钢轮振动压路机静压 8 遍,终压为轮胎压路机静压 2 遍。施工过程中投入的设备为 1 台摊铺机、1 台双钢轮振动压路机、2 台单钢轮振动压路机和 1 台轮胎压路机。

6. 智能预警保护项目安全

为保障公路养护作业安全,结合实际情况,S506线智慧养护工程项目拟通过对传统的养护作业安全设施及养护作业人员穿戴设备进行智能化升级,实现当发生过往车辆正对养护区域冲击时,养护人员能够提前获得预警并及时撤离危险区域,全面保障养护人员人身安全。

(三)湖州市农村公路开启智慧管养模式

一是借助城乡公交实现"无人巡检"。首批6辆安装轻量化养护智能巡检设备的公交车在浮练线、湖盐线、青菱线、墙莫线、三新线5条农村公路投入试点应用。在公交车上安装高清视频摄像头,将"公交+农村公路养护"自动化信息采集技术与人工智能视频分析技术紧密结合,实现机器设备替代人工巡查,实现路面病害全过程精准采集、智能筛选、传输、分析,以保证及时发现各类公路病害、隐患,大幅提高巡查效率,有效解决农村公路点多、线长、面广、管理人手少、技术力量薄弱等难题。

二是通过智能分析实现"精准派单"。利用病害智能分析算法,通过视频对比,根据病害的具体情况分类分级为坑洞坑槽、路面污染、护栏破损等类别,通过公交车辆定位系统自动获取经纬度信息,转换为公路里程桩号,建立事件登记档案,对事件发现时间、地点、类型等信息进行智能化分类,运用云平台及可视化终端,实现检测、分析结果的实时、多维度展示,并以工单的形式派发给一线养护人员处置。截至2022年5月,累计发现并上报各类公路事件、病害291件,形成工单52件。

三是依托"浙政钉"移动端实现"闭环管理"。智慧农养监管平台分类派单,一线养护作业人员登录"浙政钉"移动终端,接收所管辖路段、业务职责范围内的事件,并将处理起止时间、处理结果等信息通过文字及图片的形式反馈,管理人员可在网页端监督、管理工单,形成市、区县、养护站、第三方养护企业"派单—处理—反馈—评价"的全流程闭环管理,为科学养护提供决策支持。

(四)发展经验小结

智慧化养护构建在公路全寿命周期理论基础上,包括数字化接养、自动化巡查、大数据决策、仿真化设计、模块化智造、自动化作业、全景化感知、全方位应急、精准化服务等多个层次的内容。智慧化养护需要充分借助信息技术,结合精细管理、精准服务理念,集成人员、业务、技术、装备、数据、模型等,实现对公路养护全过程、全要素的科学化、智能化、主动式、预防性管理。

二、国内智慧公路的智慧养护的发展经验

(一)浙江省

1. 定义

2020年3月,浙江省交通运输厅发布《智慧高速公路建设指南(暂行)》,其将智慧公路养护定义为全寿命周期养护。

2. 体系的搭建

全寿命周期智能养护宜采用基础设施智能监测传感、BIM、智能分析的技术路线,动态监测、预警基础设施安全状态,全面加强智能化管理、养护建设,具备智能分析、预判的预防性养护功能,降低养护成本,延长基础设施使用寿命。全寿命周期智能养护应覆盖设施基础信息、管理、检查、养护维修信息及养护成本分析等全寿命周期信息。"一路各方"应制定高速公路全寿命周期智能养护联合管理办法。

3. 实施路径

全寿命周期智能养护应建立道路基础设施全寿命周期智能仿真分析平台,实现道路基础设施服役性能与灾变衍化的表达与预测,全寿命周期性能预估模型精度应不低于75%,结构维修周期延长应不低于20%。

全寿命周期智能养护应布设桥梁、隧道、路基路面、边坡、机电设施等状态采集设施,也可结合监控系统,利用图像比对技术,系统性监测、分析设施的衰变情况;基础设施在线监测覆盖率应不低于90%,状态异常预警准确率应不低于80%。

全寿命周期智能养护应利用北斗卫星导航系统,开展高速公路基础设施施工质量管理、在线状态监测、智能巡检等全寿命周期应用。

全寿命周期智能养护应布设射频识别技术(RFID)标签,对基础设施各个组成部分进行身份识别、信息追踪。

全寿命周期智能养护应利用BIM、GIS等技术,建设基础设施数字化模型,基于GIS的基础设施数字化模型精度应不大于30cm。

基础设施数字化模型应集成基础设施各个不同阶段的工程信息、过程和资源。

全寿命周期智能养护应通过实施全寿命周期设计采购施工总承包(EPC)模式养护试点,创新养护管理模式,逐步建立科学高效的全寿命养护管理体系和养护决策机制,提升养护资金使用效率和社会效益。

(二)江苏省

1. 定义

2020年12月,江苏省交通运输厅发布《江苏省普通国省道智慧公路建设技术指南》,其将智慧公路养护定义为科学化养护。

2. 体系的搭建

科学化养护包括路面养护、桥梁养护和隧道养护。

3. 实施路径

路面养护施工应采用智能化监控系统和质量管控平台等智能控制技术,实现施工数据传感器自动采集、统计、分析、预警,向操作人员自动发送优化建议。路面养护检测评定宜采用无人机、短脉冲探地雷达、路面物联网传感器等设备实现路网性能多维度评价、预测分析,生成统计和评价报告。路面养护决策宜结合普通国省道智慧公路脑模型库中公路养护辅助决策模型算法和日常养护管理系统,自动形成项目级养护方案报告。路面养护决策宜基于BIM+GIS技术展示路面养护计划、养护方案、养护投资效益等分析决策结果。路面养护评估应按照评定标准抽检,辅助施工数据分析评价施工质量。

桥梁养护宜采用无人机检测、水下机器人检测、缆索爬索机器人和自动驾驶梁底检查等无人巡检技术,实现桥梁养护数据的智能化采集。桥梁养护现场宜选用远距离无线电(LoRa)、窄带物联网(NB-IoT)等低功耗电磁波无线传输技术,信号发射装置和接收装置应远离强电磁干扰源。宜采用人工智能技术对桥梁病害照片进行批量化图像识别,获取病害位置、类型和尺寸等信息,通过桥梁养护系统向养护人员推送桥梁养护信息。宜建立基于BIM的桥梁力学响应快速分析平台,实现量大面广的桥梁力学快速计算以及桥梁构件体系化分析。应建立桥梁基础信息数据库、桥梁养护标准知识库、桥梁安全监测数据中心。

隧道养护应对隧道进行定期检查,根据检查结果评定技术状况,并结合交通运行状况、结构和设施情况制订养护计划。宜采用物联网、人工智能等技术对隧道进行全天候、多方位检测与监测,自动提取隧道病害、设施状况等数据并推送给养护人员。隧道宜采用智能化设备实现快速养护,并与路网信息发布系统联动。

(三)北京市

1. 定义

2021年12月,北京市交通委员会发布《智慧高速公路建设指南(试行)》,其将智慧公路养护定义为智慧维养。

2. 体系的搭建

智慧维养包括基础设施养护管理、机电设施运维、信息系统运维和辅助决策。

3. 实施路径

基础设施养护管理应采用物联网、云平台等新技术对基础设施的基础数据、检测数据、监测数据、养护数据等进行融合分析和挖掘,实现实时监测预警、定期安全评价和性能评估,以及养护方案和计划的制订。应建立基础设施数据库,涵盖全套设施基础数据,并具备全面监督管理机械使用记录、维修保养状况等功能。同时,可采用巡检机器人、无人机、高清视频等技术实现无人巡检。重点路段可辅助支持养护需求分析,定制大、中、小养护计划和作业方案。

机电设施运维应能利用物联网、5G等技术实现全寿命周期智能在线监测,能够早期识别潜在故障并自动报警。应采用电子标签和二维码等技术手段管理机电设备及备品备件,通过历史数据分析辅助制订预防性运维保养计划。应采用可视化管理、实时监控机电设施,通过运维平台监测服务器、存储设备、网络设备、网络安全设备等的关键运行指标。应采用巡检机器人,实现高速公路隧道机电设施无人巡检。

信息系统运维应通过人工智能等技术手段实现业务系统、共性服务平台、云平台的数据采集、故障自动判断和预警。应具备数据采集功能,实现信息系统的基础指标、日志数据、告警数据、网络数据、数据库数据等多维数据汇集。应通过人工智能技术对采集的数据进行分析运算,实现系统故障自动判断。应通过人工智能技术对故障预警分析,实现故障提前预警。

辅助决策应具备各类数据汇集和统计分析功能,实现智慧化感知、智慧化服务、智慧化管理等智慧高速公路建管养运服全过程的数据汇集,实现关键指标和统计图表等的综合分析展示。应具备智慧建设决策支持功能,贯穿勘察设计、建设管理、项目后评价等各环节,实现跨业务的协同应用及决策支持。应具备路段运行监测决策支持功能,实现设施设备性能评价、路段交通需求预测、路网运行态势分析、路段交通风险分析等,同时可基于数字孪生、虚拟仿真等技术实现路段态势在三维高精度地图中的精准映射和动态推演。应具备应急指挥决策支持功能,实现应急事件核实、应急事件分级、应急预案制定、应急路径规划、应急物资及人员优化配置、应急处置评价等。应具备能源管理决策支持功能,实现水、电、气、热能源实时监测、数据分析,为节能降耗提供决策支持。应具备收费管理决策支持功能,基于大数据、人工智能等技术实现缺失路径还原、收费稽核分析、多义路径收费分析、无人值守、入口治超等。应具备养护管理决策支持功能,实现公路养护全过程、全要素的数字化、智能化、主动式、预防性管理,提高公路设施耐久性和可靠性,科学评定基础设施的服役状态。应具备京津冀协同发展决策支持功能,实现京津冀三地高速公路路网数据交换、交通协调管理、突发事件应急协同与公众出行信息协同发布等。

(四)川渝两地

1.定义

2021年12月,川渝两地智慧高速公路地方标准发布,将智慧公路养护定义为建管养运支撑服务,以支持高速公路全寿命周期的建设、管理、养护、运营等智慧化应用。

2.体系的搭建

路产管理应对高速公路的基础设施以及设施设备的数量、位置、运行状态等信息进行综合管理。

3.实施路径

养护管理应实现高速公路养护业务的全周期、全过程信息化管理,宜符合下列要求:具备路基路面、桥涵、隧道等养护数据采集、养护计划管理、养护工程管理、养护质量管理等功能;定期开展高速公路路基路面、桥隧构造物和沿线设施技术状况检测,检测数据存储周期不低于公路设施使用年限;具备养护事件智能识别功能。

(五)甘肃省

1.定义

2022年3月,甘肃省交通运输厅发布《甘肃省智慧高速公路建设技术指南》,提出了基础设施状态监测与智慧管理、机电设施状态监测与智慧运维。

2.基础设施状态监测与智慧管理

基础设施状态监测与智慧管理系统应实现对交通基础设施项目规划、立项、设计、建设、养护、运行管理等全寿命周期的数字化管理;应对重要桥梁、隧道、路基路面、边坡等基础设施进行实时监测、分析;宜采集路网资产基本信息、财务信息、使用信息,统筹设计、建设、运营和养护管理各阶段的数据资源,建立资产数字化档案,实现建管养一体化;宜对路网中的桥梁、隧道(包括已建、待建)设置电子标签,对基础信息和维护信息等进行登记。

3.机电设施状态监测与智慧运维

机电设施状态监测与智慧运维系统应实现机电设施的全寿命周期管理,达到基础管理明细化、运行状态实时化、维修流程标准化、运维作业智能化、数据输出集成化的目标；应建立统一的机电设施接入物联网平台，实现对机电设施运行数据和指令的统一采集；应包括机电设施资产管理、机电设施状态管理、机电设施监控预警、机电设施维修管理等功能，为机电设施的维护提供故障预警信息与处理意见，并跟踪整个维护过程。机电设施状态监测主要对收费设备、监控摄像机、可变信息标志、雷达设备、风机、供电回路等进行监测。收费设备应按照取消高速公路省界收费站工程建设方案设置运行监测系统。

（六）小结

1. 智慧公路养护应侧重基础设施检测、监测

道路检测宜采用自动化检测设备对路基路面进行检测；监测系统应基于路网管理进行总体规划，为基础设施安全及管养提供有效技术支持。

2. 智慧公路养护应充分利用先进技术进行科学决策

采用无人机、短脉冲探地雷达、路面物联网传感器等设备实现路网性能多维度评价、预测分析；结合普通国省道智慧公路脑模型库中公路养护辅助决策模型算法和日常养护管理系统，自动形成项目级养护方案；基于 BIM + GIS 技术展示路面养护计划、养护方案、养护投资效益等进行养护决策。

3. 智慧公路养护应充分利用数字化智能养护系统

数字化智能养护系统应采用关键结构物及设备设施监测、公路数字孪生、智能分析等技术，提供智能分析及预防性养护等功能，降低养护成本，延长使用寿命。

4. 智慧公路养护应注重养护管理模式创新

采用全寿命周期养护模式，建立全寿命资产管理系统；采用基础设施智能监测传感、BIM、智能分析的技术路线，动态监测、预警基础设施安全状态；全面加强智能化管理、养护建设，具备智能分析、预判的预防性养护功能，降低养护成本，延长基础设施使用寿命。倡导各省（自治区、直辖市）实施长周期片区化打包智慧养护模式，助力推广智慧化养护。

三、小结

我国公路网日渐完善，公路运量快速增加，对公路养护的数字化、信息化、智能化要求也日益提高，传统的养护技术和装备难以满足养护的各类需求，加速推进公路养护信息化、标准化发展，采用数字化管理、落实智慧养护的需求已迫在眉睫。随着存量交通设施规模的扩大，"建养并重"是建设交通强国的重要路径。

第二节 国外智慧化养护发展经验借鉴

一、国外智慧化养护发展经验借鉴

(一) 美国

美国的智能公路经过几十年的发展，已经较为先进。20世纪80年代末，美国就开展了智慧型车辆与高速公路系统的相关研究，发展迅速。20世纪90年代初，美国在洛杉矶修建了一段试验性的智能公路，该段智能公路建立在公路系统与通信系统相结合的基础上，不需要增铺公路就能提高公路的通行能力。智慧型车辆与高速公路系统包括三大部分：第一部分是控制中心，由一台中心计算机分析来自路、车等不同渠道的车流信息，并将未来发生的交通堵塞信息发送出去；第二部分是道路上的交通遥控监测器，其最重要的部分是安装在高速公路路面上的线圈，这些线圈能精准测算通过路面上每一点的交通流量和流速；第三部分是车载导向设备，包括电子计算机、位置检测器和电视显示器等。在此试验的基础上，1993年，美国开始了另一项投资4000万美元的公路智能计划。

近些年，美国威斯康星州和科罗拉多州在陆续筹建智能道路。例如，美国威斯康星州投入近5亿美元对长度约30km的94号州级高速公路进行改造，从六车道扩宽至八车道，且其中一车道可支持富士康无人自动驾驶项目。在改造之后，该车道将部署自动驾驶车辆相关设备，包括监控摄像头、动态信息信号、光纤通信系统以及微波传感器等设备，能够实时报告紧急状况和车流情况等。该项改造已于2021年完工，并可根据技术发展更新升级。

(二) 英国

英国公路的养护由国家运输部和地方政府分别负责，公路养护资金分别由中央和地方政府预算支出。干线公路的养护实行三级管理体制，由运输部的公路管理养护局统一负责。

运输部根据全国干线公路的地理位置，将全国的干线公路网进行划区管理，每个区设立一个直属于运输部的区公路局，负责本区的公路养护管理。区公路局又通过签订合同协议书的形式，将干线公路分段委托给所经县、郡、市的当地政府作为其养护代理，负责各辖区内干线公路的养护管理。此外，部分区公路局对本区内部分干线公路，通过招标方式选择咨询公司作为其养护代理。作为养护代理的地方政府和咨询公司，直接负责干线公路的养护管理工作。管理层次清楚，责任明确，突出了政府的审查和评估职能，把养护职能下放给养护代理。此外，通过选择超级养护代理和限期承包商的方式引入竞争机制。

英国智能高速公路配有太阳能交通标识灯、道路监测传感器、随时待命的清障车和电子信息提示牌等设施，可有效改善公路的运行状况。英国智慧高速公路建设成效显著，有效应对了自 2000 年以来 23% 的交通增长量，车流量最大的高速公路通行能力提高 33%，高速公路运行可靠性明显提高，且在智能高速公路上发生的交通事故较少。例如，一种被称为"猫眼"的太阳能路面标识灯在这种公路上广泛使用。该类灯可以有效吸收并储存充足的太阳能，以供阴雨天和夜间使用，照射距离比太阳能交通标识灯远 10 倍，驾驶者可以看到 800m 以外的路况。此外，这种公路的路面下还设有道路监测传感器。为保持路况良好，传感器可持续监测道路承受的应力和压力情况，并将监测到的数据实时传输到计算机控制中心，保证以最快的速度修复出现的路面质量缺陷。与此同时，这种公路还配有高技术装备探寻车，可以 80km/h 的速度在高速公路和干线公路上收集路况信息；发生交通事故时，随时待命的清障车可在几分钟内将损毁车辆拖走；若事故地点距离清障车较远，相关人员可用设在路边的紧急电话报警。另外，这种公路的干线公路上还设有电子信息牌，在无法看到前方路况的情况下，电子信息牌可及时通报前方道路情况；遇到交通拥堵时还可提示距离最近的火车站，以便驾驶员能转乘火车尽快到达目的地。

（三）加拿大

加拿大的公路建设基本与美国同步，基本建设任务于 20 世纪 60 年代初完成，随后便是任务繁重的公路养护与管理。加拿大联邦政府负责由联邦直接投资建设的特殊性公路的管理，如国家园林大道、军事公路等，其余公路由各省政府负责管理。加拿大的公路养护管理工作基本上是由私营承包商管理的。

以不列颠哥伦比亚省为例，省政府制定公路养护规划时，更多的是侧重于宏观的系统管理，着重对养护资金的控制及养护私营化的保障体系进行设计。资金控制方面，政府和承包商在招投标时呈报的是 5 年合同期中第一年的养护费用总价，而非通常采用的单价。一年后，政府将根据联邦公布的物价增长指数慎重确定价格调整系数，对养护费用总价进行相应调整。保障体系设计方面，主要包括承包商的质量控制和政府的质量保障，对此制订了涉及内容全面的质量保证计划，通过科学的检查系统以保证养护成效符合规划目标。由于分工不同，政府有时间对公路进行宏观管理，养护工作的分配趋于均匀合理，经常性养护质量得到明显提升。此外，通过对合同管理和资金使用进行有效监督，保证公路养护的及时性；充分发挥纳税人的监督作用，定期组织民意调查，对各地区的公路使用情况进行调查；根据调查结果，对养护管理不及时、道路维护质量差的承包商给予资质上的处罚，并同步降低其信用等级。

二、国外智慧公路的智慧养护发展经验借鉴

国外公路养护市场特征为：

一是在管理机构定位与职能方面，各国公路养护管理机构的主要职能和定位均侧重于路网管理、养护投资、质量监督、制定行业规则并监督落实等管理工作，具体的生产工作一般都委托专业公司实施。

二是在日常公路养护管理方面，各国公路日常养护管理的方式不尽相同，整体有三种形式：一是政府负责；二是委托养护公司实施；三是政府负责及委托养护公司实施两种方式并存。

三是在综合路网养护承包方面，采用灵活的合同约定模式，有利于管理者和承包商根据地区差异、路网差异等因素进行有针对性的约定和管理。清晰的政府管理职责、简洁的管理关系，有助于政府投入监测路况水平、考核养护结果、优化养护投资、管理承包商等公路养护的核心和源头环节，有效提高公路养护管理水平。

四是在养护合同管理方面，国外养护合同管理形式较为多样，有结合日常养护等日常性、长期性工作特点的长期合同管理形式，也有结合公路养护产业链环节综合打包的综合合同形式。

五是在智慧公路养护方面，由于国外养护市场化开放程度较高，相关智慧养护技术发展和模式创新主要是由市场化企业推动。从上述典型国家智慧公路发展的情况来看，较少涉及公路养护相关内容，且公路养护尚未纳入政府统一规划的范围。国外以市场需求主导公路养护市场发展，推动市场化企业加大科研创新力度，通过精细化、个性化、差异化的养护供给推动智慧公路养护市场的快速发展。

三、小结

（一）重视智慧公路养护体系的构建

从国外智慧公路发展的经验来看，一般在智慧公路建成时，就会提前考虑未来养护体系的搭建，以确保智慧公路在后期维持良好的技术状态。

（二）重视信息化手段的应用

当前，许多国家的政府和国际组织都认识到了信息化管理的重要作用，纷纷开发利用"互联网+"、大数据分析作为夺取新一轮竞争制高点的重要抓手，尤其是在交通运输方面大力实施"互联网+"战略。

(三)重视绿色环保技术的应用

综合来看,国外智慧公路的发展已有较好的基础,很多国家都在积极地进行相关研究与应用,其中以美国和欧洲国家为代表,在技术方面已处于领先地位。国外智慧公路的发展呈现个性化、差异化特征,其会根据不同公路的使用效能展开相应的研究和应用,为城市居民带来极大便利,同时提升交通建设的智慧性。

(四)重视利用智能手段提升安全保障水平

国外在重大桥梁和隧道质量监测、边坡等重点基础设施自动化监测等方面开展了深入的研究和丰富的实践,取得了显著的效果。例如,在桥隧运营安全保障方面,围绕结构损伤识别与安全评价、全寿命周期灾变控制、灾变安全监测预警与应急管理、智能决策养护管理等方面展开研究,重点解决了既有桥隧的安全监测与评价问题,研发了国家长大桥梁、隧道安全监测与应急管理平台,推动了桥梁、隧道运营安全保障技术的发展。

第四章
智慧化养护发展形势分析

一、有关智慧交通建设重要讲话为智慧化养护开辟道路

在第二届联合国全球可持续交通大会开幕式上,国家主席习近平发表了题为《与世界相交 与时代相通 在可持续发展道路上阔步前行》的主旨讲话,强调"要大力发展智慧交通和智慧物流,推动大数据、互联网、人工智能、区块链等新技术与交通行业深度融合,使人享其行、物畅其流"[1]。

"交通+物联网"技术可以全面感知交通运输基础设施的质量和交通载运工具的状况,同时监控整个交通的运行情况;"交通+大数据"技术可以充分挖掘和利用信息数据的价值,盘活现有数据,在此基础上进行应用、评价、决策,以服务于交通运输主管部门的管理与决策;"交通+云计算"为各类交通数据的存储提供了新模式,"交通云"的建立将打破"信息孤岛",全面实现信息资源共享、系统互联互通;"交通+互联网"技术,可以实现信息在各种运输方式之间的顺畅传递、交换,从而达到各种运输方式的协调、合理布局与高效运行。在此背景下,公路智慧化养护应运而生。公路智慧化养护以其独特的优势和潜力,为公路管理和养护带来了革命性的变革,这也是时代发展的必然趋势。

二、国家及行业已经为构建智慧化养护体系提供政策指引

加快构建现代公路养护体系,推行养护决策科学化、养护管理制度化、养护工程精准化、养护生产绿色化,是公路养护事业的发展方向,也是公路交通转型升级、服务加快建设交通强国的必由之路。中共中央、国务院于2019年9月印发的《交通强国建设纲要》明确

---

[1] 习近平:《与世界相交 与时代相通 在可持续发展道路上阔步前行——在第二届联合国全球可持续交通大会开幕式上的主旨讲话》,人民出版社2021年版,第3-4页。

提出："大力发展智慧交通。推动大数据、互联网、人工智能、区块链、超级计算等新技术与交通行业深度融合。推进数据资源赋能交通发展,加速交通基础设施网、运输服务网、能源网与信息网络融合发展,构建泛在先进的交通信息基础设施。"之后,《数字交通"十四五"发展规划》《"十四五"交通领域科技创新规划》《"十四五"公路养护管理发展纲要》等相关政策出台,引导公路养护行业向市场化、规范化、智慧化方向发展,在推动公路养护行业转型升级、提质增效的同时,也为智慧化养护的发展提供了良好的政策环境。

三、公路行业的巨大存量对智慧化养护发展的需求越发迫切

截至 2022 年底,全国公路里程达 535.48 万 km。加强公路养护管理,提高公路交通服务能力和水平,适应经济社会发展和人民群众出行需求,已成为新时期加快公路交通发展方式转变、实现公路科学发展的既重要又紧迫的重点任务之一。如何推进人工智能、物联网、大数据等新一代信息技术与公路养护深度融合发展,是推动公路养护行业质量变革、效率变革、动力变革的新机遇、新挑战,也是维护好巨大存量公路网的重要任务。当前,各地布局建设智慧公路,应用新技术,引入新装备,打造新场景,构建新模式,强化数字赋能,建成了一批智慧公路试点工程、样板工程,智慧化养护已经具备一定的实践基础。但公路的智慧化养护体系顶层设计依然空缺,亟须通过构建智慧化养护管理与技术体系,为管理者提供精确、智能的公路资产管理与养护服务,实现智慧化的科学管养,进一步提升管养效能。

四、公路养护行业的现实发展环境迫切需要发展智慧化养护

从公路养护行业发展现状看,受资金、管理模式等方面影响,公路养护行业的可持续发展能力亟须通过发展智慧化养护来提升。

资金方面,财政和事权不匹配,养护事权责任履行不到位,养护资金分配失衡,无法适应各省(自治区、直辖市)的养护需求结构变化。

管理模式方面,智慧化养护模式缺乏统一标准,智慧养护技术方案缺乏标准规范的指导,可规模化复制推广的智慧化养护模式和标准亟待形成。

市场化养护方面,全国统一的养护作业单位资质政策的施行,为构建全国统一、开放的公路养护市场环境提供了良好支撑,但各省(自治区、直辖市)受到地域条件、技术水平等因素限制,亟须加快公路养护市场化进程。

智慧养护方面,在系统建设、新技术应用方面取得了一定成效,但数据基础依然薄弱、应用协同性不强、信息安全保障水平有待提升。

因此,亟须融合应用大数据、云计算、物联网、人工智能等新一代信息技术和智能装备、新材料、新能源等,实现对公路的精细化管理。通过对公路使用情况的实时监控和数

据分析,可以更加精准地制订养护计划和调配资源,避免资源的浪费和重复投入,降低养护成本。同步引入新技术、新模式、新业态,推动养护行业转型升级和创新发展,提高行业竞争力和可持续发展能力。

五、现阶段智慧化养护发展已经具备一定基础条件

随着我国新型基础设施建设浪潮的逐渐兴起,很多新建公路在建设之初就进行了智慧化设计,既有公路也逐步开始进行智慧化改造。2023年9月,交通运输部印发《关于推进公路数字化转型 加快智慧公路建设发展的意见》,要求推动公路建设、管理、养护、运行、服务全流程数字化转型。当前,基础设施电子地图基本实现全覆盖;视频等动态监测范围不断扩大;5G、物联网等通信网络基础设施逐渐健全完善;北斗卫星导航系统(BDS)在行业广泛应用;人工智能、云计算等新技术基础设施数据中心稳步建设;智能计算中心等算力基础设施逐步完善;信息系统安全等级保护能力普遍提升。随着基础设施数字化程度的不断提升,这些均为发展智慧化养护提供了必要的基础条件。

第五章
智慧化养护发展战略目标

第一节 智慧化养护的内涵及分级

一、智慧化养护的内涵

"智慧化养护"是"智慧公路"的重要组成部分。对智慧化养护定义如下：以安全、高效、绿色、经济、韧性为目标，融合应用大数据、云计算、物联网、人工智能等新一代信息技术和智能装备、新材料、新能源等，从实时感知、泛在互联、融合计算、自主决策、智能协同、服务触达等方面进行全寿命周期集成应用，用智慧化的装备、材料及技术手段，对公路及其沿线设施实现全领域、全过程、全周期、全要素、全天候的科学化、智能化、主动式、预防性的维护、保障和提升。

基于养护的主要任务、工作内容，借助智慧化的装备、材料及技术手段，促使养护各环节智慧化，从而实现养护的智慧化。

从主要任务看，应包括路基路面、桥涵、隧道、交通工程及沿线设施等公路基础设施养护。

从工作内容看，应包括路况检查及评定、养护决策、日常养护、养护工程设计、养护作业、养护质量评定验收，以及全过程安全管理、文件及数据管理等。

从实施环节看，应包括基础设施数字化、路况检测自动化、路况评价客观化、养护需求分析精准化、养护方案确定科学化、计划排序合理化、施工过程管理高效化、养护流程管理规范化、养护监管智能化。

智慧化养护的实施对象主要有两类,一是高速公路,二是建设质量较好、具有建设智慧公路基础的普通国省道和农村公路。养护对象主要集中在公路基础设施、公路配套的智能监测设备以及相关的其他有关智慧公路发展的配套设施。

二、智慧化养护分级

《智慧公路发展战略研究》总报告中,智慧公路分级分类总体框架提出的分级分类和评价的模型框架可以概括为"三分一评",包括分层、分类、分级、评价四个部分。以上述智慧公路等级划分标准为依据,智慧化养护的分级分类和评价同样采取"三分一评"的模式。智慧化养护分级分类匹配关系见表4-2。

智慧化养护分级分类匹配关系表　　　　　　　表4-2

层级	类别(根据路网重要性、需求紧迫性和复杂性等)	等级	智慧化养护功能模块	
高速公路	一类 二类 三类	一级	基本项目	选择项目
		二级	基本项目	选择项目
		三级	基本项目	选择项目
		四级	基本项目	选择项目
		五级	基本项目	选择项目
普通国省道	一类 二类	一级	基本项目	选择项目
		二级	基本项目	选择项目
		三级	基本项目	选择项目
农村公路	一类 二类	一级	基本项目	选择项目
		二级	基本项目	选择项目

注:智慧化养护项目分为基本项目和选择项目,基本项目要求必须具备,选择项目要求具备50%以上;基本项目规定了智慧化养护必须进行内容的级别推进时序,选择项目给予了智慧化养护根据路网、路段等需求特点选择发展侧重和特色的自主性,两类项目兼顾了公路智慧化养护的规范性和自主性。

智慧化养护分层:根据公路不同的基础技术条件和建设管理模式,分为高速公路、普通国省道、农村公路三层,即公路"三张网"。

智慧化养护分类:综合考虑公路在路网中的战略地位、提升安全效率水平的需求强度、不同地区发展进程等客观因素,分别对三层公路进行分类。公路的各影响要素得分总和为公路的类别得分,根据得分,从高到低依次划分为一类、二类等。高速公路分为三类,普通国省道、农村公路均分为两类。

智慧化养护分级:公路的智慧化养护能力分为五级,从高到低依次为一级、二级、三级、四级、五级。一级为自主智慧,二级、三级为协同智慧,四级、五级为基本智慧。智慧化养护分级及特征见表4-3。

智慧化养护分级及特征表　　　　　　　　　　　　　　　　表 4-3

阶段	等级	特征
基本智慧	五级	无智慧化养护。未实现基础设施数字化,依靠人工感知、事后管控处理等传统技术手段养护
基本智慧	四级	初级智慧化养护。在五级级别基础上,依靠人工感知、事中管控处理等方式,实现重点路段基础设施数字化及自动监测连续覆盖,显著提升管理和服务水平
协同智慧	三级	中级智慧化养护。在四级级别基础上,依靠人工感知、主动管控处理等方式,实现全路段基础设施全方位数字化及自动监测连续覆盖,提供恶劣气象条件下的安全引导,可利用太阳能光伏发电解决路面自融雪、交通监控、安全设施、无线通信以及未来智能交通端设备等用电需求。具备小部分人工智能自主决策的养护决策能力。具备快捷的应急救援响应。养护管理和服务智慧为主,人工为辅
协同智慧	二级	高级智慧化养护。在三级级别基础上,依靠自主管控、人工可干预等方式,实现全路段基础设施全方位数字化及自动监测连续覆盖,以及网联协同的智慧化管控环境,提供车路协同安全管控、车道级、伴随式的高精准信息服务等(包括养护施工信息等)。具备部分人工智能自主决策的养护决策能力。具备快捷的应急救援响应。养护管理和服务智慧为主,人工为辅
自主智慧	一级	完全智慧化养护。在二级级别基础上,全路网实现基础设施全方位数字化及自动监测连续覆盖,混行交通自主管控,人工、自主管控自主切换,提供全天候、伴随式、高效、"零死亡"的安全行车环境,具备可持续、低排放、资源节约、抵御恶劣气象和自然灾害的能力。完全具备基于人工智能自主决策的养护决策能力。养护管理和服务智慧为主,人工可干预

智慧化养护评价:智慧化养护的发展程度评价,反映了公路智慧化养护的能力水平与智慧化养护需求强度的匹配度或适应度。匹配度越高,则评价越高。高等级智慧化养护能力应匹配高智慧化养护需求类型公路,低等级智慧化养护能力可匹配低智慧化养护需求类型公路。智慧化养护层级及需求见表4-4。

智慧化养护层级及需求表　　　　　　　　　　　　　　　　表 4-4

层级	类别	智慧化养护需求
农村公路	一类 二类	推进公路基础设施全要素、全周期数字化建设,构建"全数字农路+智能养护"农村公路管护新模式,建立农村公路长效运营保障机制
普通国省道	一类 二类	融合智慧公路内涵及普通国省道功能,基于新技术应用及安全运维保障,聚焦全方位服务、全业务管理、云控平台和基础设施四大内容,打造数字化公路管控及服务体系,逐步升级普通国省道可视、可测、可控、可服务水平
高速公路	一类 二类 三类	提高全系统资源配置和能力支撑,实现全量全要素的实时感知、千米级精细化主动控制,养护完全采用智慧化方式,人工可以实现养护重要服务和重点环节的干预

举例:

高速公路一类公路(如东部地区,面对主骨架多、城市群多、易拥堵、团雾多、桥隧多等现实问题)是安全效率问题最突出、智慧化建设需求最强烈、建设条件最好的公路,只有智慧化养护能力达到最高一级,智慧化养护评价才能相应得到高分。

高速公路三类公路(如西部地区,面对非主干道多、车流量少、气象地质风险小等现实问题)路网重要性一般、安全效率问题不突出,其智慧化养护能力达到四级水平,智慧化养护评价就可以得到高分。

第二节 智慧化养护的基本原则

智慧化养护应坚持以人为本,绿色创新,严格遵循"统筹规划、因地制宜、先进实用、迭代演进"的原则,覆盖公路养护的全寿命周期。

统筹规划:智慧化养护应统筹全网调控的业务需要,紧密结合主体工程、交通工程进行整体布局。

因地制宜:智慧化养护应根据公路等级、所属地域等公路工程实际需求,结合工程建设阶段、工程特征、服务水平、运营特征和交通特性,确定具体路段智慧化养护的具体内容。

先进实用:智慧化养护宜结合技术发展趋势评估投入、产出效益,指导养护过程中新技术、新产品的选用,科学选择最佳的养护方案。

迭代演进:智慧化养护应统筹应用场景、养护内容和时序选择,实现从技术研发、测试验证、试点示范到推广应用的正向闭环,稳步推进智慧化养护的实施。

第三节 智慧化养护的发展目标

按照"两阶段三步走",提出近五年(到2027年)、2035年、2050年的发展目标。

一、近五年(到2027年)目标

近五年(到2027年)发展目标:以"三重一突出"(重点区域、重要通道、重大构造物、突出问题)路段为重点突破路段。

坚持"顶层设计,优化架构体系"和"问题导向,破解痛点难点"两条线同时推进。以数字化升级改造为手段,以公路养护科学决策为核心,优化完善智慧化养护体系。覆盖"三重一突出"路段,重点区域及若干主通道基本实现智慧化养护、重大构造物实现智慧监测全覆盖、公路应急指挥实现智能协同。开展一批智慧养护示范工程(若干典型高速公路、典型普通国省道、典型农村公路),初步实现设施数字化、养护专业化、管理现代化、运行高效化、服务优质化,进一步提升安全水平、服务水平和资金使用效益,为开展智慧公路的智慧养护积累扎实经验。

重点区域:四大城市群(长三角城市群、珠三角城市群、京津冀城市群和成渝城市群)高风险路段,包括恶劣天气高影响、灾害多发、事故易发、历史事故多发等路段;政治经济意义路段等。

重要通道:国家综合立体交通网主骨架中的公路通道、重点运输通道、一些具备条件的繁忙通道、重点区域及若干主通道。

重大构造物:重要桥梁、具备条件的长大隧道、高边坡及支挡结构。

突出问题:重大事件或事故应急响应、准全天候安全保障、养护资金紧张等。

二、2035 年目标

2035 年发展目标:智慧化养护得到大范围应用。

到 2035 年,基本建成智慧公路网体系,智慧化养护得到大范围应用。国家综合立体交通网规划中的公路骨干部分、国家公路、城市群都市圈主要通道基本建成智慧公路。以智慧公路建设为依托,全面建立全要素感知、全方位服务、全过程管控、全数字运营的养护体系,实现科学高效智能养护。其他干线公路和农村公路的智慧化养护水平得到大幅提升,依托信息化管理平台,实现管养智能化。

养护管理数字化转型成效明显。在役干线公路数字化覆盖率大幅提升;重大桥隧具备数字孪生及相应智能运行和安全响应应急处置能力;建成省部联网的公路行业大数据中心,整合行业各类数据资源,实现多源数据深度融合和智能分析,高效辅助科学决策。整体实现大数据在公路养护全周期各环节规模化应用,持续优化养护管理全过程,大力推广全周期预防性养护新模式,推动生产方式变革。

科技创新应用全面增强。大数据、云计算、物联网等新一代信息技术实现规模化应用;自助设备、养护自动化设备、无人机等智能装备实现规模化应用。

养护经济效益全面提升。快速化、集约化、自动化、智能化养护作业和科学养护决策大规模实施,养护的时间成本、人力成本、资金成本大幅降低。

安全应急能力显著提升。全国干线公路网基本具备准全天候通行保障能力,具备条件的通道实现全天候通行;综合应用智能化应急响应、救灾救援技术和"一路多方"协同平台等,对于突发事件和事故,尤其是重大事件和事故的应急处置效率和能力得到大幅提升;基于公路基础设施监测预警体系和自然灾害综合风险相关数据构建的"公路综合风险一张图",实现对全部高速公路和重点国省道的路网风险精准辨识和应急管理智能化。

公众出行体验显著改善。道路拥堵情况大幅缓解;因养护或部分天气原因封路情况大幅降低;通过丰富信息服务渠道和内容等,公众对公路服务水平满意度大幅提升。

治理效能大幅提升。部省两级公路综合养护管理系统实现对路网资产养护管理的全面掌握和科学研判；部省两级农村公路数字化综合监管体系助力实现"四好农村路"高质量发展目标。

三、2050 年目标

2050 年发展目标：智慧化养护水平位居世界前列。

到 2050 年，全面建成智慧公路网体系，智慧化养护水平位居世界前列。智慧化养护有力服务人民满意交通建设，在综合运输体系和服务国家发展与安全中发挥的作用显著，全面形成智慧化养护发展的良好生态圈，全面支持公路行业可持续发展，对产业发展的带动作用显著，为加快建设交通强国提供坚实支撑。

四、评价指标

智慧化养护应该以安全、高效、绿色、经济、韧性五大目标为指引，对全路网提出养护智慧化程度的评价指标体系，包括技术实现指标（如应用系统覆盖率等）、能力效果指标（如公路养护成本降幅）等。公路智慧化养护评价指标见表 4-5。该评价指标可为智慧化养护分级中的基本项目、选择项目提供参考。

公路智慧化养护评价指标表　　　　　表 4-5

一级指标	二级指标	类别
基础设施	公路及其附属设施使用寿命提升	能力效果指标
	智慧化设施完好率	技术实现指标
智能检测	公路养护智能检测技术应用水平	技术实现指标
	自动化检测准确率	技术实现指标
智能监测	公路养护智能监测技术应用水平	技术实现指标
科学决策	智慧养护科学决策水平	能力效果指标
	公路养护数据中台技术应用水平	技术实现指标
	养护资金决策准确率与实际资金使用情况偏差率	能力效果指标
技术装备	"四新"技术使用率	技术实现指标
	智能装备水平	技术实现指标

第四节　智慧化养护的发展思路

站在公路交通高质量发展推动智慧公路健康可持续发展、支撑交通强国建设、服务现代化经济体系建设、适应人民日益增长的美好生活需要的角度，亟须突破公路传统养护模式。基于智慧化养护发展战略目标的现实需求,提出智慧化养护的发展思路,以"13325"概念体系为指导(即一个定义、三方面内涵、三大特征、两类实施对象、五大目的),以"两阶段三步走"发展战略为总目标,以建立智慧公路养护的统一标准、建立技术支撑体系、完善管理运行机制、促进制度体系建设、强化要素支撑和创建示范工程 6 个重点任务为抓手,逐步探索形成可复制可推广的智慧化养护模式。

第六章
智慧化养护发展的重点任务

第一节 建立智慧化养护发展的统一标准

智慧化养护应注重解决缺乏行业统一标准的主要问题。应结合智慧公路未来发展需求,建立完善的智慧化养护标准,为智慧公路提供养护管理规范和技术指导;建立智慧化养护行业标准,鼓励各地制定并出台智慧化养护地方标准,有效提升智慧化养护的标准化水平。

第二节 建立智慧化养护的技术支撑体系

以数据驱动赋能智慧公路养护为主线,从多层次数据感知、养护数据归集、智慧决策、智慧养护实施不同环节,提出智慧公路养护的总体布局、重点技术方向及技术要求,逐步健全完善技术支撑体系,提出鼓励应用的相关养护技术、装备、材料等。智慧化养护技术架构如图4-1所示。

一、完善多层次数据感知体系

研究公路不同子单元自动化智能感知技术方向,探索获取公路运行状态下结构物性能、环境等信息的新方案,研究确定公路交通运行监测数据接入的关键技术及技术实施路径,建立公路不同维度信息的融合集成与处理体系,在全面互联的基础上,通过数据流动和分析,建立公路基础设施工业互联网平台,推出公路全天候动静态感知新范式,打造公路信息基座。

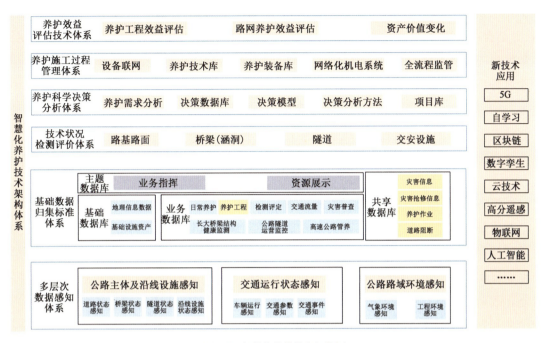

图 4-1　智慧化养护技术架构图

二、完善基础数据归集标准体系

面向全资产数智化养护管理发展需求,基于全寿命周期理论,构建勘察设计、建设、运营、养护各阶段统一的数据管理标准体系,实现多维多源公路全资产数据管理的贯穿融合。从智慧养护、基础设施资产管理、智能交通等应用场景出发,设计公路行业的智慧养护数据中台架构,实现对不同公路设施的动态数据和静态数据的管理,并基于公路 GIS 地图,实现分层次的数据集成和可视化展示。

三、完善技术状况检测评价体系

多层次数据感知背景下,完善公路路面、桥梁、涵洞、隧道、交通安全设施等公路技术状况检测与评定体系。优先采用新技术、新设备和自动化检测手段。探索推广新型无损、便携式检测装备,开发推广应用经济高效自动化、轻量化检测装备,大幅提升智能检测水平。深入研究不同采集方式、采集设备的数据标准及标定关系;结合各地的气候、交通及环境特点,对各类检测数据进行深入分析挖掘,建立各地差异化的病害图谱,为养护科学决策提供直接依据。

四、完善养护科学决策分析体系

确定全资产养护决策的决策目标、决策过程以及对应的差异化决策内容。建立养护分析相关模型,包括养护对策模型、使用性能预测模型、养护方案费用模型、优先排序模型等,并结合海量的各类检测数据,采用机器学习、大数据分析算法对模型参数进行定期标定和修正。完善包括路面、桥梁、隧道等在内的养护决策分析方法,包括养护需求分析、养护预算分析、资金优化分配等,支撑中长期养护规划及年度养护计划编制,并将预防养护、修复养护等适合进行项目库管理的养护工程纳入项目库管理,实施动态调整、定期更新。注重路况大数据的积累和挖掘,综合利用信息化系统,为建成自学习、自适应的动态养护决策体系提供指导。

五、完善养护施工过程管理体系

利用数据支撑仿真化设计,在大型养护施工前通过软件对交通流量进行模拟测算,最大限度地降低对交通的影响。以提升养护作业实施效率和质量为重点,依托精准定位与高可靠通信技术、安全状态与环境感知技术、一体化系统集成技术,开展机械设备自身的智能化改造,实现设备联网、辅助作业、自动作业。注重应用适应养护生产特点的人工智能装备和自动化生产机械,重点加强日常快速养护装备、应急抢险装备、养护作业安全防护设备配置,推广智慧化施工作业装备。加强智慧绿色的养护机械设备研发与应用,开发多功能一体化及新能源养护机械设备,探索无人驾驶在养护机械设备中的应用,深化无人机、爬坡机器人等设备的应用,探索开展无人化辅助巡检施工应用,开展路面无人机群摊压施工、无线遥控挖掘机等技术应用。加强机电系统运行维护,完善并构建系统、设备和网络的监测管理系统,通过系统、设备和网络的监测功能掌握运行状况,实现机电系统维护管理工作及时到位。加速完成网络化机电系统的构建,推动机电运维管理数字化、机电系统运行智能化。

六、完善养护效益评估技术体系

采用定量评估与定性评估相结合的方法,对养护决策达到既定养护目标的程度开展效益评估,分阶段反馈养护决策各环节目标完成情况,以改善养护决策方法、优化养护决策模型。养护工程效益评估侧重于设施技术状况提升、设施服务水平改善、长期路用性能提升等,对效益较差或未达到预期目标的工程项目,分析原因并不断改善设计和施工水平,同时选择代表性路段,对当地典型养护方案、典型结构长期路用性能进行跟踪监测。路网养护效果评估侧重于养护科学决策使用率评估、路网技术状况改善情况评估、养护资金使用效益评估、养护预期目标实现程度评估,并逐年分析路网养护投入和路网技术状况的关系,为建立符合实际的养护投入和产出关系提供扎实基础。此外,还应通过资产评估的方法评价养护工程实施前后设施资产价值的变化情况。

综上,梳理了智慧化养护具体技术清单,见表4-6。

智慧化养护技术清单 表4-6

类型	技术名称	说明
多层次数据感知体系	公路运营交通传感监测技术	研制推广公路养护智能化应用,重点是基于AI的自动化巡查,利用电磁传感技术、雷达探测技术、超声波传感技术、视频检测技术(视频图像检测器)、分布式光纤传感技术、5G技术等,进行公路基础设施状态和环境的实时感知,实现重点运输通道全天候、全要素、全过程实时监测
	桥梁健康监测技术	通过传感器的智能化、监测点布置方法的优化、数据传输方式的改进、受损识别方法训练等手段,进行桥梁健康状况的检测、评估与预警
	隧道健康监测技术	通过物联网、云计算、传感器、无线通信等技术,对隧道进行实时监测、分级预警、统计分析等
	边坡健康监测技术	通过基于3S技术[①]的集成监测、基于时域反射测试技术的边坡深部位移监测、基于地面激光扫描测距的边坡监测、数字近景摄影测量技术、分布式光纤传感技术及阵列式形变测量技术等进行边坡监测
基础数据归集标准体系	智慧养护数据中台	通过数据存储技术、数据集成技术、数据安全技术、大数据处理技术、数据可视化技术、数据治理技术等,提供更加高效、可靠的养护数据管理服务
技术状况检测评价体系	公路技术状况自动化检测技术	研制推广公路养护智能化应用,重点是基于AI的自动化巡查,通过无损检测和便携式、自动化装备,提高公路技术状况检测的范围、频率和精度,及时掌握公路技术状况
养护科学决策分析体系	公路养护科学决策管理系统	通过系统平台建设,实现公路资产、养护业务管理标准化
	决策模型与方法	加强公路养护科学决策方法研究,重点研发各类设施养护评价、预测、决策等分析算法与模型
	自学习决策技术	通过人工智能、机器学习大数据分析,优化养护决策算法,实现公路智能养护决策及性能预测,提升养护对策的准确度与预测的精确度,降低全寿命周期养护费用
养护施工过程管理体系	绿色养护技术	加强绿色养护技术的研发与推广,重点包括旧路面材料再生、循环利用技术,节能、减排、降耗技术,路面结构优化技术,抗凝冰、降噪路面等技术,预防养护技术等
	工程耐久性技术	着力突破工程耐久性提升关键技术,包括沥青玛蹄脂碎石混合料(SMA)路面技术,高性能级配碎石旋转剪切压实试验法(GTM)设计沥青混合料技术,灌入式半柔性抗车辙沥青路面技术,无车辙沥青路面技术,高黏结力环氧乳化沥青技术,常温精薄罩面、温拌极薄罩面、超薄罩面技术,高韧超薄磨耗层技术,振动成型法基层混合料设计技术,高聚物基层注浆技术,摊铺式应力吸收层加强层间结合处置技术等
	新型养护装备	加快公路技术状况检测监测及养护装备研发,重点是公路桥隧、交通安全设施等自动化快速检测装备、无人化养护施工装备研发,推动多功能高性能智能检测养护机器人研发应用;结合北斗星卫星导航、无损检测、无人作业等技术,制造高端公路养护装备,实现智能控制;开展专用保障装备研发,推动自然灾害交通快速抢通保通装备、交通事故救援机器人等研发应用;推动基于物联网的养护工程质量管理等研发应用

续上表

类型	技术名称	说明
养护效益评估技术体系	长期路用性能技术	重点推进公路长期性能科学观测，开展公路全寿命周期性能演化规律等基础理论研究；运用图像识别、视频监控、网络传输等信息化技术对路面运营期长期性能进行跟踪监测，推动大数据、物联网等新一代空天信息技术在路面施工质量智能监测和性能评价方面的应用

注：①3S技术指地理信息系统、全球定位系统和遥感技术。

第三节 完善智慧化养护的管理运行机制

养护管理工作涉及发展改革、财政、人力资源和社会保障等多个部门，要明确有关部门的职责与分工，争取更多的重视与支持，切实凝聚促进智慧化养护水平提升的发展合力。建立政府与市场合理分工的养护运行机制，加快构建统一开放、规范有序的养护市场，为智慧化养护产业发展营造良好氛围。

第四节 促进智慧化养护的制度体系建设

细化加快智慧化养护发展的路径和阶段，聚焦每个阶段中要解决的核心问题，加强政府的支持和引导，从政府投入、技术创新、标准制定、产业促进、平台建设和整合、市场模式确立等方面进行引导，做好顶层设计工作，做好智慧化养护的基础保障，使智慧化养护有法可依，有效提升智慧公路养护管理的规范化水平。

第五节 强化智慧化养护发展的要素支撑

全方位强化智慧化养护从顶层设计到底层支撑的人才培育体系，持续对智慧化养护各类人才开展专业技术培训，提高智慧化养护业务技术人员整体工作能力和业务能力。稳定资金保障，推动建立养护管理资金投入增长机制，并从中安排专项资金用于推进智慧化养护提升。强化绩效目标管理，研究智慧化养护绩效评价指标体系，促进智慧化养护专项资金使用科学、有效。发挥重点科研平台、产学研联合创新平台作用，加强基础性、战略性、前沿性技术攻关力度，力争在促进智慧化养护水平提升的重大关键技术上取得突破。

第六节　创建智慧化养护的试点示范工程

实施试点示范工程是加快智慧公路养护发展的首要抓手。开展试点,突破技术瓶颈或政策机制束缚;总结经验,将试点变成示范,带动全国各方力量共同推进智慧化养护发展。

一、京津冀城市群一体化智慧化养护示范工程

(一)示范目的

我国智慧公路建设多集中在四大城市群。在经济发达地区率先建设,存在显著的地域特色。开展京津冀城市群一体化智慧养护示范,有助于推动京津冀城市群交通一体化的深入实施,实现养护管理一体化、智慧化,切实保障区域路网的全线畅通,有效提升区域路网服务水平。

(二)主要示范内容

以正在推进的交通一体化重点项目(重点包括首都地区环线高速公路三河平谷段、张涿高速公路西太路互通、京雄高速公路二期等项目)为依托,实施一体化、智慧化养护示范,实施内容包括:

1. 机制创新

依托公路基础设施的一体化,建立集中统一的组织管理协调机制,为推进一体化、智慧化养护提供必要条件。

2. 制度创新

建立一系列推进一体化、智慧化养护管理的标准体系。

3. 手段创新

构建监管应急"一张网"、综合养管"一个平台"。

(三)预期效果

通过试点打造京津冀城市群一体化、智慧化养护示范公路,强化京津冀城市群公路一体化养护管理,形成一体化、智慧化养护管理成套技术体系;推动交通一体化发展,提高服

务水平,满足公众出行需求。

二、基于泛在感知的高速公路全寿命周期养护决策示范工程

(一)示范目的

依托项目为山西交通控股集团有限公司晋中高速公路分公司管辖的 G5 祁临高速公路路面养护项目,示范工作从公路自动化检测设备的研发与日常养护公路巡检应用着手,结合对示范项目全寿命周期数据分析,建立公路病害数据库、养护措施库及性能模型库,形成常态化智能巡检、养护决策及养护后评价机制,大幅提升公路养护管理效能。

(二)主要示范内容

1. 公路自动化路面检测设备的集成、应用

集成可车载的公路路面病害自动化检测设备,可在车辆行驶过程中拍摄路面影像。基于鲁棒性的裂缝检测与分割算法,降低光线分布不均、畸形阴影遮挡和图像运动模糊等影响,实现路面裂缝精准检测与分割。采用多隐层的人工神经网络方法,对地面裂缝进行多分类学习,实现对路面裂缝的准确分类和数据检测。结合图像分析的方法,对拍摄的路面病害进行损毁程度判断,计算路面综合破损率(DR)、路面状况指数(PCI)等病害指标,达到精确输出病害检测数据的目标。

2. 公路自动化路面检测设备的日常养护巡检应用

利用公路自动化路面检测设备进行道路日常养护和道路巡检,用自动化路面检测设备进行精细化路面检测,通过日常巡检和专项检测获得道路裂缝、坑槽、修补等数据。日常养护工作中,采用公路自动化路面检测设备进行日常巡检,项目开始后,利用自动化检测设备对公路路面进行专项检测,获得示范项目养护初始道路状况和病害基础数据,此后,每隔 2 个月进行自动化路面专项检测,其间使用自动化检测设备进行日常养护巡检工作。

3. 建立符合示范项目的公路病害大数据库

利用积累的路面日常养护数据、专项养护数据对示范项目病害进行长期跟踪,结合建设数据、养护数据、病害数据、检测数据和运营数据进行大数据综合分析,参照道路桩号对道路病害进行针对性分析。基于图像识别的自动化巡查实现日常养护巡检养护一体化和路面性能长期跟踪,建立符合示范项目的公路病害大数据库。

4. 建立基于全寿命周期数据挖掘的路面科学决策机制

通过算法模型汇集并分析数据，针对既有道路养护决策模型不成熟、各环节数据脱节、数据来源单一、大数据算法支撑不足等问题，结合示范项目道路病害发展、养护实施效果，建立多种特征病害场景下的养护方案专家措施库。结合道路病害数据分析结果和专家措施库，考虑道路建设数据，基于自动化巡检病害检测数据及各类动态数据，随时掌握道路衰退情况，建立适用于示范项目的养护决策模型及修正机制，在日常养护巡检过程中不断指导优化既有道路养护决策体系，提高决策水平，以提升公路养护管理工作效能。

(三) 预期效果

通过养护工程示范，有利于维护公路良好技术状况，提升公路服务水平。构建公路养护科学决策体系，形成更加智慧、精准的养护决策模型和养护工作机制。

1. 路面自动化检测全覆盖

选型并集成搭载在车辆上的公路自动化路面检测设备，实现 40~80km/h 动态速度状态下路面病害自动化检测，横向检测宽度达到 3~4m，示范项目路面自动化采集覆盖率达到 100%。

2. 提升公路检测精度

基于图像识别和深度学习，实现自动化巡查、检测一体化，动态检测精度达到 3mm，路面病害识别率大于 85%。

3. 降低公路检测成本

提升公路路面日常巡检效率，节约人工成本 20% 以上，节约检测成本 40% 以上。

4. 实现日常养护巡检一体化

利用大数据分析方法建立基于公路自动化路面检测设备的路面病害库、养护措施库，形成基于日常智能检测采集与数据积累、养护决策相融合的养护全寿命周期数据管理机制，真正实现日常养护巡检一体化。

5. 建立全寿命周期养护决策模型

形成一整套基于公路全寿命周期的大数据分析养护决策方法及模型，经过一段时间自动化检测设备病害采集数据训练，可移植应用到其他在役干线公路项目。

三、普通国省道智慧应急管理示范工程

(一)示范目的

构建以险情分类分级管理、险情指数数字化管理、险情处置流程标准化管理、险情备选处置方案科学化管理为核心的智慧养护应急系统,加快建立覆盖从日常养护到应急养护的全节点智慧化养护体系,有效增强防灾减灾和安全保障能力。

(二)主要示范内容

1. 北斗监测仪使用

防灾减灾是北斗监测仪应用较多的领域。通过北斗卫星导航系统的短报文与位置报告功能,实现灾害预警速报、救灾指挥调度、快速应急通信等目标,可极大提高灾害应急救援反应速度和决策能力。应用范围主要包括灾情上报、灾害预警、救灾指挥、灾情通信,以及桥梁、隧道、边坡等的监测。其中,救灾指挥、灾情通信应用了北斗卫星导航系统特有的短报文功能,桥梁、隧道、边坡等应用了高精度北斗卫星导航服务。

2. 养护作业智能调度

指挥调度平台集成不同业务的软硬件数据,通过指挥调度平台对养护作业人员、设备、物资、巡检车辆等进行统一调度,可实现对养护作业的快速日常管理和应急管理,满足养护作业的管理需求。同时,利用智能化的AI识别技术对不安全的作业行为进行行为抓拍预警等。指挥调度平台具备养护作业全过程所需的应用系统,具备能够感知事件处置状态、判断应急流程与智能推进等功能。

3. 搭建"互联网+"应急管理平台

通过搭建"互联网+"应急管理平台,实现应急处置科学化、高效化。利用物联网、自动化控制、4G等技术建立机械管理、防汛应急管理系统和降雪结冰预警系统。防汛应急管理系统主要通过对设备自动控制、数据统计分析,实现科学、准确的排水调度,提高管理质量和效率。降雪结冰预警系统则通过道路或桥面传感器对降雪、结冰情况进行全方位监控,并将数据传输至服务器进行分析,对未来数小时内道路结冰积雪情况作出反馈,以便快速合理地进行除雪作业,保证道路畅通安全。

4. 智慧应急指挥系统

智慧应急指挥系统,辅以应急指挥车、集群对讲机、无人机、单兵设备、多功能视频平

台等智能设备,通过指挥层、执行层、反馈层三层结构,实现预案管理、执行环节、集中指挥调度和后期反馈的闭环管理。其中,指挥层负责预案管理、监测预警、事件处理、灾情评估、信息管理五方面内容;执行层负责任务管理、资源准备、应急工作、质量检查四方面内容;反馈层则对执行与调度过程中的评价进行逆向反馈。

(三)预期效果

通过普通国省道智慧应急管理示范工程,以建设完善集预警预测与突发事件应急处置于一体的特大桥梁、特长隧道和危险路段安全监测监控体系为基础,加快建立覆盖从日常养护到应急养护的全节点智慧化养护体系,实现应急处置的科学化、高效化。

四、农村公路智慧化管理平台示范工程

(一)示范目的

以完善养护监管为重点,借助大数据、云计算、物联网等信息化手段,进一步提升公路养护管理技术水平和养护作业监管力度。

(二)主要示范内容

1. 完善农村公路数据库

农村公路数据包括但不限于:农村公路、桥梁、隧道、交通安全设施、其他附属设施等基础数据和空间数据、建养管运业务数据、统计报表、决策支持数据等。

2. 建设综合管理平台

农村公路智慧化管理平台由综合路网、规划计划、建设管理、"路长制"、智能化养护、大数据可视化、运营管理等内容组成。将管养的国省干道、县道、乡道、村道(含库外道路)、桥梁入库管理,生成每个路线的二维码,扫描二维码即可查询路线的基本信息、路长和养护责任人信息、养护维修记录等信息,为路网规划、管养决策提供可靠、一线的决策依据。

(三)预期效果

"四好农村路"养护管理与先进技术有机融合程度进一步加深,农村公路养护监管能力进一步提高,实现农村公路动态监督、管养调度、运营监测的数字化、智慧化。

第七章
智慧化养护发展的战略保障

第一节 体制机制保障

一、制定智慧化养护的顶层规划及行动方案

统筹协调，全面考虑，制定关于智慧化养护发展的顶层规划；加强对智慧化养护项目相关问题的研究力度，建立科学的智慧化养护的绩效评估和水平测试体系，对有关政策和资金投入效果进行综合评价；由政府建立智慧化养护顶层规划制度，加强统筹协调，有序推进智慧化养护系统建设；设立智慧化养护发展专项资金，促进智慧化养护事业高质量可持续发展。

二、创新智慧化养护组织模式

完善养护市场供给模式，探索检测评定、设计、施工一体化的养护总承包模式，进一步打破市场壁垒，实现管养分离，促使承包商更加主动地从事养护工作，使养护资金得到高效利用。依托有效充分的市场竞争，解决当前养护任务繁重、养护资金不足、养护成效较低等深层次问题。

三、建立技术容错机制

当前，智慧公路建设仍在起步阶段，智慧化养护虽然有一定的实践基础，但智慧公路的智慧养护仍处在探索阶段。因此，要引入技术容错机制，加强在智慧公路的智慧养护方面的探索力度，鼓励新技术应用，促进智慧化养护水平的提升。

第二节　资金保障

一、设立智慧化养护发展专项资金

在促进智慧化养护体系发展方面,应该有充足的资金政策作为支撑。可考虑从交通发展基金中安排部分资金,设立专门的智慧化养护发展专项资金,专项用于推进智慧化养护体系建设与发展。

二、多渠道筹集智慧化养护资金

稳定养护资金来源保障,推动养护资金建立增长机制。收费公路单位依法落实养护资金,加强服务保障。统筹智慧公路建设、管理、养护、运营,鼓励社会资本参与。探索采取设施收益分成、资源开发收益共享、税费返还等方式筹措养护资金。实施捆绑招标,将建设和养护一体化开发,以运营收益反哺养护。预研能源和消费市场调整趋势,进一步研究征收车辆里程税的可行性。

三、加强养护资金管理和使用

将绩效理念和方法深度融入养护预算编制、执行、监督全过程,构建事前、事中、事后绩效管理闭环。强化绩效目标管理,建立并规范智慧养护绩效目标、绩效评价、结果应用等管理流程,研究智慧化养护绩效评价指标体系,推动养护预算绩效管理标准科学、程序规范、方法合理、结果可信。以智慧化养护手段为依托,进一步降低养护成本,提高养护资金使用效益。

第三节　人才保障

人才是不可或缺的部分,我国智慧公路发展的核心就是专业人才,包括管理人才、技术人才、一线作业人才等。有计划有目的地培养一批能够突破关键养护技术、掌握行业发展趋势、熟悉标准化工作程序、具有国际领先水平的高层次的智慧化养护专项技术型人才和复合型人才,满足智慧公路快速发展的需要。

智慧化养护亟须强化人才培养体系,包括管理人员、优秀技术人员和实操人员;持续开展各类专业技术培训,改善人才结构,提高人员工作能力和业务水平;注重新理论、新技术的培训,更新专业知识,激发创新思维。同时,提高装备和技术操作水平,建立公共实训基地,向社会提供高水平技能实训和鉴定服务。根据发展特点和需求调整人才培养方向,打造充实专业的人才团队。

第四节 技术保障

一、鼓励智慧化养护技术的创新应用

发挥重点科研平台、产学研联合创新平台的作用,加强基础性、战略性、前沿性技术攻关力度,力争在智慧公路检查评定、养护决策、养护后评估、结构监测、日常养护、预防养护、修复养护、专项养护以及应急养护等重大关键技术上取得突破。

发挥企业的创新主体作用,鼓励企业以满足市场需求为导向开展智慧化养护技术、组织管理、经营模式等方面的创新,提高科技含量和技术水平,不断向产业链和价值链高端延伸。以重大养护工程为依托,促进关键养护技术的研发攻关与成果转化。

二、健全智慧化养护的科技创新制度

以问题为导向,以需求为牵引,坚持科技创新和制度创新双轮驱动,制定智慧公路养护科技创新制度,奖励智慧公路养护科技创新,鼓励研发具有完全自主知识产权的技术和产品。

第八章
智慧化养护的经济分析

第一节 智慧化养护实施测算

在全寿命周期内,对传统养护和智慧化养护的费用分别进行测算。

传统养护:在寿命周期内,按照路况衰变进行日常养护、预防养护、中修、大修,支出相应费用。

智慧化养护:通过应用各类智慧养护技术(可考虑分级实现),测算增加各类检测、养护决策技术的成本,同时在全寿命周期内,分析应用智慧养护技术降低的成本,进而得到综合成本。

以全寿命周期理论分析为基础,对全长100km的某高速公路以30年为分析周期,开展传统养护和智慧化养护的费用对比分析。30年内公路PCI衰变通过中咨集团"路面养护决策系统"中的路况衰变模型进行预测,以PCI小于80(良以下)为大中修养护工程触发值,以PCI小于92(优以下)为预防养护工程触发值,中修、大修及预防养护费用参考在四川、内蒙古、山西等地的实际养护费用进行测算。

传统养护费用和智慧化养护费用测算见表4-7、表4-8。

传统养护费用测算表 表4-7

运营期(年)	日常养护(万元)	养护工程(万元)	PCI预测	合计(万元)	备注
1	120	0	100	120	
2	170	0	98	170	
3	180	0	95	180	

续上表

运营期(年)	日常养护(万元)	养护工程(万元)	PCI 预测	合计(万元)	备注
4	210	0	91	210	
5	230	0	86	230	
6	260	0	80	260	
7	210	24000	92	24210	中修80%,300万元/km
8	230	0	88	230	
9	260	0	82	260	
10	150	36000	99	36150	大修80%,600万元/km
11	170	0	97	170	
12	180	0	94	180	
13	210	0	90	210	
14	230	0	85	230	
15	260	0	80	260	
16	210	24000	92	24210	中修80%,300万元/km
17	230	0	88	230	
18	260	0	82	260	
19	150	36000	99	36150	大修80%,600万元/km
20	170	0	97	170	
21	180	0	94	180	
22	210	0	90	210	
23	230	0	85	230	
24	260	0	80	260	
25	210	24000	92	24210	中修80%,300万元/km
26	230	0	88	230	
27	260	0	82	260	
28	150	36000	99	36150	大修80%,600万元/km
29	170	0	97	170	
30	180	0	94	180	
合计	6170	180000		186170	

智慧化养护费用测算表 表4-8

运营期(年)	日常养护(万元)	养护工程(万元)	PCI预测	合计(万元)	备注
1	120	0	100	120	
2	170	0	98	170	
3	180	0	95	180	
4	210	120	92	330	预防养护25%,60万元/km
5	230	180	92	410	预防养护30%,60万元/km
6	260	240	92	500	预防养护40%,60万元/km
7	210	0	89	210	
8	230	0	85	230	
9	260	0	80	260	
10	170	2400	92	2570	中修80%,300万元/km
11	180	0	89	180	
12	210	0	85	210	
13	230	0	80	230	
14	260	48000	99	48260	大修80%,600万元/km
15	210	0	96	210	
16	230	120	93	350	预防养护25%,60万元/km
17	260	180	92	440	预防养护30%,60万元/km
18	260	240	92	500	预防养护40%,60万元/km
19	210	0	89	210	
20	230	0	85	230	
21	260	0	80	260	
22	170	2400	92	2570	中修80%,300万元/km
23	180	0	89	180	
24	210	0	85	210	
25	230	0	80	230	

续上表

运营期(年)	日常养护(万元)	养护工程(万元)	PCI 预测	合计(万元)	备注
26	260	48000	99	48260	大修80%,600万元/km
27	210	0	96	210	
28	230	120	93	350	预防养护25%,60万元/km
29	260	180	92	440	预防养护30%,60万元/km
30	260	240	92	500	预防养护40%,60万元/km
合计	6590	102420		109010	

采用传统养护方式时,30 年内进行了 3 个"中修—大修"养护周期,养护总费用为 186170 万元;采用智慧化养护方式时,通过智慧决策选择合适的养护技术,推迟了大中修时间,只进行了 2 个"中修—大修"养护周期,养护总费用为 109010 万元,养护成本较传统方式降低 41.4%。

智慧化养护模式建设费用测算见表 4-9,考虑智慧化养护模式的建设费用(重点包括相关技术应用、建立相关管理系统、实现智能感知和养护施工,按照目前行业现有技术水平进行费用测算),全寿命周期内养护总费用为 115470 万元,养护成本较传统养护方式降低约 37.9%,经济效益显著。

智慧化养护模式建设费用测算 表 4-9

类型	序号	技术名称	费用预估(万元)	估算说明
多层次数据感知	1	公路交通多层次监测检测技术	2600	公路自动化巡查、新一代基础设施运行状况监测、运行环境监测等设备购买及30年养护期运行、维修保养费
	2	桥梁健康监测技术	420	桥梁健康监测传感器布设及30年养护期运行、维修保养费
	3	隧道健康监测技术	360	隧道健康监测传感器布设及30年养护期运行、维修保养费
	4	边坡健康监测技术	440	边坡健康监测传感器布设及30年养护期运行、维修保养费
	5	公路技术状况自动化检测技术	600	公路自动化巡查检测设备购买,30年养护期内定期检测和数据处理费

续上表

类型	序号	技术名称	费用预估(万元)	估算说明
智慧决策	6	公路养护综合管理系统	800	管理平台建设费用分摊200万元,30年养护期内每年运维费用按10%计算
	7	自学习决策技术(智慧大脑)	300	公路大数据收集、存储、集成、分析处理,通过自学习进行决策
养护实施	8	绿色养护技术	240	引进新型绿色养护技术,同时考虑实施过程中较传统养护技术增加的材料、设备等成本
	9	新型自动化养护装备	500	引进自动化养护装备,并配套培训、使用、管理费用
	10	施工过程管控技术	200	基于施工场景智能采集,实现养护工程施工过程监管
合计			6460	

第二节 效益分析

一、经济效益

1. 提高智慧公路养护管理服务效益

通过智慧公路养护,能够统筹带动全国智慧公路进入养护智能化新阶段,实现公路网络可视、可测、可控,为智慧公路养护提供量化指标。经智能决策和综合分析,将有效减少公路养护过程中的实地巡查次数和养护时间,极大提升公路检养的数字化、自动化水平和养护管理效率。

2. 科学决策和快速反应,减少经济损失

智慧公路养护将最大限度地发挥智慧公路建设过程中的投资效益,促使智慧公路达到设计效果,为智慧公路的日常管理与服务提供及时、准确、科学的信息,减少养护决策失误导致的重复工作和经济损失。通过多维数据感知、数据中台数据汇集、大数据分析科学决策等手段,一方面,在智慧公路性能衰退伊始便开始追踪,并尽可能延缓性能衰退的速度,促使智慧公路的保值;另一方面,在智慧公路性能衰减的同时,根据多维度、智能化的养护决策分析,制定科学准确的养护决策,减轻不当养护带来的不利影响,减少因长时间服役带来的失能性经济损失。

3. 公众服务层效益分析

通过智慧公路养护的推广,全国智慧公路管理和服务水平将得到大幅提升,可以使车辆的行驶更加有序,驾驶人的体验感更好,减少因智慧公路养护不当产生的交通事故,降低直接和间接经济损失,还可降低拥堵出行比例,预计路网车辆出行时间至少节约20%,因公路状况原因影响出行的比率减少15%以上。此外,智慧公路养护技术可以最大限度地发挥智慧公路的作用,在不增加公路里程的基础上提高公路的通行能力,提高资源使用效率。

4. 延长基础设施使用寿命

基于物联网、无人机、云平台等新一代信息技术,借助路面智慧监控、动态监测、养护管理系统等,对基础设施的各项数据进行实时监控和挖掘分析,实现问题预警与运营支撑,在最佳时间对最需要养护的路段采取最恰当的措施进行养护,减少养护成本,延长基础设施使用寿命。

二、社会效益

1. 改善民生综合服务水平,提升出行服务质量

智慧公路养护技术的实施,促使全国智慧公路运营具有充分的养护保证和技术效果支持手段,整合服务资源,提高服务效率,从而推动养护单位更好地履行工作职责、改进服务质量,服务公众出行。

2. 优化监管和决策,提高交通运输行业管理部门的管理水平

通过对智慧公路基础设施的实时监测、趋势分析及异常情况预警,加强智慧公路养护,为公路监管、应急保通等协调指挥提供支持;增强交通安全保障、应急处置能力;为交通运输行业管理、养护服务的重大决策提供有力支撑,全面提高交通运输行业管理部门的监管能力和决策水平。

3. 降低养护成本,推动公路安全绿色发展

通过智慧化技术的引入,实现全天候、全方位监测和更加科学、精准的决策,大幅提升

养护工作的覆盖面,实现更经济的养护模式,从而优化养护资源的配置,降低养护过程中的资源浪费。通过实时监控、实时预警等手段,及时发现和解决公路设施存在的安全隐患,降低交通事故发生的概率,提升道路交通的整体安全性。同时,借助先进的绿色技术,如绿色材料的应用、环保施工工艺的推广等,积极推动公路养护过程的生态友好化,延长公路使用寿命,减少资源消耗,降低污染排放,实现绿色低碳的发展模式。

参 考 文 献

[1] 沙晓东,崔亚雷,田海铖.江苏省公路养护现代化实现路径新思考[J].运输经理世界,2021(21):121-123.

[2] 陈双全.智慧化 养护的未来[J].中国公路,2021(10):34-36.

[3] 倪文权,吁新华,金杨柳,等.江西高速的智慧管养实践[J].中国公路,2022(10):64-67.

[4] 李双姐,卢宁,张俊龙.国省干线智能养护 泰州先行[J].中国公路,2022(1):50-54.

[5] 江苏:构建现代化公路体系[J].中国公路,2022(18):18-20.

[6] 王革,郭阳阳,唐建亚,等.高速养护作业"云管家"[J].中国公路,2021(10):43-45.

[7] 中华人民共和国交通运输部.公路工程标准体系:JTG 1001—2017[S].北京:人民交通出版社股份有限公司,2017.

[8] 中华人民共和国交通运输部.公路养护技术规范:JTG H10—2009[S].北京:人民交通出版社,2009.

[9] 中华人民共和国交通运输部.公路技术状况评定标准:JTG 5210—2018[S].北京:人民交通出版社股份有限公司,2019.

[10] 中华人民共和国交通运输部.公路沥青路面养护设计规范:JTG 5421—2018[S].北京:人民交通出版社股份有限公司,2018.

[11] 杨超,曹更永,杨松,等.智慧高速公路评价指标体系研究[J].综合运输,2023,45(8):47-51.

[12] 汤灏,廖宇婷,朱皓,等.基于物联智控平台的智慧高速解决方案[J].中国交通信息化,2022(9):84-87.

[13] 刘东宏."互联网+"智慧公路养护管理技术[C]//中国公路学会养护与管理分会,中交公路规划设计院有限公司,中交第三公路工程局有限公司.中国公路学会养护与管理分会第十届学术年会论文集.深圳:[出版者不详],2020:15.

[14] 沈超,杨俊飞,钟秋,等."互联网+"智慧高速公路养护管理技术的研究与实践[J].运输经理世界,2021(20):111-113.

[15] 祁伟,陈忱.各省智慧高速公路建设(技术)指南比较[J].中国交通信息化,2023(S1):108-111.

[16] 邱暾.基于5G和AI技术的高速公路智慧养护应用研究[J].北方交通,2022(5):68-70.

[17] 殷浩.江苏省普通国省干线智慧公路建设体系[J].中国交通信息化,2021(7):91-93.

[18] 储诚赟,程伟,于江浩.智慧高速公路建设技术现状综述[J].中国交通信息化,2023(8):26-28.

[19] 刘化学,张日民.智慧公路标准体系建设研究[J].交通科技与管理,2023,4(16):17-19.

[20] 高杰,刘庆斌,杨兵,等.智慧高速多维分析与思考[J].中国交通信息化,2022(4):18-27.

[21] 赵秀娟,朱蕊,刘林,等.沥青路面施工质量管理信息化技术应用研究[J].市政技术,2018,36(3):31-33.

[22] 云南省交通运输厅.云南省智慧高速公路建设指南(试行)[S/OL].[2023-09-15].http://jtyst.yn.gov.cn/uploadfile/s48/2023/0625/20230625105731449.pdf.

[23] 崔优凯,周义程,杜逸,等.浙江智慧高速公路建设顶层设计研究[J].中国交通信息化,2020(4):18-23.

[24] 陈忱,于丽丽,贾彦党.智慧公路评价指标体系及评价方法研究[J].中国交通信息化,2022(S1):12-14.

[25] 汪玚,杨雅舒.图说《数字交通"十四五"发展规划》[J].交通建设与管理,2022(1):26-31.

[26] 孙国祥.普通国省干线公路养护管理措施研究[J].运输经理世界,2021(28):77-79.

[27] 曾波波.广东省"十四五"干线公路养护发展形势与主要思路[J].广东公路交通,2022,48(3):27-29,39.

● 中国工程院重大战略研究与咨询项目

课题报告 ⑤

智慧服务区发展研究

课题组主要研究人员

课题组长

周 伟(组长) 巨荣云(组长) 刘传雷(副组长)

课题组主要成员

巨荣云 刘传雷 邓大庆 徐海北 马 健 孙 磊
周衍平 祝宏宇 张西亚 谢洪波 王文彬 李文龙
马恩泽 朱 皓 廖宇婷 汪 亮 李 琨 汲 洋
胡秦婷 王一帆 夏庆杨 王 超 纪忠浩 胡凌斌
张 璐 汤 灏

课题主要执笔人

巨荣云 刘传雷 邓大庆 徐海北 祝宏宇 周衍平

内容摘要

近年来,随着新一代信息技术的进步以及智慧交通、数字交通的发展,公路服务区呈现出智慧化支撑品质服务、数字化深度赋能服务区发展的新特征。我国各地积极探索布局智慧服务区建设,应用以大数据、云计算、人工智能等为代表的新一代信息技术,有效提升了服务区的运营管理效能,也为公众带来了更高品质、更加丰富的出行服务和出行体验。当然,在智慧服务区发展初期,也存在着许多共性问题,但是就整体而言,智慧服务区的发展是以解决公众出行、运营管理、商业发展、服务在地经济等方面的痛点、难点问题为导向的。

本课题研究过程中,充分梳理总结了关于智慧服务区的科研论文、文献资料等已有研究成果,这些成果为课题研究提供了很好的研究基础。针对智慧服务区建设的关键问题,课题组分别在浙江、江苏、广东、山东、江西、湖北等地,以不同形式开展实地调研和座谈交流,征求采纳了行业主管部门、部分高速公路公司和服务区经营管理单位的意见和建议。与此同时,课题组积极利用总课题组在各阶段召开的专家研讨会,认真听取了交通领域、技术领域和相关院校、研究机构的权威专家、学者们的意见与建议,会后逐条研究、梳理和吸收,对课题组成员开阔研究思路、厘清研究重点、丰富研究内容有重要作用。

本课题报告充分考虑目前普通公路服务站(点)发展的实际情况,确定以高速公路服务区(停车区)为研究主体,鉴于发展目的和服务对象的一致性、技术框架的同构性、复杂程度的差异性等情况,课题成果对普通公路服务站(点)的智慧化建设与发展同样具有参考价值。本课题报告主要分为五章。其中,第一章主要研究了智慧服务区的发展基础与需求,回答了"为什么建"的问题。第二章总结提出了智慧服务区定义、发展目标与实施路径,以期回答"建什么"的问题。第三章主要是从技术层面研究智慧服务区体系架构、关键技术与应用场景。第四章主要研究智慧服务区分类分级、配置与评价。第五章主要研究梳理了未来智慧服务区发展的建议与示范工程。第三至第五章以期回答"怎么建"的问题。

由于本课题研究时间紧张,当前尚无较为系统的研究成果可以借鉴,相应的技术处在不断迭代进程中,加之研究人员水平有限,课题报告尚有很多不足之处,还望各界批评指正。

第一章
智慧服务区发展基础与需求

第一节 智慧服务区发展基础

公路服务区是随着公路交通的发展,为满足驾乘人员需求而建设运营的公路附属服务设施,是交通运输与人民社会生活连接的重要窗口。目前,我国公路服务区包括高速公路服务区(停车区)和普通公路服务站(点)。自1988年10月25日我国大陆第一个高速公路服务区——沈大高速公路井泉服务区建成至2023年,我国高速公路服务区已经历35年的发展历程。截至2022年底,我国高速公路通车里程17.73万km,有服务区3650多对。普通公路服务站(点)建设起步较晚,自2016年交通运输部正式提出开展建设试点工作至2022年底,全国普通公路服务站(点)建成约4449个。本课题报告重点以高速公路服务区为研究主体,研究成果对普通公路服务站(点)的智慧化建设与发展具有参考价值。

我国智慧服务区发展基础主要包括现实基础、政策基础和技术基础三个方面。

一、现实基础

我国大陆高速公路服务区35年的发展历程,经历了以基本功能服务、拓展功能服务和提升服务品质为主要特征的三个阶段。

一是基本功能服务阶段(1988—2008年)。高速公路建设初期,服务区侧重于满足加油、休息、如厕等基本需求。主要特点是功能单一,基础设施和设备简易,功能布局不够合理等。

二是拓展功能服务阶段(2009—2014年)。2009年1月,交通运输部印发《关于加强高速公路服务设施建设管理工作的指导意见》(交公路发〔2009〕31号),提出"统筹规划、合理布局,保证功能、准确定位,强化管理、科学发展"的原则,明确服务区应提供基本服务,同时鼓励拓展服务功能。服务区逐步引入简餐、便利店、自助餐等业态,布局和功能进一步优化,服务功能得到有益拓展,为下一阶段的发展打下良好基础。

三是提升服务品质阶段(2015年至今)。随着人们出行观念的改变和消费能力的提升,公众对出行服务品质的追求日益提高,服务需求也越来越多元化。近年来,各地服务区除基本、传统的服务功能以外,因地制宜地新增了交旅融合、商贸服务、新能源充电服务等。

2014年9月,交通运输部印发《关于进一步提升高速公路服务区服务质量的意见》(交公路发〔2014〕198号),提出以提升公众出行服务质量为主线,力争用3~5年的时间,打造"布局合理,经济实用,标识清晰,服务规范,安全有序,生态环保"的现代化服务区。2015年1月,交通运输部印发《关于开展全国高速公路服务区文明服务创建工作的通知》(交公路函〔2015〕79号),明确以服务质量等级评定为抓手,以环境卫生和文明服务为重点,创建全国百佳示范服务区和优秀服务区,通过示范引领作用,带动全国服务区服务质量全面提升。此后,服务区持续开展厕所革命、环境整治,拓展第三卫生间、母婴室及无障碍设施等人性化公共服务功能,引入更多知名品牌,新兴业态得以大量涌现,服务能力得到大幅提升。这些为此后持续提升服务品质指明了发展方向、创造了良好条件。

2021年10月,交通运输部印发《数字交通"十四五"发展规划》,提出到2025年,"交通设施数字感知,信息网络广泛覆盖,运输服务便捷智能,行业治理在线协同,技术应用创新活跃,网络安全保障有力"的数字交通体系深入推进,"一脑、五网、两体系"的发展格局基本建成,交通新基建取得重要进展,行业数字化、网络化、智能化水平显著提升。同年8月,交通运输部印发《交通运输领域新型基础设施建设行动方案(2021—2025年)》(交规划发〔2021〕82号),方案提出以数字化、网络化、智能化为主线,到2025年,打造一批交通新基建重点工程,形成一批可复制推广的应用场景,制修订一批技术标准规范,促进交通基础设施网与运输服务网、信息网、能源网融合发展。

物联网、大数据、移动互联网、人工智能等先进信息技术逐步赋能高速公路运营管理与服务,并释放出巨大的创新驱动力量,智慧服务区建设不断取得新进展。智慧服务区以数字化、网络化和智能化为主线,逐步构建了以需求为导向,以新技术应用为支撑的大数据平台,以期实现更先进的运营监管和公众服务的发展目标。

随着新一代信息技术的发展,公路服务区呈现出智慧化支撑品质服务、数字化深度赋能服务区发展的新特征,主要通过信息化技术与服务区的深度融合,逐步实现服务区的人、车、设施、商业、消费等核心要素的数字化,构建全过程在线化的应用体系,融合文旅、物流等服务功能,有效提升社会和经济效益。

智慧服务区建设实践成果和经验丰硕,但目前尚未建立公路智慧服务区的标准体系,总体处于各自探索阶段,普遍存在着以单体服务区建设为主,应用场景碎片化,网络化整体性不足;总体架构体系不清晰,软硬件技术集成体系性不强,建设内容、标准、数据接口不统一,缺乏统一的底层操作系统平台;建设内容简单复制,未根据服务区实际差异和实际需求分级实施;建设效益缺乏有效评估,驾乘人员体验感不强,实用性不足,经济效益不突出等问题,需要努力解决。

二、政策基础

从政策层面来看,面对新形势新要求,从国家、部委到各地政府或高速公路运营管理单位,相继出台相关政策文件,推动高速公路服务区质量变革、效率变革、动力变革,引导高速公路服务区向更加人性化、绿色化、智慧化、品质化的方向发展,从而更好地满足社会公众日益增长的美好生活需要和高品质出行需求。

(一)国家层面

作为智慧交通、智慧公路大体系中的一部分,也是数字经济和数字中国的组成部分,智慧服务区发展是"数字经济""数字中国"等一系列相关战略实施的必然产物。近年来,国家着重出台了一系列与智慧交通相关的政策,要求在智慧公路、交通服务体系、信息网络等多方面融合应用新一代信息技术、新能源、新材料等。

党的十九大以来,党中央、国务院积极推动"数字经济""数字中国"建设,并对"十四五"期间数字化发展提出了新要求。2021年3月,国务院印发《中华人民共和国国民经济和社会发展第十四个五年规划和2035年远景目标纲要》,专门部署"加快数字化发展 建设数字中国"任务,并将智能交通列为"数字化应用场景"专栏的首位。

党的十九大首次提出建设交通强国的宏伟目标。为统筹推进交通强国建设,2019年9月,中共中央、国务院正式印发《交通强国建设纲要》,提出"打造一流设施、一流技术、一流管理、一流服务"的目标,要求:"推动大数据、互联网、人工智能、区块链、超级计算等新技术与交通行业深度融合。推进数据资源赋能交通发展,加速交通基础设施网、运输服务网、能源网与信息网络融合发展,构建泛在先进的交通信息基础设施。"2021年2月,中共中央、国务院印发《国家综合立体交通网规划纲要》,提出"利用新技术赋能交通基础设施发展,加强既有交通基础设施提质升级,提高设施利用效率和服务水平""基本实现国家综合立体交通网基础设施全要素全周期数字化"和"基本建成泛在先进的交通信息基础设施"的规划要求。

在此政策背景下,包括智慧服务区在内的智慧交通发展将呈现蓬勃发展态势,智慧服务区建设也将进入快车道。

(二) 行业层面

交通运输行业出台了一系列政策文件，全面落实国家数字经济、数字中国、交通强国等战略要求，为智慧服务区建设提供了政策指引、指明了发展方向。

2020年8月，交通运输部印发《关于推动交通运输领域新型基础设施建设的指导意见》（交规划发〔2020〕75号），明确提出"建设智慧服务区，促进融智能停车、能源补给、救援维护于一体的现代综合服务设施建设"。2020年12月，国务院发布《中国交通的可持续发展》白皮书，提出以智慧交通建设推进数字经济、共享型经济产业发展，推进"互联网+"交通发展，推动现代信息技术与交通运输管理和服务全面融合，提升交通运输服务水平。

2021年8月，交通运输部印发《交通运输领域新型基础设施建设行动方案（2021—2025年）》，确定推进江西等地高速公路智慧服务区重点工程建设。2021年10月，交通运输部印发《数字交通"十四五"发展规划》，明确提出"推进公路智慧服务区建设"。

2022年2月，交通运输部在印发的《公路"十四五"发展规划》中明确提出"补短板、优供给、强服务、增动能"的发展思路，要求加快推进公路网大数据建设应用，应用智能视频分析等技术，建设监测、调度、管控、应急、服务一体的智慧路网云控平台，积极探索"ETC+北斗"开放式自由流收费、车路协同、自动驾驶等新技术的智慧应用试点，建设智慧高速服务区。同年3月，交通运输部、科学技术部联合印发《"十四五"交通领域科技创新规划》（交科技发〔2022〕31号）提出，要推动智慧交通与智慧城市协同发展，大力发展智慧交通，推动云计算、大数据、物联网、移动互联网、区块链、人工智能等新一代信息技术与交通运输融合，加快北斗导航技术应用，开展智能交通先导应用试点。同年4月，交通运输部印发《"十四五"公路养护管理发展纲要》（交公路发〔2022〕46号），提出要推动公路服务区设施提档升级，推动服务区由基本保障型发展模式向"精细化、标准化、特色化、主题化、规模化、智能化"的高质量发展模式转变，进一步提升服务区服务品质和公众体验。

针对公路服务区的智慧化建设，2020年4月，交通运输部印发《2020年全国公路服务区工作要点》，围绕交通强国建设提出的"四个一流"目标，明确服务区强化设施建设改造，推进智慧和绿色服务区建设，提升综合管理能力，深化文明服务创建。

(三) 地方层面

各省（自治区、直辖市）相继出台了一系列相关政策，全面落实国家数字经济、数字中国、交通强国等战略要求，提出了交通强省、数字交通、智慧高速公路等相关规划与政策，普遍提出积极推动智慧服务区建设的要求，为各地开展相关工作提供了政策依据与技术标准。

江苏、浙江、山东、广东、广西、河南等省(自治区)交通运输主管部门、高速公路经营企业及相关协会相继发布了关于智慧高速公路或智慧服务区建设的规划或指南。《浙江省高速公路智慧服务区建设技术要求(试点)》明确了智慧服务的总体建设目标为服务便捷化、业务数字化和管理智慧化，并从建设功效、服务质量、管理水平、运行安全、节能减碳等方面提出了具体的建设目标。山东省物联网协会发布团体标准《智慧服务区　建设指南》《智慧服务区　服务指南》，其中《智慧服务区　建设指南》给出了智慧服务区管控调度中心、数据中心、服务区管控平台和各子系统的建设指导；《智慧服务区　服务指南》明确了智慧服务区管控平台、视频监控、移动服务、有线电视等系统的服务内容和要求。

三、技术基础

智慧服务区建设是一项系统工程。新一代信息技术为智慧服务区建设提供了重要技术支撑和发展动力。

智慧服务区广泛采用云计算、大数据、人工智能等新一代信息技术，通过构建数字平台，打破"信息孤岛"，实现云边端协同，对人、车、路、环境、信息等交通要素能够全面地感知和泛在连接，实现数据融合共享，构建智慧应用场景，逐步实现服务区基础设施的数字化。实现从传统要素驱动向创新要素驱动转变，实现服务公路网运营、自身运营管理、服务品质、出行体验、商业开发、服务当地经济社会发展等全方位的效能提升。

目前，智慧服务区的关键技术涉及5G、物联感知技术、边缘计算技术、数据治理技术、人工智能技术、数字孪生技术、云计算技术、视频图像分析技术等，这些技术领域取得的进步为智慧服务区的建设和发展奠定了良好的技术基础。

未来，随着信息技术的发展与技术成熟度的提升，依托服务治理技术、任务调度管理技术、多元微服务技术、低代码开发技术、多租户服务技术等，结合仿真评估与决策，构建相关模型算法，实现全国路网级大规模服务区系统的组织优化和智能决策，为服务区运营服务的科学化、数字化、智慧化提供技术支撑。

第二节　智慧服务区实践与启示

一、国内智慧服务区实践与启示

近年来，全国各地都在积极开展公路服务区升级改造，高速公路服务区智慧化建设成为升级改造的重点。服务区的智慧化建设主要集中在省级和公司级服务区智慧化平台打造、单体服务区智慧化建设以及服务区餐饮、商超等多业态平台的在线化等方面。

智慧公路发展战略研究（下册）

各地出台的智慧公路、智慧高速公路等建设指南或指导意见中，均涵盖智慧服务区建设内容，主要聚焦服务、管理、经营3个主要业务领域。其中，服务业务主要包括Wi-Fi覆盖、信息发布、停车诱导、智慧卫生间、手机App在线应用、新能源汽车能源补给、满意度评价等；管理业务主要包括智能安防、设施设备监控、办公管理等；经营业务主要包括营销管理、物流管理、电子商务等。

（一）智慧服务区实践案例

1. 省级或公司级服务区智慧化平台

"苏交控服务区智慧化管理平台"是江苏交通控股有限公司基于大数据的高速公路智慧服务区综合管理SaaS[1]云平台。该平台为江苏省13家路桥单位、99对服务区提供服务，已上线50多个功能模块，提供计算机端、手机App端应用入口，并提供数据归集、资金归集、日常管理、视频监控等应用，从商业经营、运营管理、服务安全、公众服务、数据分析方面提供服务。该平台具有开户即用、移动应用、数据汇聚、服务区场景全覆盖等特点，有助于高速公路服务区实现数字化转型。

浙江省公路与运输管理中心以政府数字化改革为依据，在全国率先建设省级联网运行的"智慧服务区系统"，形成服务区运营、服务、监管的数字化闭环管理。该系统实现"一路三方"路网信息共享，形成协同共管的工作体系，提供全业务内部管理、全过程公众服务、全方位行业监管的省级联网运行数字化服务产品。该系统自2021年7月起试运行，成为浙江省交通运输行业数字化改革典型应用场景。

贵州高速投资集团有限公司聚焦服务区（停车区）管理的痛点，构建了服务区"感知+服务+管控"的数字化体系。自2022年上线至2023年5月底，已在121对服务区应用，累计日常巡检310961次，发现并协同现场整改事项15862起，应急处置效率提升30%，减少基层填报表格100余张，管理人员配置数量减少近20%，平台上线以来累计降本达2100余万元。"服务区+"数字化管理平台统合既有边端设备，依托大数据、视频网关汇聚、物联网接入、AI深度学习视频识别、AI算法的数据智能清洗、数据仓库ETL[2]等高新技术手段，采用"云-网-边-端"架构，围绕决策者、经营者、消费者3类用户，开发运行监测和调度大屏端、电脑端、移动端3套软件，实现远端现场"无缝衔接"、全要素全过程管控。

2. 单体服务区智慧化建设

浙江省嘉兴服务区位于沪杭高速公路（G60）109K处，是浙江省首个应用"智慧服务

---

[1] SaaS：Software as a Service，软件运营服务。
[2] ETL：Extract-Transform-Load，抽取、转换和加载，是一个数据处理流程。

区操作系统"实现智慧化升级的服务区。在关键技术方面,基于资源调度技术、物联智控技术、数据治理技术、数字孪生技术和智能算法技术等,结合已建立的长安服务区数据中台的实践经验,搭建服务区操作系统。将驱动管理、应用服务、资源调度、安全运维作为智慧服务区操作系统的核心,支撑上层的服务类应用、管理类应用、其他特色应用等。在应用场景方面,该服务区基于服务区操作系统技术支撑底座,构建驾乘服务、全域监测、智能巡检、安全管控、智能停车、智能消控、能耗管理、设备全寿命周期管理、数据挖掘、会员生态构建、智能招商经营等一体化的功能应用。

广东省大槐服务区位于沈海高速公路(G15)开阳段 K236+480 处,通过各系统和数据资源整合,将数据可视化呈现,在国内率先实现了服务区业务数字化智慧化运营。其中,增强现实(AR)鹰眼全景监控系统,实现服务区无盲区全景监控;车位引导系统,实现车辆入区按类型分区停放;楼宇设备自控系统(Building Automation System-RTU),实时掌握和控制所有机电设备运行状态;智能水电表管理系统,实现水电表读数实时统计;电子巡更系统,代替传统纸质表格的现场签到及巡查;大巴车停靠积分营销平台,为客运单位提供车辆运行数据;人流监测系统,实现按需人力调配。

山东省济南东服务区位于青银高速公路(G20)315K 处,在行业内首次实现了"能源管理+碳追踪+数字孪生"三大系统协同。其中,配备交直流微网设施,基于深度神经网络的能源管理大脑,形成了数字化零碳能源解决方案,实现了能源流动的智慧监测和管理;利用数字孪生技术,模拟建筑内部构造设施,实现模型和真实场景的物联网连接。按照"生态设计、循环利用、工程绿化、能源替代"原则,实施"可再生能源利用""零碳智慧管控""污废资源化处理""林业碳汇提升"四大系统,提高了能源使用效率,实现服务区100%设备电气化、100%"绿电"供应。

江苏省沙溪服务区位于沈海高速公路(G15)1230K 处,基于 BIM 的服务区物联网综合管理平台,实现了服务区内部管理网格化和对外服务智能化。集成移动互联网、图像识别、地理信息系统(GIS)等软硬件技术,实现运营管理可视化、精细化。其中,智慧停车实现了停车智慧引导;智慧安防增强了安全服务水平和处置突发事件能力;智慧能源实现了设备能耗的智能监测和管理;智慧卫生间实现了厕位的高效利用;智慧商业有效获取和分析商业数据,为商业经营提供数据支撑。

3. 以餐饮、商超等业态为代表的线上销售平台

浙江省商业集团有限公司依托旗下浙江高速商贸经营管理有限公司供应链,自主开发运营线上网购平台"驿网云仓",成为会员体系线上业务拓展渠道,并与线下"驿佰购"便利店打通会员数据,形成统一的新零售服务模式。会员不仅能享受"线上+线下"消费体验,还能获得更多优惠政策和配送服务。各类商品均可在"驿网云仓"一键下单,包邮到

家。同时,"驿网云仓"还积极尝试直播卖货、秒杀抢购等线上营销活动。

江苏京沪高速公路有限公司利用互联网技术打造"云上服务区",实现顾客全时空触达,提升顾客服务体验,增强服务黏性。"云上服务区"以 O2O❶ 结合 F2C❷ 和 M2C❸,按照"线下体验、线上销售"的新零售模式,把服务区线下实体业态(餐饮、超市)搬到"云上"(扫码/在途点餐、线上门店)。通过现场扫码点餐等方式,完成服务区海量公域流量向"云上服务区"私域流量转换,并提升用户体验。通过精品特产馆等业态和"高速公路出行工具包"增加用户黏性,最终实现流量变现。

山东高速服务开发集团有限公司自主研发服务区会员体系运营平台——"逛驿圈"微信小程序。该平台通过"搭平台、聚会员、建生态、打品牌",以高速公路会员体系为依托,搭建线上线下一体化消费生态圈,打造全新的消费体验场景。会员体系创建3种消费场景:一是线下点单,扫码支付,获取积分;二是线上点单,到店核销,获取积分;三是线上商城,邮寄到家,获取积分。所有积分均可兑换变现,增加用户消费黏性。通过会员体系纵向链接上下游资源,盘活服务区产业链,横向打破服务区业态和地域壁垒,打造全省高速公路服务区"一张网"。

(二)智慧服务区发展启示

1. 坚持问题导向和需求导向

智慧服务区的建设应以提升公众出行服务质量为目的,解决社会公众反映的急难愁盼问题,对在用服务区进行智慧赋能,使服务功能得到进一步拓展,并结合地方资源禀赋,将服务区打造成服务路网运行、服务出行、服务地方发展的新节点、新平台。

2. 加强智慧服务区顶层设计

智慧服务区的建设要强化顶层设计,在政策导向、总体规划、技术标准、系统架构等方面,加强行业协同、统筹和引领,为全路网和全区域范围内的兼容和协调提供保证,避免各自为政,确保智慧服务区体系的统一性、安全性、可兼容、可扩展及可持续发展。

3. 注重分级分类建设

智慧服务区的建设不应"为了智慧而智慧",过度追求高科技、"大而全",应避免高科技产品的"拼装"和"散装",应根据各服务区交通条件、交通量、规模、定位、区位和资源禀

---

❶ O2O:Online to Offline,线上到线下的商业模式。
❷ F2C:Factory to Customer,从厂商到消费者的商业模式。
❸ M2C:Manufacturers to Customer,从厂商到消费者的商业模式,是 F2C 在电子商务趋势下的细分模式之一。

赋等方面的差异,按照统一的顶层设计,分级分类建设,避免简单复制。

4. 纳入服务区升级改造计划

智慧服务区建设应按照路网规划、在用服务区的升级改造计划,统筹考虑服务区功能定位、功能配置、建设标准和空间设计等方面的需求,以及资金、土地等外部条件约束,切实发挥数字化、智能化作用,提高智慧服务区建设效能。

二、国外服务区智慧化实践与启示

日本、德国、法国等发达国家较早开始探索智慧高速公路建设,主要是以高效、快捷、安全为目标,以数据处理和数据分析为基础,重视高速公路车路交互技术,采用人工智能、大数据、物联网等互联网技术,打造先进、智能的高速公路管理系统。通过建设智慧通道、车路交互协同、信息共享和协同调度平台、公路无线通信系统和公众出行服务系统等,实现高速公路的车辆安全、高效行驶。需要特别指出的是,国外智慧服务区的案例较少,主要是少量相关的场景化应用,如服务区的信息服务方面。因此,国外尚没有典型的智慧服务区实践经验,相应的启示也就少之又少。

第三节　智慧服务区发展需求

一、国家战略和地方发展的需求

近年来,多个部委相继出台推动数字化转型的政策文件。《中华人民共和国国民经济和社会发展第十四个五年规划和2035年远景目标纲要》提出"推进产业数字化转型",标志着数字化转型正式上升为国家明确的政策方向。这将给各领域、各地方的数字化和智慧化发展带来机遇和挑战,并产生巨大的技术需求和市场需求。在各省(自治区、直辖市)的"十四五"规划中,数字经济均成为发展重点。

作为中国式现代化的开路先锋,交通运输正在全面融合数字化技术推动效率提升与服务质量的改善,数字交通正成为加快建设交通强国和数字中国、数字经济发展的重要领域。

在此背景下,作为国家综合立体交通网体系的重要节点,同时也是运输体系与地方经济社会发展的结合点和融合点,智慧服务区在交通运输领域发挥着重要的支撑作用。智慧服务区发展是适应数字化浪潮,支撑数字中国、数字经济和交通强国战略以及服务地方发展需求的必然选择。智慧服务区建设是服务区联网、补网、强链的重要手段,有利于适应社会公众不断升级的个性化、多样化的出行需求,进一步完善交通服务供给体系,提升服务品质,是提升人民出行满意度和获得感的落脚点。同时,有利于强化对区域均衡发展的交通支撑,提升城市群都市圈等优势地区交通承载集聚和辐射带动能力,加强与周边落后地区的交通联系,并精准有效补齐交通发展短板,保障交通运输民生底线,促进基本公共服务均等化。

整体而言,智慧服务区是智慧交通的重要组成部分,与中国式现代化在为民服务、加快科技创新驱动发展、注重数字技术深度赋能应用、促进乡村振兴、区域协调发展、实现共同富裕等方面内容十分契合,发展智慧服务区是实现交通运输现代化的必由之路,是助推实现中国式现代化的积极手段。

二、交通运输高质量发展的需求

交通运输高质量发展是交通强国建设的重要内容和根本要求,强调要构建安全、便捷、高效、绿色、经济的现代综合交通运输体系,这也要求服务区高质量发展按照安全、便捷、高效、绿色、经济的总体要求推进,从而便利公众出行,增强公众出行获得感,提升公路运营与服务供给效率和利用效率。

充分利用物联网、大数据、人工智能等先进技术手段,提高服务区基础设施利用效率、衔接转换效率、运营管理效率和整体运行水平,将有力推动服务区数字化、智慧化发展,助推服务区发展迈向新阶段,可以推动服务区发展方式转变,提供高品质且高性价比的服务,有效支撑可持续发展。智慧服务区的建设和运营成为加快建设交通强国和数字交通"十四五"发展规划的重要举措,是智慧公路发展的重要组成部分,也是建设人民满意交通的重要手段。

数字经济作为发展最迅速、创新最活跃、辐射最广泛的经济活动,已经成为推动经济社会高质量发展的重要支撑和关键引擎。智慧服务区涉及通信、软件硬件、智能建造等产业,有利于5G、北斗卫星导航、云计算、人工智能、数字孪生等先进技术在交通行业中的产业化应用,而且智慧公路上下游产业链长,产业空间巨大,智慧服务区也将成为推动未来交通高质量发展新的增长领域。

三、人民群众美好出行的需求

随着消费升级,人们对出行质量的要求也越来越高,出行需求成为交通需求的一个重要方面。"出行即服务"(MaaS)模式主要强调实现供给侧多种交通服务(以公共交通为主体,同时包括共享交通)实时信息的集成,使需求侧的用户能够在一个数字化的"出行即服务"系统平台上完成出行全过程的规划和支付,实现高效率、高品质的出行,是提升交通运输服务的重要方向。《交通强国建设纲要》等重大政策文件也强调积极开展"出行即服务"试点。

创新发挥公路交通"出行即服务"平台联通能力,可以强化交通运输在宏观经济中生产的纽带作用,强化交通赋能服务和商业的力度,促进出行全过程中交通活动与商业活动的供需适配,有助于释放公众出行消费能力,提升公众美好出行体验。因此,需要开展基于全国公路统一的"出行即服务"系统平台背景下的智慧服务区建设,充分发挥统一数字底座作用,利用新一代信息技术推动运输服务智能升级,满足用户出行全过程需求,方便用户查询获取信息,提升消费体验,打通联系反馈途径,从整体上提升服务区形象,加速新业态新模式发展,完善出行服务功能,建设人民满意的服务区。

四、服务区运营管理的需求

近年来,服务区管理效率、服务质量、经济效益的提升是服务区运营管理面临的重要问题,由新一代信息技术支撑的智慧服务区,是解决以上问题的有效路径。

在当前和相当长一段时间内,从服务区自身发展角度看,需要通过智慧服务区建设提升商业经营管理水平,打造新的经济增长点;需要挖掘数据价值,提高经济效益,打造更加规范、便捷、高效的服务区新业态、新模式;需要通过业态创新,推动服务区与文旅、物流等新服务融合升级,助力产业融合发展,提升社会效益。从服务区管理角度看,需要通过建设内部管控系统,推动服务区巡查考评及运维工作标准化、电子化,监测服务区用能情况,有效解决服务区点多、面广、间距远、运营管理成本高等问题,以提高服务区运营管理效率,降低运营成本。从服务区的服务品质和价值提升方面看,需要通过智慧化建设,不断强化服务区的提质改造、业态升级和经营创新,以高品质服务精准满足旅客需求,提升驾乘出行的体验,提高服务区车辆驶入率、转化率和客单价,提升用户消费意愿和经营效益。从服务区的保障能力看,需要通过建设应急保障系统,全面提升应急监测与处置能力,第一时间发现并处置,降低事故发生率,最大限度降低人员生命与财产损失,提高社会保障能力。

五、技术发展趋势的必然要求

5G、物联网、大数据、移动互联网、人工智能等先进信息技术加速迭代,将进一步推动交通运输的变革和现代化进程,智慧公路、自动驾驶、智能航运、智慧物流、交通大脑等新业态层出不穷,智慧交通展现出更加广阔的应用前景。

首先,构建一体化数据资源体系需要建设智慧服务区。服务区数据基础不实、数据共享和应用能力不强,制约了服务区管理和经营能力的提升。智慧服务区将通过新一代信息技术,优化经营、车流、客流、商业、评价等基础数据的采集、处理和共享能力,为公司经营管理提供决策支撑,更好地发挥数据资源价值。

其次,构建基于用户需求的融合应用体系需要建设智慧服务区。服务区餐饮、商超、油品等业务系统独立运营、各成体系、流程复杂、用户体验差,成为服务区一体化管理的制约因素。智慧服务区将借助新一代信息技术,建成统一的数智化运营管理平台,实现服务区一体化管理,提高管理能力、服务品质和用户体验。

最后,构建全出行链一体化的智慧服务需要建设智慧服务区。打造全出行链一体化的智慧服务平台,实现出行等待时间的最小化、响应时间的最小化、状态切换时间的最小化,推动出行的全过程服务,打造一次支付,全程换乘无缝衔接,统一规划行程并调配多模式的交通资源,最大限度地实现不同交通工具间的换乘衔接,减少中转过程的时间损耗,改善交通系统内部的服务和外部的衔接,使整个出行过程更高效,最终降低整个社会的出行成本。

第二章
智慧服务区定义、发展目标与实施路径

智慧服务区建设具备现实基础、政策基础和技术基础。智慧服务区发展符合国家战略与地方发展、交通运输高质量发展、人民美好出行、服务区运营管理及技术发展新要求。国内智慧服务区成功的建设试点,为智慧服务区建设提供了可参考的路径。

从现阶段整体情况看,智慧服务区是技术进步、经济社会发展进入新阶段的产物,具有很强的技术系统性,正处在技术迭代和需求驱动下的不断演进中。目前,学术界、产业界对智慧服务区尚无严格意义上的定义和概念,多是从技术特点、建设内容和功能价值等方面进行描述,通过这些表述,我们能大体上明确"智慧服务区"的整体架构、建设目的和发展方向。课题组在总结已有研究成果的基础上,提出智慧服务区的定义、发展目标和实施路径。

第一节　智慧服务区定义与主要特征

一、智慧服务区定义

中国智能交通协会认为智慧服务区是借助物联网、大数据、云计算、人工智能等技术构筑高速公路服务区信息化体系,提供智慧化服务。山东省物联网协会发布的《智慧服务区　建设指南》(T/SDIOT 007—2019)和《智慧服务区　服务指南》(T/SDIOT 008—2019)提出,智慧服务区是借助物联网、大数据、云计算、人工智能等技术构筑高速公路服务区信息化体系,提供智慧化服务;此外,在已经颁布的智慧公路建设指南中,普遍对智慧服务区的建设内容、功能要求、设备布局原则进行了规定,但是很少完整准确地对智慧服务区定义进行描述。

智慧公路发展战略研究（下册）

招商局重庆交通科研设计院有限公司的专家认为，智慧服务区是通过信息化建设，实现服务区综合数据深层次高级应用，有效提高服务区管理和服务水平，提升服务区商业运营绩效，最终实现服务区的数字化、智能化运营。西南交通大学的专家认为，智慧服务区是指将高速公路服务区与互联网融合发展，形成"线上和线下互动、需求和资源匹配、管理和服务共融"的新业态、新模式，从而实现公众更便捷出行、服务更人性化和行业管理更科学。浙江数智交院科技股份有限公司（浙江省交通规划设计研究院）的专家认为，智慧服务区的发展目标是以高速公路服务区智慧化管理与服务需求为导向，以创新为动力，以大数据、云计算、人工智能等新技术为核心支撑，设计和构建高速公路服务区大数据智慧服务平台，为高速公路服务区的运营监管和公众出行服务提供先进的管理手段。

综上所述，专家们对智慧服务区的理解各有不同，但基本都认可智慧服务区是通过新的技术手段，增强数据汇聚能力，深化数据应用水平，以问题和需求为导向，创新应用场景，实现服务区管理效率和服务水平的提升。

本研究课题认为，智慧服务区是指以高质量服务出行者、服务在地发展为目标，通过应用物联网、大数据、云计算、人工智能等新一代信息技术，以全要素数字化和数据驱动为基础，具备服务一体化和智慧化能力，具有数字化、平台化、移动化、生态化和网络化等主要特征的服务区新形态。

二、智慧服务区的主要特征

整体而言，智慧服务区呈现数字化、平台化、移动化、生态化和网络化的主要特征。

一是数字化特征。以全要素感知和泛在互联为基础，以数据融合应用为驱动，智慧服务区将车流、客流、商业、设施运行等服务区运营管理、经营服务的核心要素实现数字化。应用云计算、边缘计算、人工智能等技术手段，实现多模态数据处理，达到跨业务、跨层级、全路网的数据融合和开发利用的目的，进而有效提升服务效能和服务品质。

二是平台化特征。在智慧公路等系统生态中，通过海量多源数据汇聚，服务区信息化基础得到夯实，基础数据汇聚能力、动态感知能力、数据处理和共享能力得到强化。在智慧服务区的统一基础支撑体系、统一应用系统的平台基础上，应用场景的创新、数据资源的汇集和融合应用水平将呈现鲜明的平台化趋势和效应，从而推动业务标准化、规范化的Pass平台的不断升级。此外，智慧服务区的平台化特征与生态化特征呼应，成为多业态、多产业交叉融合的平台。

三是移动化特征。智慧服务区为社会公众出行移动过程提供服务，并要满足管理人员移动办公需求等，需要充分运用移动互联、边缘计算等互联网技术，以移动应用为核心，通过自主开发或第三方实现服务区管理和服务的移动化。

四是生态化特征。一方面是在智慧公路及更大的数字生态体系内，作为路网服务的重要节点,智慧服务区会构建出一个数字生态;另一方面智慧服务区涉及政府、企业、公众与所在地区以及第三方等多个主体,需要多方协同发力,在交旅融合、智慧物流、节能减碳、乡村振兴、共同富裕与电子商务等领域探索新的创新场景,打造开放式的服务区生态体系。

五是网络化特征。随着数字化技术的应用,服务区不再是单点与"孤岛"。通过服务区之间的联网以及服务区与道路的联网,可以实现信息共享与统筹管理,特别是在交通系统管理方面,可以实现道路与不同服务区之间的联网协同,最大限度地发挥道路与服务区的协同功能,体现为区区协同、区路协同与区地协同。此外,通过网络化,还可以在交通商业方面激发会员与线上销售的网络化优势,同时融入数字交通、数字中国等更大的数字经济体系。

第二节 智慧服务区发展目标

一、总体发展目标

我国智慧服务区的发展按照"两阶段三步走"进行部署实施。两阶段即2035年和2050年两个阶段,三步走即近五年(到2027年)工作目标、2035年发展目标和2050年发展目标。

总体应按照统一规划、分步实施、多跨协同、资源共享的原则,因地制宜分阶段开展智慧服务区建设,分步骤推进公路服务区数字化转型,逐步实现公路服务区在管理、运营、服务等多个业务场景的数字化、智能化、智慧化。

1. 近五年(到2027年)工作目标

到2027年,推动实现智慧服务区科学合理的顶层设计,在中长期规划、框架体系、关键技术等领域取得重要突破;公路服务区智慧化建设基本实现一体化融合发展,数字化、智能化、智慧化程度取得实质性进步;公路服务区的综合能力、服务品质、运行效率和整体效益明显提升;推动智慧服务区发展向世界一流水平迈进。具备基础条件的服务区进行智慧服务区先行试点建设,初步完成视频监控、卡口监测、数据互联等基本功能建设,着手打造服务区管理系统与省级平台联网,打造"人、车、区"信息智慧互联和数字化管理系统,全面提升服务区运营管理水平和公众出行体验,为形成横向打通、纵向贯通、协调有力的智慧服务区"一张网"打下良好基础。

2. 2035年发展目标

到2035年,基本建成平台化、生态化特征显著的智慧服务区"一张网",初步实现出行服务一体化。智慧服务区关键技术实现安全统一、自主可控,建成多跨协同管理系统,部分智慧服务区达到国际一流水平。建成部、省、企业三级智慧服务区大数据中心和云控平台,实现高速公路服务区"一张网"运行,服务区安全管理、运行效率和服务能力大幅提升。国家综合立体交通网中主要通道上的高速公路服务区实现数据动态化管理和应用。依托部省联网的行业大数据中心,基本实现服务区与公路交通行业多源数据全面交互、深度融合和规模化应用。伴随式服务能力显著提升,服务品质与公众出行体验明显改善。智慧服务区相关产业初具规模,成为智慧公路数字产业的重要组成和关键领域。

3. 2050年发展目标

到2050年,全面建成智慧服务区"一张网",全面实现出行服务一体化,有力支撑智慧公路网体系,整体发展水平达到国际领先。服务区实现全要素、全流程、全场景的智慧化运营,平台化、生态化效应显著。全面实现伴随式服务,有效满足人民群众美好出行需求。智慧服务区相关产业辐射力显著提升,对智慧交通产业发展的支撑力持续增强,服务交通强国等国家战略的能力显著增强。

二、具体发展目标

智慧服务区发展目标将有效指导智慧服务区的建设,实现服务区全要素数字化、运营智慧化和服务便捷化。基于智慧服务区的分类分级,结合各地特色,基本建成融合公共服务、运营管理、经营分析、产业服务、安全应急和社会治理方面的多业务融合的智慧服务区,形成多中心、网络化服务区"一张网"格局,实现高速公路与服务区之间的数据要素互联互通,将"路上""车上""手上"等各个终端的数据融合应用,形成交通基础设施全要素、全周期数字接入,社会公众按需获取即时出行服务的专业化、标准化、规范化的智慧服务区。具体服务区建设目标如下。

1. 公共服务目标

提高服务区信息服务能力,提高公众出行的获得感和幸福感。坚持服务区"人性化、主动化、智能化"服务理念,夯实业务基础,完善机制体制,注重帮困解难,提高服务水平。

智慧服务区全面实现线上线下实时联动,需求资源智能匹配,服务管理科学协同,打造基于移动智能终端技术的服务系统,实现出行即服务。通过多维度分析社会公众的出行需求、出行规律、行为偏好等,结合各地区资源条件探索服务区功能拓展,进一步满足人们对信息发布、停车加油、如厕、餐饮等基本需求,切实改善社会公众交通出行体验。

2. 运营管理目标

智慧服务区的服务质量、管理水平与控制水平的提高,离不开良好的管理保障工作。

为驾乘人员提供热情、周到、满意的服务是高速公路服务区的根本宗旨,坚持和不断完善标准化、规范化管理制度,提质增效抓经营,和谐双赢树形象,使服务区各项工作健康稳定地发展,并以全新的面貌迎接新的工作进程。服务区管理者应将服务内容做精、抓细、筑实,使广大驾乘人员进入服务区都有"宾至如归"的感觉,努力创造服务区良好的社会效益和经济效益,更好地服务社会发展。

3. 经营分析目标

创新服务区经营业态。围绕"服务区+"理念,精准把握市场态势,丰富服务区经营业态,创新"服务区+特色餐饮+旅游休闲+流量经济"等"服务区+"模式,努力引领消费升级,打造有个性、有特色、有记忆、有文化、品牌化、多元化的新型服务区,以更好地满足消费需求。将地域特色、美食、购物等融入服务区,加入文化体验区、自然景观等极具特色的主题元素,创新服务区的传统发展模式。

4. 产业服务目标

强化产业协同。对服务区各类产业资源进行数字化建模管理,结合所在区域的产业规划、乡村振兴规划、旅游规划等发展规划,推动服务区的产业布局与地区发展深度融合。探索建立"服务区+文旅""服务区+制造""服务区+物流""服务区+商贸"等关联产业线上和线下一体化平台,使服务区成为展示地方特色文化的新窗口,成为服务区经济新引擎。

加强绿色低碳建设。减少电、水和气等能源消耗,减少服务区拥堵造成的碳排放。推动服务区交通基础设施网和能源网、智能电网融合发展,优化投入与产出,绿色服务区发展取得显著成效,资源集约节约利用水平显著提升。实现服务区规划、设计、建设、运营全寿命周期绿色低碳转型,建立减污降碳、降本增效、绿色环保的长效发展机制,实现服务区智慧化零碳管控。

拓展特色服务。引进当地特色,让驾乘人员吃上健康美味的食物。加大服务区绿化建设力度,完善各类声音、光线隔离措施,为驾乘人员提供优美、舒适、安静的外部环境。高速公路服务区除在硬件上打造特色服务区以外,应带动管理方式提档升级,进行服务区品牌建设。

5. 安全应急目标

针对服务区驾乘人员、消费者、商业、路政交管部门等多方主体实时监测需求,健全跨部门、跨领域、跨场景、跨系统的智慧安全风险防控体系和应急救援体系,实现突发事件快速预警,进一步降低重特大事故发生率。加强安全防护设施建设,提升路网安全水平和系统韧性,有力促进要素资源有序高效流动,支撑建设全国统一大市场、畅通国内国际双循环。

6.社会治理目标

依托服务区综合治理大数据平台进行并网管理,对服务区"人、房、事、物、情、组织"等信息进行全面采集和有机整合,采用数据化、全景式展现方式,提升综合交通运输运行监测预警、舆情监测、安全风险分析研判、调度指挥、节能环保在线监测等支撑能力。充分发挥大数据条件下及时、便利作用,运用大数据分析研判服务区在综合治理、民生保障等方面的服务配置需求,实现服务区社会治理智慧化。

第三节 智慧服务区发展思路

一、整体思路

遵循新发展理念,按照交通强国、数字交通的发展要求,坚持服务为本、安全优先,坚持系统性、协同性和可持续发展观念,坚持分类分级、梯次推进的发展原则,加强顶层设计,建立政策和标准规范体系,逐步推动示范试点,形成融合发展、多跨协同的生态化、平台化智慧服务区"一张网",建成世界领先的智慧服务区体系。

二、基本原则

1.顶层设计,统筹实施

应做好智慧服务区建设的顶层设计,近期,应充分考虑现阶段存在的问题、新一代信息技术发展趋势,以及交通区位、交通流量等服务区基础条件,制订在用服务区智慧化改造提升计划,明确新建服务区的建设目标。大力推动相关专项规划的出台、技术标准规范的编制,积极开展试点示范工作。长期,应在技术安全统一、自主可控的基础上,整体规划、全盘统筹、梯次推进、多方协同地推动智慧服务区发展。

2.服务为本,安全优先

应坚持智慧服务区发展的本质要求,始终以服务为根本出发点和落脚点。坚持以服务道路使用者和服务在地经济社会发展为中心,构建以需求为导向的智慧服务区体系,实现服务一体化和一流服务,实现"人享其行"。始终坚持安全优先,实现关键技术安全自主可控,提升网络安全和数据安全保障能力,保障智慧公路服务区数据安全。以数字化助推服务区安全应急处置能力提升,增强台风、重大疫情等自然灾害和突发公共卫生事件的应对能力,提升公路服务区的基础设施韧性。

3. 数据共享,融合发展

通过全面感知和业务在线化,完成全要素实时数据采集、处理,逐步实现服务区运营全流程数字化目标。整合服务区基础设施数据,实现服务区"万物互联",融入智慧路网数据体系,进而实现数据路网级应用和泛在互联,持续提升数据资源规模和质量,有效释放数据要素价值,推动数据生态和服务的融合发展。

4. 因地制宜,多跨协同

坚持系统观念,加强对区域经济和区域产业结构的分析,结合各地经济社会发展实际、区位特点、资源禀赋等条件,聚焦补短板、强弱项,强化问题导向、目标导向,合理规划公路服务区新型基础设施规模、技术标准和建设时序,科学合理挖掘已有设施潜力,精准补齐智慧化建设数据互联互通短板,提升服务区资源配置效率,促进智慧服务区跨领域、跨区域、跨行业协调发展。

三、发展步骤

1. 达成发展共识

在理念共识阶段,一方面要对智慧服务区发展趋势、需求及必要性,以及智慧服务区定义、内涵与基本特征等方面内容,在全行业层面达成统一认知和共识;另一方面要在树立顶层设计理念上达成共识,构建智慧服务区数据采集体系,布局高速公路重要节点的全方位数据感知网络,鼓励高速公路服务区运用具备多维感知、智能网联功能的终端设备,提升公路服务区基础设施全寿命周期监测能力、风险研判和信息服务能力。制定统一的数据采集、共享标准,探索建立统一的数据接口。有效破除数据壁垒和"数据孤岛",打通传输应用堵点,充分融入新型智慧理念,实现多系统之间的数据对接与业务协同。

2. 推进试点示范

在智慧服务区试点示范阶段,重点完善基础网络服务设施、信息发布设施和指挥通信设施等基础设施建设,实现基础设施全要素数字化采集,提升基于模型的融合分析和主动管控及服务能力,提升服务区事后管理和人工信息服务能力,实现对服务区运营管理的实时监控。探索通过智能服务系统研发,在服务区运营、服务、管理方面实现"路上""车上""手上"数据融合应用,满足社会公众对高速公路上的各类信息需求和个性化服务,实现服务区智慧化。

3. 统一标准规范

要制定智慧服务区建设与运营标准规范,建立统一的数据接口技术标准。依托高速公路路网大脑,打造全天候路网监测调度中心,推动高速公路服务区管理服务设施智能化升级,打造MaaS一体化公路出行的服务新模式。围绕高速公路服务区"建、管、养、运、服"全寿命周期业务,打造汇集感知、分析、决策、执行于一体的服务区底层操作系统,以数据为主要生产要素,以数据共享和智能化应用为驱动方式,赋能并优化高速公路服务区施工建造、运营养护、出行服务、行业治理等业务,实现公路服务区转型升级。

4. 推动全面实施

在智慧服务区全面推广阶段,加快推动行业标准服务向全国推广,提升智慧服务区基础支撑保障能力,实现公路服务区基础设施、全过程全要素数字化管理,以数据为关键要素,促进信息技术与交通运输深度融合,赋能交通运输及关联产业,推动服务区商业模式、经营业态、产品、服务等联动创新,构建跨界融合、共创共享的数字交通产业生态。

基于人工智能和大数据的升级迭代能力,打破公路服务区各个业务系统的"数据孤岛",实现服务区与其他服务区、公路服务区周边和交通主管部门跨领域、跨层级、跨业务的联动,使公路服务区从以往单域智能、被动响应逐步转变为全域协同治理、智能响应、趋势预判的创新模式,构建高效智慧的服务区运营管理规则。通过对服务区设施、技术、管理和服务等层次跨组织、跨系统的分析和决策,实现服务便捷化、业务数字化、管理智慧化。

第三章
智慧服务区体系架构、
关键技术与应用场景

本章以新一代信息技术为支撑,提出智慧服务区多级平台架构与关键技术,构建支撑服务区公共服务、运营管理、经营管理、产业服务、应急保障和社会治理等应用的数字支撑底座。

第一节 智慧服务区的多级平台架构

一、整体架构

智慧服务区聚焦"四个一流"服务区,满足"服务区+"发展需求,基于物联网、大数据、人工智能等新一代信息技术,依托"服务区操作系统"等新型基础设施,全面实现业务数字化、服务便捷化、管理智慧化,实现科技智能、高效安全、绿色舒适、用户满意。

综合考虑出行者、管理者、经营者等不同需求,提出智慧服务区整体架构。通过打造基于移动智能终端技术的服务系统,实现出行即服务(MaaS),推动高速公路服务区管理服务设施智能化升级,打造 MaaS 一体化公路出行的服务新模式。全国公路智慧服务区系统是部级智慧服务区综合管理平台,可以部署在云计算环境,能与省级、管理公司级、服务区级平台实现数据互联互通;同时能与省部级公共数据平台、高速公路监控中心、高速公路集团或高速公路所处路段的管理公司、全国行业监管以及外部的第三方出行信息服务平台数据互联互通。智慧服务区整体架构如图 5-1 所示。

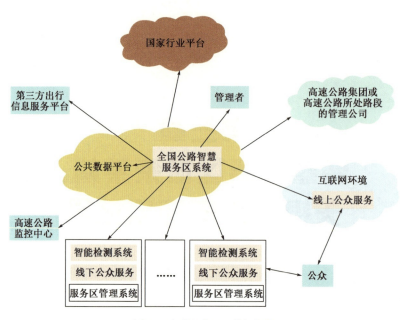

图 5-1　智慧服务区整体架构图

全国公路智慧服务区系统宜具有以下相关应用功能：实现全国公路服务区管理的联网化和智能化，借助云计算、互联网、数字孪生等新一代信息技术手段，实现全国公路服务区智能化，提供面向公众的线下、线上信息服务，让公众出行更便捷、更舒适。

二、层级架构

系统层级架构设计既要充分整合原有服务区信息化系统功能，又要全面考虑新一代信息技术在服务区的推广应用。服务区的管理层面从上到下分别为部级、省级、企业级。基于扁平化的管理需求，综合考虑综合监管、服务能力协同、数据发布分享、公众信息服务等各项业务需求，搭建全国公路智慧服务区系统层级架构（图 5-2）。

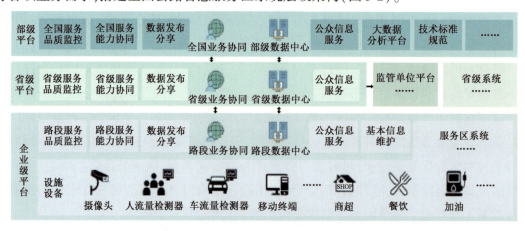

图 5-2　智慧服务区层级架构图

三、业务架构

智慧服务区的业务架构按照业务属性可分为公共服务、运营管理、经营管理、产业服务、应急保障、社会治理六大应用系统,主要包含 23 个子系统,如图 5-3 所示。同时,也要考虑服务区、高速公路集团或高速公路所处路段的管理公司、省级行业管理和全国行业监管四个层级之间的有效协同关系。服务区业务架构中涉及的协同关系应包括:

服务区与所在省级管理部门在服务区治理等相关业务方面有信息交互与业务协调联动关系。

公共服务实现出行信息发布等与交警、气象等部门平台有信息业务协同关系。

运营管理实现与服务区级、集团级、省级和部级服务区运行监控信息有业务协同关系。

经营管理实现服务区经营管理与经营商户、会员体系等有信息业务协同关系。

产业服务实现与交旅融合、仓储物流、地方经济发展等相关业务有信息协同关系。

应急保障实现与应急管理部门、市场监督管理部门、质检部门、环保部门等相关业务方面有信息交互、协同联动关系,包括智慧安防、智慧应急、安全生产等重点工作。

社会治理实现与公安交警、治安联防、公共卫生管理相关部门的业务构成信息协同关系。

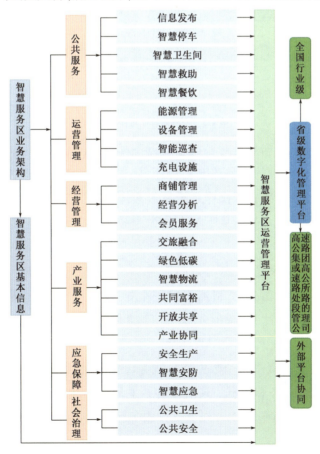

图 5-3 智慧服务区业务架构图

四、服务区操作系统

服务区操作系统(Service Area Operating System,SAOS)是服务区数字化建设的底座平台,通过对接物联感知设备及应用系统,实现对服务区信息资源整合分析及统一调度和管理,支持上层应用系统的快速开发和部署。

服务区操作系统是底座平台(Pass层),不涵盖具体应用层面,包括存量应用系统、新开发应用系统或服务。服务区操作系统功能及服务包括:①汇聚数据流、信息流、资金流;②统一数据和应用的调度与共享;③可定义、可扩展、可组态的标准化服务。智慧服务区操作系统示意图如图5-4所示。

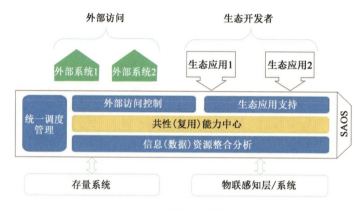

图5-4 智慧服务区操作系统图

智慧服务区操作系统向下是对各类感知设备/信息资源的采集,向上为应用提供各类服务,实现服务区信息资源的统一调度和管理,从本质上解决"信息孤岛"问题,更好地为驾乘人员提供服务。智慧服务区操作系统技术架构图如图5-5所示。

服务区操作系统的技术架构从下至上分为边缘计算/异构系统集成、部级/省级/企业级平台、多元化生态系统。

(1)边缘计算/异构系统集成。集成服务区多个系统与感知设备采集的数据,主要包括数据采集器、边缘智能控制器、边缘网关、第三方实时库/标准数据服务、第三方专业系统如企业资源计划(ERP)/办公自动化(OA)/主数据系统、SAOS级联数据等。

(2)部级/省级/企业级平台。数据软总线为设备间、各类系统间的无缝互联提供统一的通信功能,高效传输任务和数据。建立多种开发环境和运行环境,开放的应用编程接口(OpenAPI)、软件开发工具包(SDK)向上支撑服务区应用系统等。

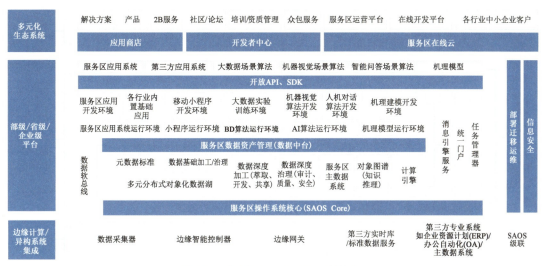

图 5-5　智慧服务区操作系统技术架构图

注：2B 服务-To Bussiness 服务，指针对企业客户提供的服务

（3）多元化生态系统。多元化生态系统提供应用开发服务，沉淀多种业务模型和知识库，支持服务区的服务、运营、经营管理等多种应用开发，赋能服务区全产业链升级，实现智慧服务区各类应用的共建共享。

智慧服务区操作系统的建设价值有以下三点：

（1）统一开放。针对跨厂商、跨类型、跨网络的海量设备接入难题，将设备协议转换成标准统一的数据传输协议，构建安全、稳定、统一的物联网设备的数据采集和管理的统一入口，通过统一开放 API 或 SDK 等方式支撑物联融合开放，为上层或第三方应用提供统一、规范的设备管控服务。

（2）复制推广。通过构建包含属性、事件、控制、计算和可视化的标准物模型体系，形成标准化配置、接入、展示、调用方案，实现物理设施的数字化表达和标准化交互，通过图形化"拖拉拽"、参数化配置等方式快速实现场景构建和业务编排，极大降低服务区应用开发门槛及复制推广成本。

（3）调度扩展。基于分布式的资源调度设计，实现单个服务区应用、区域级服务区应用、省级和部级服务区应用的灵活扩展，面向超大规模服务区一体化管控服务需求，通过智能调度策略和时空调度算法，调度多个服务区及路网资源，实现资源供给和出行需求动态平衡。

第二节　智慧服务区关键技术

根据智慧服务区软件系统的物联网架构，从感知层、数据层、平台层、应用层等维度分析智慧服务区关键技术，见表 5-1。

智慧服务区关键技术　　　　　　　　　　表 5-1

序号	架构层级	代表性关键技术
1	感知层	物联感知技术、边缘计算技术
2	数据层	资源对象化数据湖技术、数据治理技术、人工智能技术
3	平台层	服务治理技术、任务调度管理技术、多元微服务技术、低代码开发技术
4	应用层	数字孪生技术、多租户服务技术

重点针对物联感知、服务治理、任务调度管理、资源对象化数据湖、数据治理、多元微服务、多租户服务、低代码开发八大代表性关键技术进行分析。

一、物联感知技术

针对服务区多类型、多厂商、多协议、异构网络的物联网设备接入问题和应用场景需求，依托物联智控技术打造云、边、端融合的物联智控引擎，向下连接服务区感知设备，提供泛在连接以及通用适配的能力，对服务区基础设施进行统一管理。面向服务区行业提供安全、稳定、高效的设备连接与管控能力，覆盖"感知—传输—管理—应用"的全链路，实现海量设施设备的快速接入、标准管理、精准控制与融合联动。

同时可支持多种接口对接，实现 I/O、串口、http 等通信协议的设备数据通信。内置协议仓库，储备上百种主流设备厂家协议类型，可快速对接可变信息标志、摄像机、传感器、报警器、照明设施等设备数据，实现服务区海量设施设备的快速接入。制定统一的通信协议供服务区操作系统快速调度，实现消防、广播、多媒体大屏、照明等设备设施的统一联动和管控，从而打破"信息孤岛"，促进跨系统设施设备的互联互通，助力生态融合创新。

二、服务治理技术

通过服务治理技术，可以有效管理服务区资源。一是有效治理服务区数据流资源，服务区内数据流包括但不限于综合业务管理数据、安全运行监测数据、服务质量自检与考核、出行信息服务、高速公路所处路段的管理公司管理和行业监管考评与评定等数据。二是有效治理服务区信息流资源，服务区内信息流包括服务区内静态信息（服务区概要信息、基础信息、内部管理等）和动态信息（车辆服务、公共服务、经营服务、能耗监测、公众评价、特色服务等）。三是有效治理服务区资金流资源，包括但不限于商家经营、车辆维修和加油充电等形成的资金流。

服务治理能力基于服务区操作系统数字底座，合理编排服务与作业流程，从而支撑实现服务区数字化的转型目标，打破"信息孤岛"，提升驾乘人员的出行体验，提升服务区的服务质量，降低服务区的运营成本。

三、任务调度管理技术

依托任务调度管理技术统一管理上层应用提交的任务与作业流程。借助任务调度管理技术,能对服务区各类信息资源进行有效调度管理,保障服务区的运营安全、可控、有效,从而提升企业级、省级和部级对不同规模服务区的资源调度效率和协同管控能力。通过分布式数据库存储与计算,实现各类任务的调度与任务指令下发,包括实现2个以上服务区的资源共享与调度、服务区与高速公路主线的信息交互、单个服务区与高速公路集团监控中心的信息交互与指令下达等。

四、资源对象化数据湖技术

依托对象化数据湖技术,实现与智慧服务区相关的图片、数字、布尔、字符串、文本、文件、视频、音频、位置、自定义结构、对象、结构数据、块数据等类型的数据处理与存储。提供数据存储压缩服务,根据实际数据的质量要求,可灵活配置存储精度。数据湖支持分布式集群部署,提供面向对象结构的数字化模型构建方法,对多元数据进行清洗、重组和标准化处理,提供基于面向对象可视化数据模型的预处理、计算、存储和查询服务,满足上层应用的数据分析和综合应用。

五、数据治理技术

依托数据治理技术,在数据层面将元数据标准化、统一化处理,通过数据挖掘分析功能,实现服务区数据的交换共享、数据的采/存/算/用及数据的智能应用,为上层应用提供服务。服务区的海量数据接入服务区操作系统中,统一入湖形成数据资产。原始数据经预处理和清洗,通过平台中的存储模型和算法进行数据分析、调度和处置,为支撑实现服务区上层应用(如违停报警、智能巡检、能源分析等)提供数据支持,各管理部门也可基于服务区操作系统参与服务区的大数据治理、业务迭代升级和价值挖掘。

六、多元微服务技术

通过多元微服务技术实现模型算法的模块化、软件化,满足应用App的运行和扩展,实现灵活调用、快速运维。一方面,以微服务的方式将各类算法模型集成,封装成可独立调试运行的单一功能或服务模块,提升易用性和可维护性。另一方面,基于微服务并行开发、分布运行的特点,有效发挥平台海量开发者接入、资源弹性配置、云化部署运行等优势,利用微服务独立隔离、灵活调用的特点,实现快速运维、持续迭代、个性化定制。

七、多租户服务技术

借助多租户服务技术,将服务区各类数据提供给客户端的用户,为多个租户(用户)提供服务,实现多租户在互联网环境下使用同一套程序,且保证租户间的数据隔离,提高数据的安全性,让服务区的数据资产更有保障。同时,有效降低软件环境建置的成本,所有租户共用相同的软件环境,软件改版时只发布一次即可在所有租户的环境生效。

八、低代码开发技术

通过低代码开发技术提供多种算法库、组件库、表单库、图元库、设备库和图标库等,具备可视化编排业务活动、服务区算法组态建模能力,向上支撑智能化应用的快速开发与部署。通过"拖拉拽"进行 App 组态开发,支持不同的用户端开发数据驾驶舱、客流分析、车辆画像、应急预案库等应用 App,开发后可封装输出,自动化测试通过后,可进行应用上架,降低开发成本。

第三节 智慧服务区应用场景

智慧服务区建设应在现有服务区的基础上,结合新一代信息技术及服务区操作系统,充分考虑不同路段的交通区位、交通流量、场地特征、环境影响、服务区间距离及相关基础设施条件等因素进行总体规划,以具体应用场景作为服务区智慧化的落地点,建成多层级的智慧公路服务区。

一、应用场景分类

总揽全国智慧服务区应用场景建设,面向服务、运营和管理等方面进行智慧化技术手段提升,提出智慧服务区建设的公共服务、运营管理、经营管理、产业服务、应急保障、社会治理六个主要应用场景(表5-2),为打造"人、车、区"信息智慧互联和数字化管理系统作出系统性的探索和突破,从而全面提升服务区运营管理水平和公众出行体验。

智慧服务区应用场景分类与定义 表5-2

一级分类	二级分类	场景基础定义
公共服务	信息发布	利用服务区各类显示终端、指引系统和广播系统,在不同区域、不同时段发布信息内容,方便驾乘人员获得实时信息
	智慧停车	利用各种智能终端,对进入服务区的车辆根据车型进行诱导,实现分区停车和车位级精准引导,提升停车效率
	智慧卫生间	利用异味监测技术和异味处理设施解决卫生间异味,支持厕位引导、人流统计、厕位排队等功能
	智慧救助	利用一键报警器等各类救助服务设施设备,为驾乘人员提供救助服务,遇到物品丢失、突发疾病、人员走失等突发或紧急事件时,服务区及时提供人性化服务
	智慧餐饮	具备智能点餐、送餐机器人、自动结算、自助收银等功能

续上表

一级分类	二级分类	场景基础定义
运营管理	能源管理	实现对用电、供暖、供冷、用水、燃气等能源使用情况信息的采集和监控,实现对能源的统一管理和优化
	设备管理	通过配置服务平台,提供无线网络、多功能自助终端、服务区内导向、新能源汽车补给、移动智能终端充电、客流车流检测、公共区域视频监视等智能化设备管理
	智能巡查	在日常巡查路径上设置打卡设备,准确记录巡查人员的巡逻时间、次数和线路,实现对巡查人员的工作监管
	充电设施	形成"固定设施为主体,移动设施为补充,重要节点全覆盖,运行维护服务好,社会公众出行有保障"的充电基础设施网络,有效满足电动汽车充电需求,服务公众便捷出行
经营管理	商铺管理	实现商品采购、入库到零售全过程信息化管理,通过对服务区店铺综合信息的监控,实现实时预警,集成服务区内的商户管理、招商管理、评分管理、结算管理功能,实现服务区商业入驻资质评级、基本信息自动录入与审批管理。提升高速公路服务区商铺和管理者的经营管理能力,为驾乘人员提供便捷的消费体验
	经营分析	实现服务区运行指数计算和运行状态分析,提升服务区可视化管理、精细化服务水平,提升服务区的服务能力和服务品质
	会员服务	会员服务可向驾乘人员提供信息查询(停车信息、服务区业态布局、公共服务设施信息等)、餐饮提前下单(节假日高峰期节省排队等候时间)、会员增值服务(消费积分兑换商品、商品折扣信息获取等)、当地名优特产购买等
产业服务	交旅融合	结合服务区所在区域的自然资源、地理条件、人文景观和绿化设施,构建智慧化主题特色服务。宜因地制宜打造具有地方特色的旅游主题服务区,根据公众旅游需求,科学增设导游、休息娱乐、房车营地等旅游服务功能,丰富服务区经营业态,为驾乘人员提供更加多样、更高品质的服务
	绿色低碳	利用服务区、边坡、声屏障等高速公路现有场所或条件,建设光伏能源设备,为高速公路提供新能源补给服务。加强太阳能、风能等可再生能源及节能设备在服务区的推广应用,加快服务区充电、加气设施建设,积极引进先进技术和污水处理设施
	智慧物流	建立智慧物流信息化运作及保障机制,实现全供应链上的标准化、自动化、智能化、数据化与精细化运作和管理
	共同富裕	集服务驾乘游客、带动周边经济发展、地域文化展示交流于一体,扩大服务区的业态类型与服务范围,在服务区高质量发展中促进共同富裕
	开放共享	打造开放式服务区,打破现有服务区对地方区域经济的屏蔽效应,加强服务区与地方区域经济各方面的交流与联系
	产业协同	基于新一代信息技术,加强数字基础设施的高效联通,有效释放数字交通领域中蕴含的数据要素价值,对服务区产业链、价值链进行重塑和改造,形成服务区产业互联共建的生态

续上表

一级分类	二级分类	场景基础定义
应急保障	安全生产	遵循"安全第一、预防为主、综合治理"的基本原则,实现服务区的停车安全管理、危化品车安全管理、加油充电安全管理、食品安全及风险预警管理等,保障服务区内安全生产总体稳定
	智慧安防	实现对服务区进出通道、广场、停车区域、加油站、经营场所等位置的视频监控和客流、车流的精细化检测,实现对服务区视频监控的全覆盖、全过程、全天候管理,自动识别垃圾乱丢、车辆违停等违规行为,营造安全舒适的服务环境
	智慧应急	实现事前风险隐患排查和治理,事中应急响应、突发事件处置和音视频会商等,事后事件处置效果分析和应急评估
社会治理	公共卫生	对服务区卫生状况进行监督管理,实时监测服务区环境卫生、特情防控情况等,提升服务区公共卫生的服务保障能力
	公共安全	视频监控与公安系统对接,实现服务区警情事件实时动态监控,确保警情事件得到及时处理。充分利用服务区信息发布屏、广播、警务栏等向驾乘人员宣传安全防范知识,切实提高驾乘人员自我防范意识与能力

二、应用场景实施

围绕新基建时代服务区数字化、智慧化融合发展的新理念,以提高服务区用户体验、安全保障和管理效率为目标,以人性化、绿色化、智慧化、品质化为功能导向,以全要素、全周期数字化为主线,智慧化赋能服务区管理、公共服务、经营管理等方面的应用建设,实现新一代信息技术与服务区业务应用的深度融合。

各地应因地制宜打造智慧服务区,基于服务区软硬件基础设施,结合新一代信息技术,提供信息发布、智慧停车、智慧卫生间、智慧救助、智慧餐饮等多个公共服务场景;通过信息技术手段,实现能源管理、智能设备管理、智能巡查及充电设施管理等多维度的服务区运营管理;借助大数据分析、智能算法模型,对商铺经营数据进行综合分析,赋能经营管理决策;结合服务区所在区域的自然资源、地理条件、人文景观和绿化设施,构建交旅融合、绿色低碳、智慧物流、共同富裕、开放共享的多业态产业服务应用;建设安全生产、智慧安防、智慧应急等智慧化应用,提供全方位的服务区应急保障措施;为满足服务区的公共卫生服务保障和警情事件及时处理的迫切需求,打造公共卫生、公共安全等社会治理应用。

以提升出行体验为目标,积极优化服务区多业态综合应用布局,注重把握"便出行"与"享生活"的有机结合,力争打造"设施一流、技术一流、管理一流、服务一流"的高速公路服务区,全面推进高速公路服务区的高质量发展,提升公众出行品质,不断提升驾乘人员出行体验。

第四章
智慧服务区分类分级、配置与评价

第一节　智慧服务区分类分级

一、智慧服务区的分类

我国公路服务区分布地域广、资源禀赋各异、功能定位不尽相同。普通公路服务站（点）和高速公路服务区的基础条件、投入能力和需求目标不同，应推进全国智慧服务区差异化布局和有序化建设。从其他行业和各地的实践经验来看，分级分类是实现以上目标的有效方法。因此，公路智慧服务区可分为高速公路智慧服务区和普通公路智慧服务站（点）两大类。

在自动驾驶、车路协同、移动互联网技术快速发展的大环境下，服务区要提供智慧配套设施，为出行者提供更加多元化的实时信息，提升服务品质。公路服务区的地理位置、车流量、体量规模存在差异，在进行智慧化建设时，应根据实际需求，合理推进智慧化建设与应用。

二、智慧服务区的分级

（一）分级条件

智慧服务区主要从技术、业务、数据三个方面进行分级，以便管理和评估。技术主要是指智慧服务区的信息化建设水平，包括硬件设施、软件系统、网络通信等方面；业务主要是指智慧服务区的业务类型和服务水平,包括餐饮、住宿、商业等方面;数据主要是指智慧服务区的数据安全等级,包括数据分类、数据备份、数据恢复等方面。

有条件开展智慧化建设的普通公路服务站(点)可参考高速公路服务区的智慧等级进行分级。

(二)分级方案

1. 基本智慧服务区

核心能力:技术方面,主要是基础设施建设,包括网络传输体系、运行保障体系等;业务方面,主要是基础服务,包括餐饮、住宿、商业等;数据方面,主要是基本数据采集和处理,包括车流检测、人流检测、监控等基础数据采集和处理。

等级特征:智慧化水平一般;等级评价分值为20~50分。

2. 中级智慧服务区

核心能力:技术方面,主要是信息化建设,包括大数据处理中心和云服务平台等;业务方面,主要是协同服务,包括物流配送、信息共享等;数据方面,主要是数据分析、数据安全、数据恢复等。

等级特征:智慧化水平中等;等级评价分值为51~92分。

3. 高级智慧服务区

核心能力:技术方面,主要是创新能力,包括创新应用智慧化软件系统和硬件设施等;业务方面,主要是提供个性化、多元化服务;数据方面,主要是对采集到的数据进行深层次分析并转化应用,提升服务区运营决策能力。

等级特征:智慧化水平高;等级评价分值为93~100分。

第二节 智慧服务区资源配置要求

一、智慧服务区资源配置要求

各等级智慧服务区需配置相应的资源,见表5-3。基本智慧服务区资源配置包括信息发布、智慧安防等场景;中级智慧服务区资源配置包括信息发布、智慧卫生间、应急救助、智慧安防、智能巡查、特勤处理、防灾救灾等场景;高级智慧服务区资源配置除具有中级智慧服务区的资源配置条件外,还包括交旅融合、绿色低碳、智慧物流等场景。

各等级智慧服务区(含普通公路服务区)资源配置表　　　表 5-3

功能	场景	基本智慧	中级智慧	高级智慧
公共服务	信息发布	√	√	√
	智慧停车	○	○	√
	智慧卫生间	—	√	√
	智慧救助	○	√	√
	智慧餐饮	—	○	√
运营管理	能源管理	○	√	√
	设备管理	—	○	√
	智能巡查	√	√	√
	充电设施	○	○	√
经营管理	商铺管理	○	○	√
	经营分析	○	○	√
	会员服务	—	—	○
产业服务	交旅融合	—	—	○
	绿色低碳	—	—	○
	智慧物流	—	○	√
	共同富裕	—	—	√
	开放共享	—	—	√
	产业协同	—	—	√
应急保障	安全生产	○	√	√
	智慧安防	○	√	√
	智慧应急	○	√	√
社会治理	公共卫生	√	√	√
	公共安全	√	√	√

注:"—"表示该功能场景不需要配置资源,"○"表示该功能场景配置部分资源,"√"表示该功能场景需要资源配置程度达到100%。

二、智慧服务区内容与要求

(一)公共服务

1. 信息发布

(1)应能对各类多媒体屏幕(如可视化系统、引导标识系统)进行集中管理。

(2)应具备信息发布内容分级审核机制,审核通过的内容才能进行发布。

(3)应有完善的信息公告导引、发布和展示,能够通过广域网进行信息发布。

(4)服务区内宜建设信息发布系统,与服务区智能化系统共享数据,统一平台,通过多个渠道多个界面发布可定制的、个性化的、及时性的信息。

(5)宜实现信息查询和展示,包括引导信息显示、公告信息发布、视频、娱乐节目、公益广告、商业广告、天气预报、临时通告和紧急通告等。

(6)宜支持移动端(如公众号、小程序等)发布服务区车位状态信息、厕位占用信息和营销等信息。

2. 智慧停车

(1)智慧停车场诱导系统可设置分级停车诱导屏,可在高速公路主线、服务区入口、停车场等不影响车辆停放空间及停放路线的区域进行设置,停车诱导屏可结合服务区绿化和标志标线布置。

(2)停车诱导屏支持远程发布车位数量信息,支持无线通信;根据服务区规模、停车区域规模,合理选择停车诱导屏尺寸。

(3)系统根据车辆的进出情况自动更新显示数据,显示数据包含车型、分区、方向、余位信息等。

(4)在场区分流点处合理设置道闸,当某场区接近饱和时,在对应分流点处关闭道闸,禁止车辆驶入。同时,显示屏上显示该区域已关闭,不再指引车辆前往该场区。

(5)通过服务区广播系统,提供语音引导车辆停车服务。

3. 智慧卫生间

(1)卫生间入口处设置显示屏;厕位检测设备与卫生间入口显示屏联动,将卫生间使用情况及时反馈给卫生间入口显示屏,通过实时显示卫生间使用情况,快速有效地进行人群引导,提高卫生间使用效率,提升服务质量及水平。

(2)根据服务区规模合理设置潮汐卫生间,根据不同性别驾乘人员的使用需求,灵活调整男女厕位,提高卫生间使用效率。

(3)自动统计厕位占用时间,对超长时间占用厕位的情况进行报警提示。

(4)厕位配套设置智能报警器,厕位内人员发生危险时可及时报警。

(5)卫生间配置异味监测设备,包括但不限于氨气监测仪、硫化氢监测仪等气体浓度检测设备,气体浓度检测精度大于或等于95%。

(6)气体检测数据与卫生间入口显示屏智慧联动,实时展示卫生间异味浓度。

(7)卫生间异味监测与处理系统设置气体浓度阈值,当检测气体浓度高于阈值时,自动开启新风系统,加快空气流通。当新风系统异味处理效果不佳时,卫生间配置的智能除臭机等设备将自动运行。

4. 智慧救助

配置自动体外除颤器(AED)设备,遇到突发心脏骤停的患者时,现场具有相应培训证书的人员可使用 AED 进行应急救助。

5. 智慧餐饮

(1)无人餐饮主要功能包含线上线下点餐、机器人送餐、自动结算、人脸支付等。

(2)通过扫描二维码的方式实现自助点餐、餐饮预订及自助取餐柜取餐等服务。

(3)采用自助选餐和自助结算模式,实现餐厅从购餐到结算的高效、有序;在每个餐具底部植入芯片,餐具进入餐台结算区后,对芯片进行读写操作,借助计算机及通信技术,实现快速结算。

(4)智能化餐食制作、运送。

(5)智能化餐食结算,并支持多种在线支付方式。

(二)运营管理

1. 能源管理

(1)光伏技术具有实时监测光伏系统发电量、累计发电量的功能;能实时监测光伏组件、逆变器运行情况,具备异常运行情况上报的功能。

(2)具备光伏发电功率预测功能,以历史光伏输出功率和历史数值天气数据为基础,对未来光伏输出功率进行预测。

(3)具有实时监测当地风速、风向、日照辐射等气象数据的功能;具有节煤量、二氧化碳减排量实时及总量数据换算的功能。

(4)服务区内配置智能电表、智能水表、智能燃气表等设备,实时监测、统计服务区能源使用情况等信息。

2. 设备管理

(1)对于大型服务区,设置 AR 导览设备租借处,为驾乘人员提供商超、餐饮、卫生间等区域行走路线查询引导服务。

(2)利用服务区、声屏障等高速公路现有场所或条件,建设光伏产能系统以及电动车充电系统,为高速公路用户提供新能源补给服务。

(3)在综合楼入口处明显位置设置智慧导览台,显示综合楼内部平面图,驾乘人员通过点击不同区域位置了解其功能情况,并自动规划路线。

3. 智能巡查

(1)能准确记录巡查人员的巡查时间、次数及线路,具有操作简单和针对性强的功能。

(2)在日常巡查路径上选择合适的点位安装巡查打卡设备或其他智能化方式,实现对巡查人员工作的监管。巡查打卡设备主要为固定点的感应设备。

4. 充电设施

(1)新能源汽车充电能提供有线充电方式,可提供无线充电方式,或提供移动充电设备。

(2)实时显示充电桩数量及其可用状态,智能引导充电车辆进入充电车位。

(3)利用服务区、声屏障等高速公路现有场所或条件,建设光伏产能系统以及新能源汽车充电系统,为高速公路用户提供新能源补给服务。

(4)按照"一次规划、分期建设"的原则,根据新能源汽车发展状况进行充电桩建设预留。

(5)充电设施具备与云控平台信息链接的功能,能够实时链接充电设施工作状态、故障信号、电能量等信息。

(6)对涉及服务区加油站、充电桩、换电站等能源类属性的经营统计汇总。通过对能源类数据的统计分析,掌握服务区内经营类和能源类的收入情况和比例,从而优化经营类的管理。

(7)新能源汽车充电系统实时更新数据,永久存储充电桩位置、充电量等数据。

(三)经营管理

1. 商铺管理

(1)通过构建电子标签的方式对商品开展进出仓库管理,通过扫描电子标签,可读写食材进库时间、进库种类、进库数量、进库负责人、出库时间、出库种类、出库数量、出库负责人、余量等信息。

(2)商品存储管理系统在食材余量较少时,自动发出预警,提醒补货。

(3)配备超融合服务器、摄像机、收银机、扫码枪、打印机、称重机等。

(4)收银管理系统支持现金、微信、支付宝、银联等多种缴费方式,支持电子票券管理,支持实时更新、查询收费情况及数据。

（5）支持查看服务区内商铺的营业资格信息，将租户及商户基本信息上传至服务区经营管理单位进行档案记录，并与其他服务区实现档案互查，实现考核一体化。

（6）基于多源数据对商业经营进行分析，预测商超、餐饮需求，以便更好地备品和调整产品结构，减少浪费。

（7）采用包括但不限于 Wi-Fi 探针、视频流图像识别、室内蓝牙定位技术等技术识别，对商超、餐饮区人员流动情况进行追踪分析，识别潜在用户。

（8）基于无线局域网（WLAN）的信息采集，商场的商业智能（BI）分析平台利用用户画像构建技术，识别和描绘目标客户特征，分析消费者的消费意向及消费水平，为服务区实施精准营销策略提供决策依据。

（9）联合服务区其他数据，开展销售额关联分析预测，探索提升销售额的可能途径，优化销售品类、销售策略、广告投放策略。

2. 经营分析

（1）统一数据管理，具有运营监管分析、应急决策分析、公众出行服务分析等功能，多维度数据进行联合分析、数据预测，支撑服务区管理工作和公众服务工作。

（2）应利用信息化技术，建立服务区数字化档案，为服务区智慧化运行维护提供支撑。

（3）数据分析应实现服务区运行指数计算和运行状态分析，提升服务区可视化管理、精细化服务水平，改善服务区的服务质量和运行效率。

（4）服务区应利用有线通信网络实现与云控平台信息交互，同时从云控平台接收高速公路路段交通运行状态信息，实现高速公路路段与服务区间的信息实时交互和共享。

3. 会员服务

（1）通过微信小程序、微信公众号、第三方网站等，向驾乘人员提供服务区停车信息、服务区业态布局、公共服务设施信息等信息查询服务。

（2）通过服务区餐饮商铺的服务小程序或 App 等，向驾乘人员提供预订服务。

（3）建立服务区内消费积分机制，通过消费积分兑换商品；此外，服务区小程序或 App、公众号可提供服务区内商品折扣信息、当地名优特产购买信息等。

（四）产业服务

1. 交旅融合

（1）提供具有"服务区＋知识产权（IP）/主题街区/产业基地/旅游景点/特色小镇/自驾营地"等不同的服务。

(2)利用5G、AI等关键技术,通过全景直播实现与地方旅游产业的互联互通。

2. 绿色低碳

(1)服务区应建立综合能源管理系统,统筹多种能源开发利用,建立服务区智慧能源运行模式。

(2)应全面建设用电、供暖、冷气、用水、燃气的信息采集系统,实现能源管理和环境监测的智能化、标准化、可视化。

(3)应具备能源综合调度功能,实现电、水、气等多种形式能源的综合调度,满足安全、高效、低碳、舒适等目标。

(4)应具备智能微网管理功能,对服务区产能、输能和用能进行高效管理和最优控制。

(5)应具备数据分析与可视化功能,通过对能源消耗信息的实时、准确、全面的采集与智能分析,实现能耗的可视化管理和能源的优化配置。

3. 智慧物流

(1)建设智慧物流系统,提升高速公路物流能力和效率。

(2)实时掌握物流配送、经营等关键数据,并对接至服务区综合管控平台。

4. 共同富裕

(1)开发线上平台,与地方旅游平台、地方特产平台互联互通。

(2)打造具有当地文化特色的特产商品区,通过多类型发布设备发布特产商品信息。

5. 开放共享

(1)与地方道路互通,将地方品牌引入服务区及线上商城,通过App、小程序等方式实现线上下单。

(2)通过智慧化设备跟踪地方进入服务区的人车流数据,平台进行人流与车流数据分析与总结。

6. 产业协同

与市场化互联网平台合作,实现线上平台互通,扩大服务区线上产业链,实现消费人群精准引流。

（五）应急保障

1. 安全生产

（1）在广场、停车场、加油站周界部署高清视频监控系统，实现服务区广场人、车、路、环境、设施的实时监控，并保存数据。

（2）停车场视频监控系统具备识别车辆进入、离开等功能，识别信息包括但不限于车牌、车型、车身颜色等信息；同时，可识别危化品车辆，并实时向相关管理平台推送危化品车辆进入、离开信息。

（3）系统实时监测加油站的温度，若监测到抽烟、打电话等威胁加油站安全的异常事件，向管理平台实时推送异常事件报警信息。

（4）在食品采购环节对食品进行信息化管理，包括原材料采购记录、食品保质期记录等信息。

（5）将餐饮食品的加工制作过程公开展示给消费者，主动接受公众监督。

2. 智慧安防

（1）智慧安防系统应包括视频监控、周界监控、出入口控制、车流监测、客流监测、危化品车监管等系统。

（2）广场视频监控系统实时监测服务区广场人员形态，若发现打架、斗殴等异常行为事件，向管理平台实时推送异常事件报警信息。

（3）客流监测支持基于行人轨迹分析、统计指定场景内目标人员进入和离开的情况，支持客流、区域关注度、人员密度统计。

（4）若服务区与下游最近分流点如收费站或枢纽之间有门架，将该范围内的门架系统自动进行数据接入，实时汇总服务区的断面流量数据，包含车型组成等数据。

3. 智慧应急

（1）宜在大型服务区设置应急指挥车和应急救援车。

（2）应与应急事件声光报警系统对接，发生应急事件时，可自动声光报警，快速启动相应应急预案。

（六）社会治理

1. 公共卫生

（1）采用二维码、指纹、RFID等方式采集巡检点位信息，并通过终端采集巡检轨迹，及时了解服务区各项问题及卫生间卫生情况,并拍照上传云平台,及时发现问题,确保巡检执行到位。

(2)特情信息实时显示在管理平台上,特勤处理响应及时。

2. 公共安全

(1)服务区视频监控系统与公安系统对接,实时动态监控服务区内异常事件(如打架斗殴、火灾等)。

(2)服务区内涉及公共安全的事件信息,实现与服务区广播系统联动。

第三节 智慧服务区评价

一、评价总分计算

智慧服务区评价指标各项评分满分为100分,按照式(5-1)计算。

$$P = \sum_{i=1}^{n} \sum_{j=1}^{m} Q_{ij} \overline{\omega}_{ij} \tag{5-1}$$

式中:Q_{ij}——第 i 项一级指标的第 j 项二级指标的得分;

$\overline{\omega}_{ij}$——第 i 项一级指标的第 j 项二级指标的权重。

二、评价指标权重

评价指标权重系数的确定方法较多,可分为两大类:①主观赋权法,数据主要来源为经验判断、专家评分和调查问卷,个人主观性强;②客观赋权法,将原始数据通过模型计算,由实际数据形成。以重要度以及专家评分为原则,确定智慧服务区一级指标及二级指标的权重系数。专家遴选将遵循精准原则、轮换原则以及评价省份回避原则,主要选取活跃在数字交通科研领域及服务区一线的专家,同时将充分考虑专业领域、知识结构、工作经验、擅长方向等多方面。

评价指标分为两个级别,其中一级指标及权重分别为公共服务36%、运营管理20%、经营管理18%、产业服务10%、应急保障12%、社会治理4%。二级指标为一级指标下分的场景指标,如公共服务一级指标对应的二级指标包括信息发布、智慧停车、智慧卫生间等。每一个二级指标下还包括具体的评价指标(表5-4)。详细"评价指标权重表"见本报告的附件。

评价指标权重表　　　　　　　　　　　　　表 5-4

一级指标权重	二级指标权重
公共服务(36%)	信息发布(10%)
	智慧停车(10%)
	智慧卫生间(6%)
	智慧救助(4%)
	智慧餐饮(6%)
运营管理(20%)	能源管理(4%)
	设备管理(8%)
	智能巡查(2%)
	充电设施(6%)
经营管理(18%)	商铺管理(6%)
	经营分析(6%)
	会员服务(6%)
产业服务(10%)	交旅融合(2%)
	绿色低碳(4%)
	智慧物流(1%)
	共同富裕(1%)
	开放共享(1%)
	产业协同(1%)
应急保障(12%)	安全生产(4%)
	智慧安防(4%)
	智慧应急(4%)
社会治理(4%)	公共卫生(2%)
	公共安全(2%)

第五章
发展建议与示范工程

第一节 发展建议

公路服务区是综合交通运输体系中重要的服务设施和窗口，是构建新发展格局的重要支撑和服务人民美好出行、推动高质量发展的坚实基础和重要保障。在智慧公路快速发展和"一张网"运营、一体化服务的大背景下，公路服务区作为公路网中的关键节点，承载着路网运营服务、公众出行服务的重要功能，其重要性不断提高。就此而言，智慧服务区的发展显得尤为迫切和重要。

结合本课题报告提出的发展思路和发展目标，以及当前与未来我国交通强国与数字中国等发展战略，提出关于发展智慧服务区的五点建议。

一、进一步深化研究关键问题，构建智慧服务区发展政策体系

1. 将智慧服务区建设纳入交通运输重大专项规划

将智慧服务区的建设纳入国家交通运输发展规划中统筹考虑，全面系统规划、设计智慧服务区总体框架及发展目标，立足当下、着眼未来，以先进技术应用为手段，促进新服务模式、商业模式发展，实现服务区经营管理与服务功能的智慧化提升，前瞻性、体系化、可持续地推动建设"安全、便捷、高效、绿色、低碳"的智慧服务区。

2. 制定统一的智慧服务区标准规范体系

按照"统筹规划、分类实施、逐步推广"的原则，遵循全面性、科学性、功能性、动态性的

规律,按照公路服务区车客流量、经营收入、建设规模、业态种类等进行分类,推动地方标准逐渐形成团体标准,并逐步上升至行业标准、国家标准,形成统一的智慧服务区建设发展技术规范体系,避免各地出现智慧服务区建设标准不统一、重复建设、资源冲突和难以形成路网服务规模、产生新的数据壁垒等现象。

3. 出台智慧服务区发展政策体系

加快完善智慧服务区发展资金等领域的政策体系,加强不同领域政策的协同。结合智慧公路建设,在中央财政补助资金中列支相应的资金补助,以积极引导地方建设智慧服务区。鼓励各省级交通运输主管部门、高速公路经营企业和服务区经营管理单位在加大自有资金投入的同时,采取"行业指导、企业参与、多元投资、市场运营"的多元化运作模式,充分整合各类资源,多层次、多渠道筹措建设资金。全面梳理、分析服务区资源要素,充分结合地方发展规划,挖掘地方特色产业及产品,在文旅、商贸、物流等方面深度联合,争取地方政府相关优惠政策,共建共享开放式服务区,形成服务区与地方经济互相赋能的良好局面。

二、推动关键核心技术自主可控统一,实现数据生态良性发展

1. 加速实现操作系统等核心技术的自主可控

智慧服务区的一些关键核心技术有待突破,包括以操作系统为代表的软件体系需要加大研发力度。应以建设自主可控的路网级、全要素精准感知与管控体系、服务体系为目标,借鉴成熟的工业互联网操作系统,加大公路服务区领域操作系统的研发、应用力度,以建设行业智慧服务区一体化数字底座。研究借鉴相关省(自治区、直辖市)、相关企业在操作系统等核心技术研发、应用方面的成果,选取有基础、有条件的服务区先行先试,提升智慧服务区操作系统自主可控性,加快探索并实现打通数字底座的目标。

2. 组织实施关键"卡脖子"技术的联合攻关

在智慧服务区的物理底座、数字底座、管理平台、场景应用、公共服务平台、外部平台互通和安全保障体系等领域,加快形成安全统一技术体系。高度重视技术的外部性和数据等数字资产的安全,注重自主可控技术研发、应用与平台化部署,建立信息安全机制。高度关注关键技术的兼容性和可持续开发,构建可迭代、易升级、能兼容的技术体系,避免因需求变化快、更新周期短、迭代要求高、多系统融合难等带来的问题。

3. 加快推进数据生态建设

基于技术体系的自主可控、安全统一,加快推进智慧服务区数据互联互通、融合共享、

服务联动和跨界协同,构建智慧化应用生态,推动形成智慧服务区良性数据生态,助力服务一体化进程。

三、加快建设高速公路服务区"一张网",推进出行服务一体化

1. 建设全国统一的高速公路服务区出行服务平台,形成高速公路服务区"一张网"运行效应

结合智慧公路建设需求和出行服务需求,结合综合交通运输信息平台,建立服务区数据中台模块,打通全国服务区信息数据,为出行服务平台提供数据支撑。其中涵盖信息服务系统(出行信息服务、定制信息服务等)、商业服务系统(餐饮、购物、加油、住宿、旅游等)、会员系统(会员积分、等级、权益等)、支付系统(线上支付、分账等),逐步形成跨路段、跨区域、跨部门的协同联动,最终实现出行服务一体化。

2. 建立全国统一的高速公路服务区大会员体系

依托智慧服务区建设,将服务区各类服务信息、各类经营业态(加油、餐饮、购物、住宿等)纳入出行服务平台,建立统一的大会员体系,实现各业态、各区域消费联动,形成全国"一张网"。为公众提供信息查询、预约、在线购物等服务,形成线上线下一体化经营模式,为公众提供更方便、更快捷、更具人性化和个性化的伴随式出行服务。

3. 打通高速公路服务区业务与通行费积分兑换体系

建议主管部门结合《收费公路管理条例》调整等相关工作,将高速公路通行与服务区消费及服务场景有效结合,实现道路使用者即为会员,将通行费纳入积分体系,实现高速公路通行、服务区消费积分互换互通,发布通行费积分兑换规则、比例以及结算、分账体系,实现高速公路通行、服务区消费一体化。

四、强化"两个服务"新理念,促进产业深度融合发展

1. 加速推动开放式服务区建设,有效提升服务区商业辐射力

结合公路服务区和智慧化发展实际,积极将公路服务区从服务道路使用者的单一场所,升级成为区域经济社会发展的节点、平台,在高度关注出行和物流服务的同时,更加凸显服务在地经济社会发展的作用。借助智慧公路、智慧服务区的新技术,构建服务区"大脑",向公众和经营管理者提供信息服务和管理服务,并加速推动开放式服务区建设,有效提升服务区的商业辐射能力,以及对周边区域产业带动能力,充分发挥公路服务区节点效应和平台效应。

2. 大力发展路衍经济，推进服务区＋能源、物流、旅游等产业深度融合

尽快出台支持智慧服务区＋物流、服务区＋文旅、服务区＋乡村振兴等相关创新政策，充分挖掘地方优势资源及产业，推动互相赋能、协同合作，助推文旅、物流、商贸等领域深度融合，助力国内大循环、消费升级和产业发展。积极协调解决服务区与地方经济结合过程中的落地问题，由地方政府在土地、财税、资金等方面给予服务区政策支持，实现服务区与地方产业经济融合发展、互相促进。

3. 着力推动包含智慧服务区在内的智慧公路、数字交通产业发展

提升智慧公路、智慧交通产业自身支撑、外部协作和可持续发展能力，为构筑智慧服务区数字化生态提供良好基础和保障。

五、开展专项行动，建立协同机制，推动智慧服务区高质量发展

1. 完善智慧服务区建设技术推广与应用机制

建立健全跨部门和相关方的协同发展和系统推进机制，进一步发挥政府政策和建设技术标准的支持引导作用，不断完善智慧服务区建设技术推广与应用机制，充分调动相关主体积极性。在投融资政策、存量服务区智慧化升级、标准体系建设等方面进一步强化技术支撑，强化各类标准衔接和适用技术推广应用，推动先进技术和创新驱动。

2. 建立健全跨部门和相关方的协同发展和系统推进机制

协调完善智慧公路与智慧服务区跨部门、跨行业、跨区域的标准和技术产品互认、数据资源共享等政策，确保智慧服务区与智慧公路、数字交通及其他领域智慧化发展的协调性、统一性，以及技术和产品的通用性、兼容性和可持续性。借鉴高速公路智慧服务区发展经验，结合普通公路服务区实际情况逐步建设国省道智慧服务区。注重结合地域位置，突出地方特色，充分利用地方资源，提前谋划、统一布局智慧服务区，提升普通公路服务区服务能力及品质。延伸"智慧服务区＋"应用功能，充分与地方政府及相关方协商，将地方旅游、特色产品融入服务区建设中，其中具有独特地理位置的可打造融休闲、旅游、住宿、娱乐、物流为一体的特色服务区，形成服务区与地方协同发展、互惠互利的新局面。条件成熟的情况下，可在智慧出行、智慧物流、智慧能源等重点领域开展试点示范。

3. 围绕绿色、零碳和一体化服务目标，开展智慧服务区建设专项行动

围绕行业发展的趋势和重点任务，在绿色、零碳和一体化服务等领域开展专项行动。进一步拓展智慧服务区的发展空间，通过专项行动持续支持和推进智慧服务区发展。在

专项行动前期,积极开展试点示范工作,在基础较好的省(自治区、直辖市)选取部分服务区作为试点,分级分类开展示范工作,建成并经第三方机构评定后,有计划、分阶段地推进专项行动计划。

第二节 试点示范建议

围绕智慧服务区发展重点,选择已有基础、拟规划建设和正在开展的依托项目,开展试点示范,以进一步积累经验。智慧服务区单场景和全场景建设示范工程具体建议如下:

一、示范目的

为贯彻落实加快建设交通强国战略要求,满足公众对服务区品质化和多元化的需求,以建设品质升级、产业融合、绿色低碳、安全高效的现代化高质量服务区为目标,通过推动智慧服务区全场景打造、操作系统开发及应用、智慧能源管控、危化品车辆无人管控与安全管理等单一场景实践,为高速公路智慧服务区的发展提供现实参考,力求提高管理效率、提升服务品质、增加经营效益,助力服务区提质升级和转型发展。

二、建设内容

1. 浙江省基于交通物联网感知的智慧服务区操作系统

依托浙江省商业集团下属的长安服务区和嘉兴服务区智慧化改造工程,该系统基于计算机操作系统整体思维,打造高速公路服务区数字化建设的底座平台,通过对接物联感知设备及应用系统,实现对服务区信息资源整合分析及统一调度和管理,支持上层应用的快速开发和部署。

2. 山东省济南东零碳服务区项目

依托山东高速服务开发集团有限公司济南东零碳服务区已建项目优化工程,该项目按照"生态设计、循环利用、工程绿化、能源替代"的原则,实施"可再生能源利用""零碳智慧管控""污废资源化处理""林业碳汇提升"四大系统,利用电气化、分布式光伏发电、风电、储能、室外微光、被动式建筑、智慧管控、生态碳汇等,提高能源使用效率,实现服务区100%设备电气化、100%"绿电"供应。

3. 江苏省建兴高速公路千垛智慧服务区建设项目

依托江苏交通控股有限公司建兴智慧高速公路在建工程,该项目以BIM为载体,开发基于 BIM 的服务区物联网综合管理平台,融合服务区物联网的实时运行数据,进行空间与设备运维管理,同时利用大数据分析与 AI 技术实现服务区各项指标数据的深度融合与逻辑关联。

4. 江苏省六合服务区危化品运输车辆无人管控及安全管理

依托江苏省高速公路经营管理中心六合服务区危化品车辆管理系统优化升级项目,该系统基于 AI 和 5G 技术完成行车动态跟踪、停车安全监测、信息采集整合和数据分析支撑等范围的功能建设,在现有危化品停车管理功能的基础上进行创新升级,最终实现无人参与的危化品停车智能管理。

三、预期成效

1. 浙江省基于交通物联网感知的智慧服务区操作系统成效

通过智慧服务区操作系统的研究开发,以及在嘉兴、宁波服务区的实践应用,推动服务区基础设施的要素化、数字化和在线化,推进服务区设备数字化管理,为公路服务区提供基础设施"数据底座",有效汇集公路服务区各类信息资源并与相关部门共享,形成可以统一支撑上层业务的底层平台,同时,利用从物联网数据获得的洞察力挖掘数据价值,进一步开发新的产品和服务。

2. 山东省济南东零碳服务区项目成效

经测算,项目运行后年均减排二氧化碳 3400t 以上,远超当前服务区年均约 2300t 的二氧化碳排放量,可以实现济南东服务区零碳运营,为国内首个已建成自我中和的零碳服务区,在全国具有领先示范意义。

3. 江苏省建兴高速公路千垛智慧服务区建设项目成效

通过智慧服务区项目的建设,将进一步深化江苏交通控股有限公司"苏高速·茉莉花"品牌建设,持续推动江苏交通控股有限公司"经营管理更加精细、业态布局更加精致、服务体验更加精美"的"三精"理念落地落实,社会公众"快速畅行体验感、品质服务体验感"的"两感"指数持续提升,以信息化、数字化为核心手段应用于服务区各类业务场景,实现"保障服务安全、提升服务品质、高效运营监管"的建设目标。

4. 江苏省六合服务区危化品运输车辆无人管控及安全管理项目成效

实现服务区对危化品运输车辆"可视、可控、可溯源"24h 不间断管控及预警,解决了危化品运输车辆违规行驶、不规范停放及存在安全隐患等"老大难"问题,让危化品运输车辆进入服务区后"容易找、规范停、安全开",改善危化品运输车辆驾乘人员的出行体验,保障人民群众安全出行。

附件
智慧服务区评价指标计算表

一、公共服务

1. 信息发布(表5-5)

信息发布评价指标计算表　　　　　　表5-5

指标编号	指标名称	计算方法	数据描述
1-1-1	信息发布平台	分项分数 = 40% × b； b 为分值，以下功能每具备一项得20分，上限为100分： ①具备高速公路服务区可变信息标志指示牌(可用于显示路段拥堵程度或饱和提醒)； ②有服务区官网； ③有微信公众平台/微信小程序/App； ④有手机短信自动提醒； ⑤有服务区视频自媒体； ⑥其他信息发布平台	根据出行服务信息发布平台类型进行评价
1-1-2	信息发布平台功能	分项分数 = 40% × b； b 为分值，具体为： ①可提供服务区周边高速公路运行状态、服务区停车区余位数和饱和提醒得100分； ②仅提供服务区停车区余位数和饱和提醒得80分； ③仅提供服务区周边高速公路运行状态得50分； ④未提供服务区周边高速公路运行状态、服务区停车区余位数和饱和提醒得0分	根据出行服务信息发布平台的功能类型进行评价
1-1-3	信息发布平台数据更新	分项分数 = 20% × (b_1 + b_2)/2； b_1：服务区饱和提醒数据更新速度，更新间隔小于或等于1s为100分，大于1s而小于5s为50分，大于或等于5s为0分； b_2：服务区周边高速公路运行状态数据更新速度，更新间隔小于或等于30s为100分，大于30s而小于1min为50分，大于或等于1min为0分	出行服务需要保持较高的实时性，根据信息更新时间间隔进行评价

2. 智慧停车(表 5-6)

智慧停车评价指标计算表　　　　　　　　　　　　　　　　　　表 5-6

指标编号	指标名称	计算方法	数据描述
1-2-1	智慧化路径引导能力	分项分数 = 40% × b； b:具备停车场路径引导智能化设施得 100 分,不具备停车场路径引导智能化设施得 0 分	停车场路径引导智能化设施包含可变信息标志、电子导航系统、自动感应识别系统等
1-2-2	设备异常比例	分项分数 = 20% × 正常工作设备数/设备总数 × 100	评分时对路径引导设施进行排查,得到其总智能设备数和损坏智能设备数
1-2-3	违规停车率	分项分数 = 20% × (1 − 违规停车数/总停车数) × 100	评分时统计调查时段内违停车辆和总停车数
1-2-4	停车场车辆分布均衡性	分项分数 = 20% × $(b_1 - b_2)/b_2$ × 100； b_1:调查时段内各停车区排队等候车辆数之和； b_2:调查时段内各停车区空余车位数之和	评分时统计调查时段内停车区排队候车数和空余停车位

3. 智慧卫生间(表 5-7)

智慧卫生间评价指标计算表　　　　　　　　　　　　　　　　　　表 5-7

指标编号	指标名称	计算方法	数据描述
1-3-1	厕位智能管理能力	分项分数 = 30% × b； b:具备空余厕位提醒功能得 100 分,不具备得 0 分	男女厕均需配备空余厕位提醒
1-3-2	空气监管与智能调节能力	分项分数 = 30% × b； b:具备空气质量检测系统和远程控制排风系统得 100 分,仅具备排风系统得 50 分,仅具备空气质量检测系统得 30 分,不具备空气质量检测系统和排风系统得 0 分	空气质量检测系统主要针对卫生间臭味,常见检测指标有 H_2S 浓度和 NH_3 浓度
1-3-3	厕位提醒功能实用性	分项分数 = 20% × (1 − 误用设备数)/设备总数	选取某一调查时段内统计数据
1-3-4	空气清新度	分项分数 = 20% × b； b:按照 H_2S 浓度的不同等级确定分数。 空气 H_2S 浓度 < 0.0076mg/m³,闻不到气味,得 100 分； 空气 H_2S 浓度 ≥ 0.0076mg/m³,嗅觉能勉强感觉到气味,得 80 分； 空气 H_2S 浓度 ≥ 0.00912mg/m³,气味很弱但能分辨其性质,得 50 分； 空气 H_2S 浓度 ≥ 0.00912mg/m³,很容易感觉到气味,得 0 分	通过空气质量检测设备对卫生间内部进行调查,根据 H_2S 浓度值分布区间评分

4. 智慧救助(表5-8)

智慧救助评价指标计算表　　　　表5-8

指标编号	指标名称	计算方法	数据描述
1-4-1	自动体外除颤仪(AED)	分项分数 = $100\% \times b$； b：配置自动体外除颤仪(AED)得100分，未配置自动体外除颤仪(AED)得0分	当服务区出现突发心脏骤停的患者，现场医疗人员可使用AED进行应急救助

5. 智慧餐饮(表5-9)

智慧餐饮评价指标计算表　　　　表5-9

指标编号	指标名称	计算方法	数据描述
1-5-1	自动销售经营	分项分数 = $20\% \times b_n (n=1,2,3)$； b_1：具备自动售货、无人超市、无人餐厅体系，得100分； b_2：具备其中的一项或几项，自动化程度相对较低，得50分； b_3：自动化不足，得0分	无人销售模式是门店形式的补充，非营业时间顾客的购物、用餐需求可依靠无人售货经营的方式来满足
1-5-2	自动餐饮加工	分项分数 = $20\% \times b_n (n=1,2)$； b_1：具备自动加工体系，能对餐饮进行粗加工，得100分； b_2：不具备自动加工体系，得0分	机械化餐饮加工可满足顾客对食品的多元需求，无人化节约人力成本，提高效率
1-5-3	功能智慧化程度	分项分数 = $15\% \times b$； b：商品预购功能、商品陈列位置智慧查询功能、自助收银功能、自助售卖功能，每建立一项得25分，总分为100分	服务区商超是否建立商品的预购功能、是否建立商品陈列位置智慧查询设备(即当顾客输入相关关键词后，显示商品的具体位置)、是否设立自助收银设备，是否设立自助售卖设备
1-5-4	预购功能交易率	分项分数 = $20\% \times$ 预购成功交易次数/商超总交易次数 $\times 100$	商超总交易次数 = 商超内商品完成支付的交易总次数，包括线下交易+自助售卖交易+预购交易； 预购成功交易次数 = 使用预购功能并且完成支付的交易次数； 统计数据为评价开始前一个月的月末数据
1-5-5	智能餐厅	分项分数 = $25\% \times b$； b：自助点餐功能、预订点餐功能、自动上菜功能、智慧收盘功能，每建立一项得25分，总分为100分	服务区餐饮区是否拥有自助点餐功能、预订点餐功能、自动上菜功能、智慧收盘功能

二、运营管理

1. 能源管理（表 5-10）

能源管理评价指标计算表 表 5-10

指标编号	指标名称	计算方法	数据描述
2-1-1	能源超限预警	分项分数 = 30% × b_n ($n=1,2$)； b_1：有能源超限预警系统，得 100 分； b_2：无能源超限预警系统，得 0 分	设备正常运行才能保证服务区秩序，工作状态为正常和故障
2-1-2	动态能源配额体系	分项分数 = 40% × b_n ($n=1,2,3,4$)； b_1：有合理的能源配额计算方法，能够针对不同场区、需求进行动态配额，得 100 分； b_2：有合理的能源配额计算方法，能区分场区和需求静态配额，得 80 分； b_3：有能源配额计算方法，但不能区分场区和需求进行配额，得 50 分； b_4：无能源配额计算方法，得 0 分	不同场区、服务客流对能源的需求不同，需动态地分场区进行能源配额；调查服务区有无动态调节能源配额体系
2-1-3	能源消耗实时监测	分项分数 = 30% × b_n ($n=1,2$)； b_1：有能源消耗监测功能，得 100 分； b_2：无能源消耗监测功能，得 0 分	实时监控指能通过终端平台实时查看服务区用电量、用水量、用气量

2. 设备管理（表 5-11）

设备管理评价指标计算表 表 5-11

指标编号	指标名称	计算方法	数据描述
2-2-1	设备运行状态实时监测	分项分数 = 30% × (能实时监测的设备数量/服务区总的运行设备数量) × 100	设备正常运行才能保证服务区秩序，工作状态为正常和故障
2-2-2	设备折旧成本计算	分项分数 = 25% × b_n ($n=1,2,3,4$)； b_1：有合理的设备折旧运维成本计算方法，易于分析和管控设备运维成本，得 100 分； b_2：有合理的设备折旧运维成本计算方法，能够分析设备运维成本，得 80 分； b_3：有设备折旧运维成本计算方法，得 50 分； b_4：无设备折旧运维成本计算方法，得 0 分	设备折旧成本的计算，是针对维修成本的，比较两者决定是维修还是更替；折旧计算体系，保证设备更替、维修决策的合理性
2-2-3	设备信息数据管理平台构建	分项分数 = 35% × b_n ($n=1,2,3$)； b_1：有设备监控数据管理平台，并能分析数据信息供决策使用，得 100 分； b_2：有信息数据管理平台，需要管理者分析决策，得 60 分； b_3：设备端数据无统一的数据管理平台，数据未融合，得 0 分	信息数据管理平台是指融合各设备感知数据的平台，作为数据存储端，提供决策支持

续上表

指标编号	指标名称	计算方法	数据描述
2-2-4	设备故障自我主动监测率	分项分数 = 10% ×（具备故障自我主动监测功能的设备数量/当前服务区设备总数）×100	故障自我主动监测指设备发生故障时能主动将故障信息发送到管理方；数据取某一时间点的数据，如评价开始前的月末数据

3. 智能巡查（表 5-12）

智能巡查评价指标计算表　　　　　　　　表 5-12

指标编号	指标名称	计算方法	数据描述
2-3-1	无人设备自动巡检能力	分项分数 = 40% × b； b：能通过无人设备进行自动巡检，满足得 100 分，不满足得 0 分	无人设备包括无人机、无人机器人等
2-3-2	无人设备提升服务区巡检管理能力情况	分项分数 = 30% ×（全年通过无人设备发现的巡检异常情况次数/全年巡检异常情况次数）×100	数据取年度数据
2-3-3	巡检人员路径追踪能力	分项分数 = 30% × b； b：能对服务区巡检人员路径进行实时追踪，满足得 100 分，不满足得 0 分	巡检人员路径追踪指能通过终端设备实时查看巡检人员的路径动态

4. 充电设施（表 5-13）

充电设施指标计算表　　　　　　　　表 5-13

指标编号	指标名称	计算方法	数据描述
2-4-1	新能源充电桩数量占比	分项分数 = 50% × b； b：新能源充电桩数量不低于服务区停车位数量的 20%，得 100 分；新能源充电桩数量占服务区停车位数量的 10% ~ 20%，得 60 分；新能源充电桩数量低于服务区停车位数量 10%，得 0 分	调查服务区新能源充电桩的覆盖率
2-4-2	实时显示可用新能源充电桩数量	分项分数 = 30% × b； b：服务区显示屏等信息载体能实时显示可用新能源充电桩数量，得 100 分；服务区不能实时显示可用新能源充电桩数量，得 0 分	调查服务区新能源充电桩的信息化程度
2-4-3	实时掌握新能源充电桩经营数据	分项分数 = 20% × b； b：服务区综合管控平台实时掌握新能源充电桩充电度数、充电金额，得 100 分；服务区综合管控平台掌握新能源充电桩充电度数、充电金额，但不实时，得 50 分；服务区综合管控平台不能掌握新能源充电桩充电度数、充电金额，得 0 分	调查服务区新能源充电桩的数据掌握情况

三、经营管理

1. 商铺管理（表5-14）

商铺管理评价指标计算表 表5-14

指标编号	指标名称	计算方法	数据描述
3-1-1	收银监控	分项分数 $=10\% \times b$； b：安装能够自动识别收银异常行为的监控设备得100分；安装需要远程人工监管的监控设备得50分；未安装收银监控设备得0分	调查服务区内部收银监控的智慧程度
3-1-2	收银台账信息化传输	分项分数 $=20\% \times b$； b：安装收银台账信息化传输设备得100分；未安装收银台账信息化传输设备得0分	服务区商户安装了收银台账信息化统计设备，并按照一定的时间维度将台账信息传送至服务区管理处，用以营业额稽核
3-1-3	客流进店监测	分项分数 $=20\% \times b_n (n=1,2,3,4)$； b_1：能够对进入店铺或服务区域的客流进行捕捉，并对进店率进行实时计算和预测，得100分； b_2：能够对进入店铺或服务区域的客流进行捕捉，并能实时计算进店率，得80分； b_3：能够对进入店铺或服务区域的客流进行捕捉，得50分； b_4：不能对进入店铺或服务区域的客流进行捕捉，得0分	对客流进店情况进行监测，计算进店率，反映店铺经营效益，分时段统计进店率，调整经营策略
3-1-4	客流驻留监测	分项分数 $=20\% \times b_n (n=1,2,3,4)$； b_1：能够计算用户的驻留率并保留用户的特征属性，并对驻留率进行实时计算和预测，得100分； b_2：能够计算用户的驻留率并保留用户的特征属性，并能实时计算驻留率，得70分； b_3：能够计算用户的驻留率并保留用户的特征属性，得40分； b_4：不能计算用户的驻留率及保留用户的特征属性，得0分	顾客停留超过一段时间为驻留情形，数据选取多个时段的驻留情况监测，并与实际驻留情况对比，评价驻留监测能力和用户特征描述
3-1-5	客流消费统计与预测	分项分数 $=20\% \times b_n (n=1,2,3,4)$； b_1：能够记录消费发生的概率和金额，并对消费的发生率进行实时计算和预测，得100分； b_2：能够记录消费发生的概率和金额，并对消费的发生率进行实时计算，得80分； b_3：能够记录消费发生的概率和金额，得60分； b_4：不能记录消费发生的概率及金额，得0分	对消费情况进行记录，判断消费发生的要素，分析发生概率，便于优化商品结构

续上表

指标编号	指标名称	计算方法	数据描述
3-1-6	客流构成分析	分项分数 $=10\% \times b_n (n=1,2,3,4)$； b_1：能够对各个服务或店铺的客流构成和属性进行捕捉，并对客流构成进行实时预测，得100分； b_2：能够对各个服务或店铺的客流构成和属性进行捕捉，得80分； b_3：仅能对各个服务或店铺的客流构成或属性之一进行捕捉，得60分； b_4：不能对各个服务或店铺的客流构成及属性进行捕捉，得0分	客流构成的不同对服务需求存在差异性，分析客流属性、消费倾向，调整服务供给

2. 经营分析（表5-15）

经营分析评价指标计算表　　　　表5-15

指标编号	指标名称	计算方法	数据描述
3-2-1	综合管控平台	分项分数 $=60\% \times (b_1+b_2)$； b_1：具备数据综合管控平台为30分； b_2：具备监控安防管理、停车场监管、商业区监管、卫生间监管、设备管理、营业额监管、信息发布功能，每具备一项功能得10分	服务区基础服务的类别从驾乘人员的需求出发，由服务区管理人员、驾乘人员、该领域学术专家等共同确定
3-2-2	数据显示	分项分数 $=40\% \times (b_1+b_2)$； b_1：统计数据可在管控平台上实时显示当前状态，得50分； b_2：统计数据可在管控平台上形成统计报表，得50分	数据显示主要从实时数据显示和历史数据查询两方面进行评价

3. 会员服务（表5-16）

会员服务评价指标计算表　　　　表5-16

指标编号	指标名称	计算方法	数据描述
3-3-1	公众服务平台	分项分数 $=30\% \times b$； b 为分值，以下功能每具备一项得20分，上限为100分： ①具备自助信息查询设备； ②有服务区专用服务网站； ③有微信公众平台/微信小程序/App； ④有人工信息咨询平台； ⑤其他信息服务平台	根据公众信息服务平台的类型进行评价

续上表

指标编号	指标名称	计算方法	数据描述
3-3-2	服务平台功能	分项分数 = $10\% \times b$； b 为分值，以下功能每具备一项得20分，上限为100分： ①具备服务区订餐服务； ②具备投诉建议服务； ③具有满意度评价模块； ④服务区特色介绍、商品推荐； ⑤人工咨询、帮助服务	公众服务平台的主要功能
3-3-3	公众平台使用情况	分项分数 = $10\% \times b \times 100$； b：使用公众平台的人数占入区客流总数的比值，比值越大，公众服务平台的利用率越高	使用情况的好坏，能反映平台是否切实有用
3-3-4	智慧化设施	分项分数 = $35\% \times b$； b：可提供服务区自助导航查询、失物招领、服务热线查询等咨询服务台基础服务得100分；仅能实现部分功能得50分；无自助咨询服务为0分	服务区基础服务的类别从驾乘人员的需求出发，由服务区管理人员、驾乘人员、该领域学术专家等共同确定
3-3-5	设备使用率	分项分数 = $15\% \times$ 自动咨询台使用次数/(自动咨询台使用次数 + 人工咨询台咨询次数) $\times 100$	选取某一时段全区范围内自动咨询台咨询和人工咨询的次数进行计算

四、产业服务

1. 交旅融合(表5-17)

交旅融合评价指标计算表　　　　　表5-17

指标编号	指标名称	计算方法	数据描述
4-1-1	交旅融合	分项分数 = $60\% \times b$； b：具备任意2项及以上的"服务区 + IP/主题街区/产业基地/旅游景点/特色小镇/自驾营地"等不同的服务，得100分；不具有以上任何服务的，得0分	服务区植入当地主题文化及旅游资源、产业资源并赋能各类业态，打造"交通 + 文旅"产业
4-1-2	地方展示	分项分数 = $40\% \times b$； b：通过5G、AI等智慧技术手段全景展示地方特色旅游景点，得100分；未搭建任何地方链接展示，得0分	通过智慧化技术应用，实现地方旅游产业与服务区的互动

2. 绿色低碳（表5-18）

绿色低碳评价指标计算表　　　　　　　　　　　　　　　　表5-18

指标编号	指标名称	计算方法	数据描述
4-2-1	污水处理情况实时监测能力	分项分数 = 20% × (b_1 + b_2)； b_1：具备建立污水排放量实时监测能力，满足得60分，不满足得0分； b_2：具备污水污染种类检测能力，满足得40分，不满足得0分	污水污染种类包括有机污染、重金属污染、化肥和农药污染、热污染、石油污染、放射性污染、病原微生物污染
4-2-2	污水处理设备故障远程诊断能力	分项分数 = 20% × b； b：具备污水处理设备远程诊断能力，满足得100分，不满足得0分	当污水处理设备发生故障时，维修方能够通过相关技术对设备进行远程诊断
4-2-3	污水处理效率情况	分项分数 = 20% × (全年处理的污水量/全年污水产生量) × 100	数据取年度数据
4-2-4	清洁能源建设情况	分项分数 = 20% × b； b：服务区建设光伏能源系统，满足得100分，不满足得0分	服务区利用自身条件建设光伏能源系统，应用并推广清洁能源
4-2-5	可再生能源及节能设备	分项分数 = 20% × b； b：服务区应用并推广相关的可再生能源及节能设备，满足得100分，不满足得0分	服务区应用并推广可再生能源及节能设备

3. 智慧物流（表5-19）

智慧物流评价指标计算表　　　　　　　　　　　　　　　　表5-19

指标编号	指标名称	计算方法	数据描述
4-3-1	智慧物流	分项分数 = 100% × b； b：建设智慧物流系统得100分，无智慧物流系统得0分	建立智慧物流信息化运作及保障机制

4. 共同富裕（表5-20）

共同富裕评价指标计算表　　　　　　　　　　　　　　　　表5-20

指标编号	指标名称	计算方法	数据描述
4-4-1	共同富裕	分项分数 = 100% × b； b：搭建App或小程序等线上平台，与地方旅游平台、地方特产平台互联互通，得100分；无智慧物流系统得0分	建立线上平台运维机制及保障机制

5. 开放共享(表5-21)

开放共享评价指标计算表　　　　　　　　　　　　表5-21

指标编号	指标名称	计算方法	数据描述
4-5-1	线上点单	分项分数 = 50% × b； b：与地方道路互通，将地方品牌引入服务区及线上商城，通过App、小程序等方式实现线上下单，得100分；无系统得0分	平台实现线上预点单、线上配送等服务，并配合建立线上平台运维机制及保障机制
4-5-2	人车流识别	分项分数 = 50% × b； b：通过智慧化设备识别地方进入服务区的人车流数据，平台进行人流与车流数据分析，得100分；无系统得0分	建立人车流识别系统运维机制及保障机制，实现实时掌握地方进入服务区的人流、车流数据

6. 产业协同(表5-22)

产业协同评价指标计算表　　　　　　　　　　　　表5-22

指标编号	指标名称	计算方法	数据描述
4-6-1	产业互联	分项分数 = 100% × b； b：与市场化互联网平台合作，实现线上平台互通，扩大服务区线上产业链，实现消费人群精准引流，得100分；无系统得0分	建立线上平台运维机制及保障机制，利用互联网平台为服务区引流

五、应急保障

1. 安全生产(表5-23)

安全生产评价指标计算表　　　　　　　　　　　　表5-23

指标编号	指标名称	计算方法	数据描述
5-1-1	危险品车辆服务区内实时定位能力	分项分数 = 10% × b； b：能对服务区内危险品车辆进行实时定位，满足得100分，不满足得0分	定位要求管理方能通过终端平台实时了解车辆在当前服务区的具体位置
5-1-2	危险品车辆货物在线溯源功能	分项分数 = 20% × b； b：能对危险品车辆运输的危险品进行在线溯源，满足得100分，不满足得0分	危险品车辆货物在线溯源指服务区能通过接入第三方危险品监管机构数据实时查看进入服务区的危险品车辆货物种类和数量
5-1-3	危险品车辆异常实时自动报警能力	分项分数 = 10% × b； b：危险品车辆出现异常情况时，能自动报警，满足得100分，不满足得0分	异常情况指危险品发生泄漏、挥发、爆炸、裸露等情况；报警指向园区管理方报警

续上表

指标编号	指标名称	计算方法	数据描述
5-1-4	加油站异常情况监测	分项分数 = $20\% \times b$; b:加油站出现漏油、人员抽烟等异常行为及情况,能自动报警,满足得100分,不满足得0分	异常情况及行为是指漏油、打电话、抽烟等情况;报警指向园区管理方报警
5-1-5	包装食品风险管控	分项分数 = $10\% \times (1 - $临期食品漏报数量/包装食品总数量$) \times 100$	临期食品是指未来七天内过期的包装食品
5-1-6	原材料风险管控	分项分数 = $10\% \times b_n (n=1,2)$; b_1 = 具备原材料物联网信息可溯源,得100分; b_2 = 不具备原材料溯源信息网和风险管控方案,得0分	不同原材料的变质风险系数不一样,针对差异性进行管控
5-1-7	熟食风险管控	分项分数 = $10\% \times b_n (n=1,2)$; b_1 = 具有食品采样留存及安全检测,得100分; b_2 = 无食品采样留存且缺乏卫生监管,得0分	评分时对服务区厨房的食品进行抽查,调查是否存在食品变质的现象
5-1-8	商品抽查合格率	分项分数 = $10\% \times b$; b:无过期商品得100分,有过期商品0分	评分时对服务区商超的商品进行抽查,调查是否存在商品过期的现象

2. 智慧安防(表5-24)

智慧安防评价指标计算表　　　　　　　　　　表5-24

指标编号	指标名称	计算方法	数据描述
5-2-1	高清摄像机比例	分项分数 = $20\% \times ($服务区高清摄像机数量/服务区摄像机总数量$) \times 100$	数据取某一时间点的数据,如评价开始前的月末数据
5-2-2	监控摄像异常情况预警能力	分项分数 = $20\% \times (b_1 + b_2)$; b_1:当一个区域聚集人数超过一定人数即预警的能力,满足得50分,不满足得0分; b_2:当服务区内车道出现阻碍行车的障碍物即预警的能力,满足得50分,不满足得0分	异常情况预警均指在监控摄像范围之内,通过监控摄像设备获取图像信息进行预警
5-2-3	监控摄像异常情况预警准确率	分项分数 = $20\% \times ($预警次数/试验次数$) \times 100$	在监控摄像范围内进行异常情况多次试验,统计预警次数和试验次数
5-2-4	监控摄像提升服务区管理能力	分项分数 = $10\% \times ($年度服务区利用监控视频协助处理的安全事故数量/全年的安全事故数量$) \times 100$	数据取年度数据

续上表

指标编号	指标名称	计算方法	数据描述
5-2-5	烟雾报警装置联网率	分项分数 = 10% ×（烟雾报警装置联网数量/服务区烟雾报警装置总数量）×100	烟雾报警装置联网指装置能通过无线网络和终端设备进行网络连接；数据取某一时间点的数据，如评价开始前的月末数据
5-2-6	烟雾报警装置自动报警率	分项分数 = 10% ×（烟雾报警装置具备自动报警功能数量/服务区所有烟雾报警装置数量）×100	烟雾报警装置自动报警指装置在发生火情时能自动向消防部门报警
5-2-7	自动烟雾报警装置提升火情预警能力情况	分项分数 = 10% ×（全年通过烟雾装置自动报警发现火情危险次数/服务区全年烟雾报警次数）×100	数据取年度数据

3. 智慧应急（表5-25）

智慧应急评价指标计算表 表5-25

指标编号	指标名称	计算方法	数据描述
5-3-1	应急预案	分项分数 = 30% × b；b：服务区编制各项应急事件的应急预案得100分，无应急预案得0分	服务区针对各类应急事件编制的应急预案
5-3-2	应急演练	分项分数 = 30% × b；b：服务区定期开展各项应急演练得100分，没有开展应急演练得0分	服务区针对各类应急事件开展应急演练
5-3-3	服务区风险隐患日常巡查	分项分数 = 40% × b；b：服务区对灭火器、消防栓等设备实施日常风险隐患巡查得100分，没有实施服务区风险隐患日常巡查得0分	通过日常巡检、定期检查等方式，加强灭火器、消防栓等消防器材维护管理，排查服务区各类安全隐患

六、社会治理

1. 公共卫生（表5-26）

公共卫生评价指标计算表 表5-26

指标编号	指标名称	计算方法	数据描述
6-1-1	服务区日常消毒管理	分项分数 = 30% × b；b：采用多种方式对服务区各区域设施进行消毒得100分，不具备该项服务得0分	对服务区进行日常消毒管理
6-1-2	公共区域卫生实时监测能力	分项分数 = 40% × b；b：具备服务区公共区域卫生实时监测能力，满足得100分，不满足得0分	服务区通过智慧化设备实时监测服务区的卫生情况

续上表

指标编号	指标名称	计算方法	数据描述
6-1-3	公共区域卫生情况自动反馈能力	分项分数 = 30% × b； b：具备服务区公共区域卫生情况实时反馈能力，满足得100分，不满足得0分	公共区域卫生情况自动反馈指当服务区公共区域内地面积水、积雪或者泼洒物达到一定程度时自动报警反馈

2. 公共安全（表5-27）

公共安全评价指标计算表　　　　　　　表5-27

指标编号	指标名称	计算方法	数据描述
6-2-1	服务区无警情事件动态监测	分项分数 = 50% × b； b：视频监控与公安系统对接，实现服务区警情事件实时动态监控，确保警情事件处理及时性，满足得100分，不满足得0分	服务区监控系统与公安系统对接，保障服务区警情事件联动处理效率
6-2-2	服务区安全防范普及性	分项分数 = 50% × b； b：利用服务区信息发布屏、广播、警务栏等向驾乘人员宣传安全防范知识，满足得100分，不满足得0分	服务区安全防范意识的普及性

参 考 文 献

[1] 张帅.高速公路智慧服务区规划探索[J].中国交通信息化,2020(9):129-132.
[2] 杨林,牟春海,王少飞,等.高速公路智慧服务区基础理论探析[J].中国交通信息化,2019(11):123-126.
[3] 韦建华.基于云服务的智慧服务区平台设计与应用[J].中国交通信息化,2019(增刊1):29-32.
[4] 杨克.高速公路"智慧服务区"信息化综合管理平台研究与实践[J].人民交通,2018(4):60-61.
[5] 卢军.高速公路智慧服务区建设与发展思考[J].交通世界,2021(19):13-14.
[6] 周舒灵.浙江省高速公路服务区智慧化改造设计初探[J].智慧建筑与智慧城市,2020(6):81-83.
[7] 邓仁杰,王少飞,谯志.智慧高速公路服务区总体构思[J].公路,2017,62(11):140-145.
[8] 张家颖,李晓龙,王少飞,等.云南高速公路智慧服务区建设总体框架[J].公路,2020,65(1):141-146.
[9] 赵琪,郭森科,吴狄.智慧高速公路服务区管控平台实现[J].中国交通信息化,2021(7):124-126.
[10] 刘文辉.智慧服务区信息化管理系统研究及应用[J].交通节能与环保,2021,17(4):60-63.
[11] 李晔,王密,舒寒玉.出行即服务(MaaS)系统研究综述[J].综合运输,2018,40(9):56-65.
[12] 杨武,李军,刘雨薇.高速公路智慧服务区建设与发展思考[J].交通企业管理,2020,35(1):5-8.
[13] 郑玲玲.高速公路智慧服务区系统建设方案[J].中国交通信息化,2023(S1):80-84.

[14] 张进进,户磊,李永汉,等.高速公路智慧服务区建设方案研究[J].北方交通,2022(9):90-94.
[15] 易列斯.绿色公路评价指标体系与评价方法研究[D].重庆:重庆交通大学,2020.
[16] 王长华,张煜,陶杰,等.智慧高速应急能力评价体系研究[J].计算机与数字工程,2022,50(6):1217-1221.

● 中国工程院重大战略研究与咨询项目

课题报告 ❻

智慧公路安全应急保障研究

课题组主要研究人员

课题顾问

聂建国

课题组长

陆化普

课题组主要成员

吴洲豪　王　益　张永波　桂嘉伟　柏卓彤

冯海霞　刘若阳

课题主要执笔人

陆化普　吴洲豪　王　益　张永波　桂嘉伟

内容摘要

交通乃兴国之要、强国之基。在国民经济影响因素中,交通运输占据着极为重要的地位,具有基础性、先导性和战略性三大特点。为完成从交通大国到交通强国的转变,我国在基于现有国情,汲取国外基础建设、交通运输行业诸多优点之后,提出了智慧公路这一概念。智慧公路作为新一代信息技术与交通系统深度结合的划时代产物,正在改变着人类的出行方式。广义上,智慧公路是将信息化与智能化发展贯穿于交通规划、建设、运营、服务、监管等全链条各环节的现代化公路;技术层面上,智慧公路是将云计算、大数据、物联网、移动互联网、智能控制等技术与交通运输深度融合,为普通公路赋予"智慧",从而达到提高公路服务水平、减少环境污染、改进道路建设及运营安全、提升行车舒适性及安全性等目的。相比于发达国家,我国智慧交通建设起步时间较晚,虽发展势头迅猛,但缺少顶层设计,导致发展目标不清晰难深入、发展路径难统筹、发展体系难协调、法规标准缺失难推广。智慧公路发展过程中,安全应急保障是重点任务,是发展智慧公路的基础。因此,本课题从智慧公路安全应急保障方面详细展开研究,为我国智慧公路未来发展指明技术和应用方向。

首先,通过文献梳理、采用内容分析法,按"公路—智慧公路—安全应急保障—智慧公路安全应急保障"的脉络梳理相应的标准规范,并对其内涵进行编码归类,最终按照"采用技术,构建功能平台,实现目标"的思路尝试定义智慧公路安全应急保障,即"利用新一代信息与通信技术,构建具有精准感知、快速反应、协同联动功能的安全应急平台,提升道路安全水平,实现全天候通行、零死亡目标"。

其次,通过调研等方式梳理京德高速公路、延崇高速公路、五峰山高速公路在安全应急保障方面的实践做法,梳理传统公路安全应急系统的功能,以及目前发布的浙江、江苏智慧高速公路建设指南中关于安全应急保障的要求,进一步归类整理形成智慧公路安全应急系统功能清单。从采集、处理、发布、研判四个方面展开七项关键技术研究,并给出当下关键技术存在的问题以及关键技术清单。结合智慧公路的特点,分析安全应急管理体制机制和当前技术、系统、功能体制机制存在的问题。

再次,根据对国家和地方文件的内容解读,进一步明确智慧公路安全应急方面的总体目标,主要分为五个方面:①全天候通行;②主动安全提示;③文明驾驶监管;④快速反应;⑤零死亡。同时,结合2030年、2035年时间节点以及智慧公路普及程度,分别给出阶段性目标。并对未来进行需求分析、构建评价指标和形成"1＋M＋N"的系统框架,实现动态扩展安全应急保障的应用。研究技术和管理路径,确保智慧公路安全应急保障建设顺利实施。

最后,以智慧公路隧道场景为示范,进一步明确智慧公路实施过程中目标、架构、功能、体制机制等,为智慧公路在安全应急领域的实践提供可靠依据。

第一章 研究背景

第一节 公路发展背景

截至2022年底,我国公路网总里程达535万km,以高速公路为骨架、普通公路为主体的公路网基本形成,其中高速公路17.7万km。我国现有公路网总里程在全球排第四,第一是美国——685万km,第二是印度——637.26万km,第三是整个欧洲——630万km左右,但我国高速公路总里程排名第一。此外,我国公路的等级、养护水平、路面平整度与服务水平等排名前列。

我国智慧公路在信息化建设方面,建设了公路网运行监测体系、电子不停车收费(ETC)全国联网系统等;形成了高速公路网运行监测体系,实现每千米1个视频监测、每10~15km交通流量监测;特大桥梁和长大隧道都建立了健康监测系统;部分危险滑坡地段也建立了北斗卫星导航定位的监测系统;形成全国公路基础设施数据库和地理信息系统。

截至2022年底,全国ETC专用车道3.08万条,联网里程14.26万km,非现金交易占比约65%,客车约72%,基本每隔10~15km会有一个门架系统,形成了全球最大的一张ETC运营网络。截至2022年底,全国ETC用户数量约为2.54亿。

尽管我国已经成为交通大国,但公路事故及事故严重程度、异常状态应对能力和网络韧性等问题依然突出,区域性拥堵、恶劣天气等异常气候时有发生,各种不确定性明显增加。智慧公路发展过程中,安全应急保障是重点任务,是发展智慧公路的基础和前提条件。

整个公路基础设施系统面临多种压力:经济社会发展对公路的需求爆发式增长;公众安全、高品质机动化出行服务体验;全球变暖,极端恶劣气象频发导致的节能减碳要求等。

加之内部自身的一系列挑战，亟须建立一个更加便捷化、绿色化、智慧化的新一代智能交通系统，推动整个公路运营水平的提高、系统韧性和安全性的增强，并支撑实现智慧社会的智能公路系统建设。

第二节 政策支撑

一、国家层面

2019年9月，中共中央、国务院印发《交通强国建设纲要》，明确指出，到2035年，智能、平安、绿色、共享交通发展水平明显提高，阐述了大力发展智慧交通，推动大数据、互联网、人工智能、区块链、超级计算等新技术与交通行业深度融合。推进数据资源赋能交通发展，加速交通基础设施网、运输服务网、能源网与信息网络融合发展，构建泛在先进的交通信息基础设施。构建综合交通大数据中心体系，深化交通公共服务和电子政务发展。推进北斗卫星导航系统应用。

2020年8月，交通运输部印发《关于推动交通运输领域新型基础设施建设的指导意见》，明确首要任务是打造融合高效的智慧交通基础设施，其中关键是智慧公路，推动先进信息技术应用，逐步提升公路基础设施规划、设计、建造、养护、运行管理等全要素、全周期数字化水平。深化高速公路电子不停车收费系统（ETC）门架应用，推进车路协同等设施建设，丰富车路协同应用场景。推动公路感知网络与基础设施同步规划、同步建设，在重点路段实现全天候、多要素的状态感知。应用智能视频分析等技术，建设监测、调度、管控、应急、服务一体的智慧路网云控平台。依托重要运输通道，推进智慧公路示范区建设。鼓励应用公路智能养护设施设备，提升在役交通基础设施检查、检测、监测、评估、风险预警以及养护决策、作业的快速化、自动化、智能化水平，提升重点基础设施自然灾害风险防控能力。建设智慧服务区，促进融智能停车、能源补给、救援维护于一体的现代综合服务设施建设。推动农村公路建设、管理、养护、运行一体的综合性管理服务平台建设。

2022年2月，交通运输部印发《公路"十四五"发展规划》，明确提出建设智慧公路。推动建筑信息模型、路网感知网络与公路基础设施同步规划建设，加快公路基础设施数字化改造，推进公路基础设施全要素、全周期数字化转型发展，加强重点基础设施关键信息的主动安全预警。加快推进公路网大数据建设应用，应用智能视频分析等技术，建设监测、调度、管控、应急、服务一体的智慧路网云控平台，积极探索"ETC+北斗"开放式自由流收费、车路协同、自动驾驶等新技术的智慧应用试点。建设智慧高速公路服务区。

二、地方层面

2021年6月,山东省交通运输厅印发《智慧高速公路建设指南(试行)》,指出智慧高速公路是基于业务需求,以数据为核心,充分利用现代技术,提升多源感知、融合分析以及决策支持能力,促进人车路环境的深度融合,实现建设、管理、养护、运营、服务全过程数字化和智能化的高速公路。山东省遵循"统筹布局、因路制宜、先进适用、分步实施"的建设原则,按照新建高速公路、改扩建高速公路和运营高速公路项目的建设分类,开展智慧高速公路建设。

2021年9月,江苏省交通运输厅印发《江苏省"十四五"智慧交通发展规划》,明确指出加快智慧公路建设,推进智慧公路联网成片。围绕全要素智能感知、全业务智能管理、全方位智能服务、车路协同自动驾驶等目标,打造京沪智慧高速公路、沪宁智慧高速公路、苏台智慧高速公路、常泰未来智慧大桥、126省道全生命周期智慧公路等一批示范工程。从公路设计、建造、养护、运行管理全生命周期出发,通过运用5G、北斗卫星导航、BIM、物联网、人工智能、云计算等新一代信息技术,实现对各类干扰因素的全天候智能感知和实时预警,实现大流量、复杂环境下的精细管理、科学养护和品质服务,为管理者和公众提供面向服务、安全、效率的新一代公路交通系统。

智慧公路是交通强国建设的重要优先发展领域,当前全国各地智慧公路建设情绪高涨,但存在发展目标不清晰、发展路径难统筹、发展体系难协调、法规标准难推广等问题。迫切需要加强顶层设计、系统规划,以目标导向和以问题导向相结合,指导我国智慧公路健康有序发展。

第三节 安全应急是智慧公路发展的重要任务

《交通强国建设纲要》强调"安全保障完善可靠、反应快速"是重要任务,并强调要强化交通应急救援能力。建立健全综合交通应急管理体制机制、法规制度和预案体系,加强应急救援专业装备、设施、队伍建设,积极参与国际应急救援合作。强化应急救援社会协同能力,完善征用补偿机制。《公路"十四五"发展规划》指出要加快公路基础设施数字化改造,推进公路基础设施全要素、全周期数字化转型发展,加强重点基础设施关键信息的主动安全预警。

《江苏省"十四五"智慧交通发展规划》强调强化数字化安全应急保障能力,推动基于大数据的综合交通运输安全生产全流程监管,强化危险货物、重点车辆和从业人员安全监管,建立统一的交通运输应急指挥和联合值守机制。山东省《智慧高速公路建设指南(试行)》明确了智慧高速公路总体架构包含智慧建养体系、智慧运营体系和支撑体系三大板块,其中智慧运营体系中全天候通行保障、应急保障是重要内容。

综上,无论从国家政策还是地方政策,智慧公路发展都受到各级政府支持,也是当下交通发展工作中的重要一环。智慧公路发展过程中,安全应急保障是重点任务,是发展智慧公路的基础。因此,本课题从智慧公路安全应急保障方面进行详细研究,为我国智慧公路未来发展指明方向。

第二章
智慧公路安全应急保障的内涵

为了适应从交通大国迈向交通强国的转型需求,我国在深入洞察国内实际情况的同时,积极借鉴国外基础设施建设和交通运输领域的优秀经验,创新性地提出了智慧公路的理念。智慧公路,作为尖端信息技术与交通系统紧密融合的时代标杆,正在引领人类出行方式的全新变革。目前,智慧公路的定义和内涵尚未统一,在安全应急保障方面更难以界定,本章采用内容分析法,通过梳理借鉴相关行业领域定义,对智慧公路及其背景下的安全应急保障内涵进行阐释。

第一节 资料收集与方法

一、资料来源

通过查阅政府与权威机构网站、期刊论文、专著等全面系统收集公路、智慧公路、安全应急相关定义。中英文期刊论文数据库分别选用中国知网(China National Knowledge Infrastructure,CNKI)和 ISI Web of Science,专著选用超星数字图书馆、读秀学术搜索和 Springer Link Book 等。根据国家标准《术语工作 词汇 第 1 部分:理论与应用》(GB/T 15237.1—2000)和逻辑学中的定义原则,去掉重复及不符合定义原则的定义。

二、内容分析法

内容分析被定义为一种通过系统的编码分类过程和识别主题或模式来对文本数据内容进行主观解释的研究方法,通过客观、系统地识别文本中的特定特征来进行推论的技术。内容分析法在社会学中被广泛应用于概念研究。内容分析法包括定量研究和定性研究策略。定量研究以频率的形式给出结果,通常回答问题有多少。定性研究以类别的形式呈现数据,支持对文本的解释。本研究采用内容分析法对智慧公路安全应急的内涵进行解析和挖掘,明确定义中蕴含的经典内涵的数量,同时确定经典内涵的频次及其在所有定义中的分布。为保证课题组对智慧公路安全应急经典内涵的最终解析结果具有较好的可信度,课题组采用重测信度的思路来检验定义解析的信度。

第二节 公路定义与内涵

一、公路的定义

无论是文献还是网络,公路的定义均来自《中华人民共和国公路管理条例》和《公路工程名词术语》(JTJ 002—87),分别是"公路是指按照国家规定的公路工程技术标准修建,并经公路主管部门验收认定的城内、城乡间、乡间能供车辆行驶的公共道路""联结城市、乡村与工矿基地等,主要供汽车行驶、具备一定技术条件与设施的道路"。

二、公路的内涵

主要内涵可以总结为三类:

第一,具备一定技术标准或条件。

第二,联结城内、城乡、乡间。

第三,供车辆行驶的道路。

公路,包括公路桥梁、公路隧道和公路渡口。

三、公路按其在公路路网中的地位分类

公路按其在公路路网中的地位分为国道、省道、县道、乡道和村道。

第一,国道,是指具有全国性政治、经济意义的主要干线公路,包括重要的国际公路,国防公路,联结首都与各省省会、自治区首府和直辖市的公路,联结各大经济中心、港站枢纽、商品生产基地和战略要地的公路。

第二,省道,是指具有全省(自治区、直辖市)政治、经济意义,联结省内中心城市和主要经济区的公路以及不属于国道的省际的重要公路。

第三,县道,是指具有全县(旗、县级市)政治、经济意义,联结县城和县内主要乡(镇)、主要商品生产和集散地的公路,以及不属于国道、省道的县际间的公路。

第四,乡道,是指主要为乡(镇)内部经济、文化、行政服务的公路,以及不属于县道以上公路的乡与乡之间及乡与外部联络的公路。

第五,村道,是指直接为农民群众生产、生活服务,不属于乡道及以上公路的建制村与建制村之间和建制村与外部联络的主要公路,包括建制村之间的主要连接线,建制村与乡道及以上公路的主要连接线,建制村所辖区域内已建成通车并达到四级及以上技术标准的公路。

四、公路按技术等级分类

公路按技术等级分为高速公路、一级公路、二级公路、三级公路和四级公路。

(1)高速公路,是指专供汽车分向、分车道行驶,并应全部控制出入的多车道公路。四车道高速公路应能适应将各种汽车折合成小客车的年平均日交通量25000～55000辆,六车道高速公路应能适应将各种汽车折合成小客车的年平均日交通量45000～80000辆,八车道高速公路应能适应将各种汽车折合成小客车的年平均日交通量60000～100000辆。

(2)一级公路,是指供汽车分向、分车道行驶,并可根据需要控制出入的多车道公路。四车道一级公路应能适应将各种汽车折合成小客车的年平均日交通量15000～30000辆,六车道一级公路应能适应将各种汽车折合成小客车的年平均日交通量25000～55000辆。

(3)二级公路,是指供汽车行驶的双车道公路。双车道二级公路应能适应将各种汽车折合成小客车的年平均日交通量5000～15000辆。

(4)三级公路,是指主要供汽车行驶的双车道公路。双车道三级公路应能适应将各种车辆折合成小客车的年平均日交通量2000～6000辆。

(5)四级公路,是指主要供汽车行驶的双车道或单车道公路。双车道四级公路应能适应将各种车辆折合成小客车的年平均日交通量2000辆以下,单车道四级公路应能适应将各种车辆折合成小客车的年平均日交通量400辆以下。

第三节　智慧公路定义与内涵

一、智慧公路的定义

对于智慧公路的概念,目前行业尚未达成统一的认识,一般认为智慧公路是利用新一代信息与通信技术,实现人(交通参与者)、车(交通工具)、路(交通设施)的信息交互,实时调整交通需求,提升交通服务能力,实现公路运营的安全、便捷、畅通、绿色等目标。有学者认为,智慧公路就是利用"人的智慧思维+先进的技术手段+协同的运行机制+创新的模式"对公路管理与服务进行提升。智慧公路与传统公路的区别在于其对道路自身状态信息的获取是实时的,其内部各元素之间的信息是共享的,其管理与决策支持系统一定程度上实现了智能化,其目标是让道路更加安全、高效、节能、环保和可持续发展。智慧公路是为充分发挥公路的功能属性,集成应用先进的感知技术、传输技术、信息处理技术、控制技术等,形成开放共用的基础平台;它以安全、快速、畅通、绿色、智能为目标,结合多样、开放的运营管理与服务模式,为人和货物的快速运输提供可靠的网络化通行服务,为车车、车路交互提供自由的通信管道服务,为应急事件提供全时可响应的应急服务,为出行者提供精细化、自主化的出行服务。从智慧公路的目标出发进行定义,并将新技术作为实现智慧公路的重要手段,但定义未能考虑智慧公路与主体工程之间的关系。

二、智慧公路的内涵

主体工程和智能信息系统、运行管理制度和政策一起成为"智慧公路",构建的系统成为"智慧公路系统",目标是安全、快速、畅通、绿色、智能。其本质是交通行业依托主体工程构建的、为解决目前系统短板和提升现有系统功能的、具有一定预测功能的交通信息系统,其重点在于提供服务。智慧公路有三个主要特征:强调对现有先进技术的集成应用;以实现更加安全、快速、绿色的人员出行和货物运输为根本目标;对正在发生的道路交通颠覆性变革具有先导和引领作用。智慧公路技术内涵体现在如何建设"三网合一"智能基础设施和云边端协调的云控平台。也有学者提出了广义智慧公路的概念,即智慧公路是将信息化与智能化发展贯穿于交通规划、建设、运营、服务、监管等全链条各个环节的现代化公路;技术层面上,智慧公路是将云计算、大数据、物联网、移动互联网、智能控制等技术与交通运输深度融合,为普通公路赋予"智慧",从而达到提高公路服务水平、减少环境污染、改进道路建设及运营安全、提升行车舒适性及安全性等目的。

虽然业内对智慧公路的内涵还未达成共识,但有以下几方面的基本认同:

第一,智慧公路不能脱离公路而存在,对智慧公路的理解应回归公路功能属性,在此基础上应用新一代信息技术使得公路的功能更加丰富、强大。

第二,智慧公路应以问题和目标为导向,着眼解决痛点和难点问题。

第三,智慧公路是系统概念,应将"安全、快速、畅通、绿色、智能"五大理念贯穿于规划、建设、运营、服务等全链条环节。

第四,智慧公路是一个动态概念,随着时间推移,其内涵和外延都将不断深化和拓展。

但就定义而言,本研究通过网络、文献、期刊、报告等材料梳理智慧公路定义12项,对其进行解析,共获得内涵38条。运用共词聚类分析进行逐步聚类,最后聚类得到3类,见表6-1。

部分经典内涵与分类表　　　　　　　　　　表6-1

内涵分类	利用新技术	具备功能	实现目的
经典内涵1	移动通信和互联网、云计算、大数据、人工智能	预测能力、快速反应能力	促进路网科学管理、高效运行和优质服务
经典内涵2	云、大数据、物联网、人工智能、互联网+、北斗卫星导航等信息技术	协同管控与创新服务	实现安全、畅通、绿色、智能、人本等目标
经典内涵3	信息技术、传感器技术、网络技术、自动控制技术、计算机处理技术、人工智能等综合到一起	全面精准实时的智慧感知、协同共享精细高效的智慧管理、跨界融合及时准确的智慧服务、准确无感快速便捷的智能收费	实现通行能力最大化、安全事故最低化、信息服务精准化、运营管理精细化
经典内涵4	5G、物联网、高精度导航定位技术	智能化的传感、通信、人工智能研判	提高公路服务水平、减少环境污染、改进道路建设及运营安全、提升行车舒适性及安全性

根据已有定义的内涵解读与分类分析，本研究尝试对智慧公路做如下定义：

智慧公路是指以安全、高效、绿色、经济、韧性为目标，融合应用大数据、云计算、物联网、人工智能等新一代信息技术和智能装备、新材料、新能源等，具有全域感知、泛在互联、融合计算、自主决策、智能协同、服务触达等能力，实现公路建设、运营、养护、服务全寿命周期智慧化的新一代公路系统。

第四节　安全应急保障内涵

安全应急保障研究最早起源于20世纪80年代的美国。与西方国家相比，我国起步较晚，以2003年为分水岭。2003年以前，我国一些学者涉足应急管理研究，但主要是以研究"9·11"事件和国家安全为主，2003年"非典"事件爆发后，国内开始重视安全应急保障相关研究。

我国政府吸取了"非典"事件的经验教训，在安全应急保障方面围绕应急管理预案、应急管理体制和机制、应急管理法制建设（简称"一案三制"）的研究取得较大成果。在应急预案方面，有学者认为，要重视预警预测工作，要不断更新和完善应急预案，加强应急演练，要在预案中明确各部门的职责；也有学者认为，要完善预警机制，合理配置专业处置人员和装备，要加大力度培训应急管理人员，形成较好的应急管理结构。在应急管理体制方面，有学者认为应该从事件预警、事件准备、应急处置、灾后恢复等几个方面来建立和完善应急管理体制；也有学者提出，要借鉴国外先进管理经验，重新确认公路交通的管辖权，理顺隶属关系。在应急管理机制方面，有学者提出，为了调动社会力量参与公路交通突发事件应急救援的积极性，应建立对救援力量的补偿机制。在应急管理法制建设方面，有学者认为，应该以《中华人民共和国突发事件应对法》为标准,相关部门要制定公路交通方面的应急管理法律法规,明确相关部门责任和义务,使得公路应急管理法律化。

根据我国2007年11月1日起施行的《中华人民共和国突发事件应对法》的规定:突发事件,是指突然发生,造成或者可能造成严重社会危害,需要采取应急处置措施予以应对的自然灾害、事故灾难、公共卫生事件和社会安全事件。公路突发事件是指在公路上突然发生的,造成公路本身及附属设施损坏,引起公路中断或长时间堵塞,出现重大人员伤亡、财产损失、生态环境破坏和危及公路运行安全的紧急事件。

依据《中华人民共和国突发事件应对法》《国家突发公共事件总体应急预案》以及《公路交通突发事件应急预案》的有关规定,公路突发事件的种类可划分为自然灾害事件、公路交通运输生产事故灾害事件、公共卫生事件和社会安全事件四个基本类别:

第一,自然灾害事件,主要包括:旱灾、洪涝等气象灾害,地震等地质灾害。

第二,公路交通运输生产事故灾害事件,主要包括道路交通事故、由道路施工(检修)引起的事故。

第三,公共卫生事件,主要包括鼠疫、霍乱等传染病以及非洲猪瘟、狂犬病等动物疫情。

第四,社会安全事件,主要包括刑事治安案件、群体性事件等。

公路突发事件多种多样,其不可预见性、复杂性、动态变化等特征,给安全应急管理工作提出了新的要求,但公路安全应急管理的内涵始终不变:尽最大力量减少突发事件的发生,或者在突发事件发生的情况下尽力确保人民群众的生命财产安全不受损害,在最短时间内恢复通行。因此,公路应急管理要尽可能做到事前着重预防(制定预案、强化队伍和设备、提高公民应急管理意识)、事中强化处置(快速处理安全事件、各部门密切配合救援)、事后总结提升(查找不足、总结经验、提升方案),确保突发事件应对成效。

第五节 智慧公路安全应急保障内涵

传统公路安全应急保障是通过技术和人力手段最大程度减少突发事件发生,或者在发生情况下将生命财产降到最低。智慧公路安全应急保障是在智慧公路背景下,通过新一代技术在安全应急保障各个环节给予支撑,具体如下。

1. 预防

预防为主,防治结合,重点在预防。预防工作做得好,就能有效将公路突发事件消灭在萌芽时期,就能降低突发事件发生的概率及人民群众生命财产的损失。智慧公路在预防阶段主要运用强大的设施感知能力,以及基础设施数字化,通过人工智能预测潜在危险。

2. 反应

反应是处理公路突发事件的重要环节,得到事件发生的消息后,立即做出反应:一是要勘查现场情况,启动最佳救援预案;二是要查清原因,准确上报,在掌握事件整体情况基础上,快速处置,及时恢复道路畅通。掌握事件整体情况就是要确保信息的准确性,这与信息搜集和确认是紧密相连的。快速处置要求应急管理系统信息传递的高效畅通,减少信息传递层和决策层,实现指令点对点传递。智慧公路各个模块是基于"一张网",极大减少了数据流之间的传输,同时也采用北斗卫星导航与5G技术,能够精准定位事件发生的位置,实现快速反应。

3. 处置

这里的处置指的是系统化的救援,减少人员和财产损失,快速恢复通行。这一功能要注意两点:一是处置的专业化程度,这与指挥情况、人员培训情况、救援设备配备情况、现场情况掌握程度等都有密切联系;二是要根据现场情况及时调整处置方案,确保最优方案。智慧公路采用云计算的方式,实现多系统和多部门业务统一整合,减少部门之间的协调调度时间。

4. 反馈

反馈是能力提升的前提。通过反馈总结,能够发现应急预案的漏洞,还可以发现应急预案实施过程中存在的不足,检验各部门的配合程度,提高协调性。通过反馈提升,可以为下一次更加快速成功处置突发事件奠定坚实基础。智慧公路将整个环节数字化,可以在处置后通过人工智能等技术实现处置复盘。

本课题尝试将智慧公路安全应急定义为:

以零死亡、全天候、经济高效为目标,融合应用新一代信息技术、智能装备技术等,具有精准感知、快速反应、主动管控、协同联动能力,实现公路事故预防、反应、处置、恢复、反馈全过程智慧化的新一代公路安全应急保障系统。

第三章
智慧公路安全应急保障发展现状

第一节 实践

截至 2022 年底,我国已有 20 个省(自治区、直辖市)、40 余条线路开展基于车路协同智慧高速公路建设的工作,我国智慧公路发展经历了原型研究、技术验证、试点示范等阶段,正处于由试点示范向全面布局的战略关口。

一、京德高速公路数字孪生辅助决策

京德(北京—德州)高速公路作为雄安新区对外骨干路网,承担新区交通快速集散、转换功能;同时,也是北京大兴国际机场对外联系的主要集疏运通道,是国家高速公路网京台、大广高速公路的加密线路,服务群体中客车占比达 70%。

基于对京德高速公路智能化、便捷化、安全运营的要求,开发了高速公路交通流时空特性数字孪生系统(简称"数字孪生系统"),实现了实体与虚拟世界的一一映射。

(一)数字孪生系统特点

1. 精准映射

数字孪生系统可通过点云扫描、航拍等手段实现对高速公路路面、桥梁、隧道、机电设施、周边环境、车辆等进行全面数字化建模,以及通过高速公路中分布的传感器数据进行充分感知、动态监测,形成虚拟道路在信息维度上对实体道路的精准信息表达和映射。现如今,设置在高速公路中的传感器极其丰富,已经具备感知条件。

2. 虚实交互

数字孪生系统通过操作虚拟设备与物理世界的真实设备进行交互,而物理世界的状态变化又反馈给虚拟世界。

3. 软件定义

数字孪生针对物理道路建立相对应的虚拟模型,并以软件的方式模拟人、事、物(包含道路车辆)在真实环境下的行为,通过云端和边缘计算,软性指引和操控道路的信号控制、保养周期管理、机电设施维修等。

4. 智能干预

通过在数字孪生道路上进行决策验证、模拟仿真等,将道路事件可能产生的不良影响、矛盾冲突、潜在危险进行智能预警,并提供合理可行的对策建议,以未来视角智能干预道路原有发展轨迹和运行。

(二)实施案例

通过大数据、云计算、物联网、人工智能、交通优化算法等先进技术,提供"感知、分析、决策、控制、服务"全链路支持。

1. 目标

(1)高速公路智能化统一监管

通过各类数字化的基础设施结合实时交通量数据、交通状况、周边环境和气象等各类传感器数据,建设数字孪生系统,打造平行虚拟世界的高速公路,对整条高速公路的运行状况进行可视化、智能化的统一监管。

(2)同步可视化实现数据驱动决策

通过数字孪生系统实时采集数据,以仿真界面同步高速公路交通运行情况,掌握整条高速公路运行态势,通过数据驱动平行世界来验证决策,评估平行世界的仿真结果,为决策提供科学支撑。

(3)历史追溯和复盘研究

当交通事件发生之后,可以运用数字孪生系统复原交通事件发生的全过程,探究当时的步骤应对是否具有改善空间,提升应急管理水平。历史追溯和复盘研究是数字孪生技术的一个特殊能力。

2. 技术路线

京德高速公路数字孪生系统采用 Unity 3D 加载、运行三维模型。通过三维建模对京德高速公路主体、基础设施、运行车辆、交通安全设施、机电设施、各类天气状态等进行三维模型设计,为场景呈现提供基础支撑;通过三维引擎建设虚拟平行高速公路的运行场景,对京德高速公路主体及其周边环境的整体进行映射式呈现,对现实中道路上行驶的车辆颜色、车牌、型号,环境中的植被、昼、夜、水、冰、雾、雪、风向、风速、光照,事件中的火、烟雾、碰撞,季节切换等进行实时动态呈现。

3. 主要功能

(1)整体环境仿真

实景仿真系统整体环境以京德高速公路主体作为整体背景展示,能够对现实中的水、冰、雾、光照、灯光照明、阴影、路面、火、沙尘、植被、湿滑等进行高效模拟仿真,综合展示天气、气象、环境音效等整体情况。同时,综合模拟出与实际情况相同的四季、风雨雪雾天气情况、路面结冰、路面积雪等效果。

(2)整体路况和车辆实时监控呈现

路况和车辆实时监控呈现整个京德高速公路的交通情况,和实际交通情况保持一致。对高速公路上的车辆、运行状态进行完全的模拟再现,对高速公路周边环境、基础设施、交通事件等进行综合展示。

按照业务功能分类,呈现内容可分为整体交通情况监控、车辆运行监控、重点和特种车辆监控等几部分。

①整体交通情况监控。

该模块主要实现整体的交通情况展示功能,系统利用数据库内存储的各类模型,结合采集设备提供的实时数据,调取本地存储的车辆、环境、气象等模型进行综合展示,通过第三人称、宏观视角等方式对高速公路整体或主要路段的畅通、拥堵、事故、封路、维护等情况进行平行虚拟世界的再现。

②车辆运行监控。

以三维形式为监管人员提供车辆的运行轨迹、运行状态和特征信息,实现对真实环境中车辆的全程监控,包括车辆基本信息查看、车辆运行轨迹监控和车辆实时驾驶模拟等功能,同时能够与视频监控系统对接,实时查看相应路段视频对车辆进行监控。

③重点和特种车辆监控。

系统能够对"两客一危"、12t以上重点货运车辆等重点和特种车辆进行实时跟踪定位,并在系统内进行实景再现。

(3)预警展示

预警展示主要针对道路路况和车辆违章预警。道路路况相关预警包括天气气象类预警、事件类预警,车辆违章预警包括车辆超速预警、长时间占用应急车道预警、车辆压线预警等。

(4) 历史回放

设立可变时间轴,可通过选择时间段、拖动时间轴的方式对京德高速公路进行历史回放,真实再现某一时间段内京德高速公路发生的事件,如图 6-1 所示。

图 6-1 数字孪生系统界面图

二、延崇高速公路河北段北京冬奥会安全保障

(一) 路段特点

1. 海拔落差大、隧道桥梁多

起终点地面高差达到 1210m,全线桥隧占比达到 56%,金家庄隧道位于螺旋展线上,迂回 360°后路线高程提升 112m,是目前世界上建成并投入运营的最长螺旋隧道。

2. 气候环境恶劣,易受雨雪和冰雾影响

崇礼太子城段极限低温为 -32℃,冬季平均最低气温 -28.3℃,平均日最大温差 19.1℃,年最大温差将近 70℃,易受雨雾和冰雪影响,对行车安全极为不利。

3. 地势起伏大,存在长下坡路段,运营安全要求高

路线存在约 30km 的连续下坡路段,3 处连续下坡路段纵坡超过 3%,韩庄至棋盘梁螺旋展线段纵坡达到 2%~2.6%。桥梁全长近 20km,隧道单洞长 49.495km。

4. 调频广播、无线通信、卫星定位条件差

沿线调频广播信号覆盖不完整,部分路段无法接收到正常调频广播信号;移动无线通信信号以 3G 信号为主,通信质量较差;卫星定位信号较差。

5. 服务北京冬奥会，智能交通要求高

作为北京 2022 年冬奥会赛场间的转场通道，转场时间要求不超过 1h，向全世界展示我国高速公路的服务和智能化建设水平，提供全方位智能化服务。

(二) 需求特点

1. 公众

目前，高速公路安全与运行效率的态势依然十分严峻。高速公路事故突发及事故严重性等问题突出，区域性拥堵、恶劣气象等阻断事件频发，突发事件影响的时空范围呈网络化扩散态势。高速和安全是高速公路的两大特点，二者彼此关联又相互制约。对公众而言，道路的畅通度、安全度，信息发布的及时性、准确性以及服务区的便利性、舒适性都是他们比较关心的问题。

2. 冬奥会

延崇高速公路河北段作为北京冬奥会陆路交通保障项目，需要对道路的路面情况、车辆情况、人员情况、设备情况等进行综合监控、预警，确保专用通道安全、畅通；对冬奥转场车辆要全程定位、全程跟踪和全程可视化，确保转场车辆安全；对冬奥保障物资进行跟踪和追溯，保证冬奥物资及时到位；对冬奥安保工作，要与河北省及张家口市交通综合运行协调与应急指挥中心(TOCC)对接，做到应急信息共享、通道共享，满足奥运需求，可向奥运安保部门提供全线的道路视频、应急事件和救援物资、救援力量等；对冬奥赛事信息，要支持中英文及时发布，确保路段可变信息标志、服务区内的可变信息发布屏、液晶显示屏能够实时提供奥运赛场的相关信息。

3. 行业管理单位

行业管理单位需要准确掌握交通运输宏观信息，进行交通行业运行监测与预警、综合交通专题监测与预警、综合交通运行协调与指挥、综合交通方案决策、综合交通公众信息服务、交通信息资源管理、数据交换共享服务、行业信息化基础条件集成、行业信息资源整合共享等。

4. 路段运营管理单位

路段运营管理单位肩负着全线路产路权维护、设备维护、交通运行状态及时获取、阻断信息报送等责任，需要通过智慧公路建设，以信息化、智能化的手段辅助其开展日常、应急条件下的各项工作；需要依托全路的实际交通情况辅助管理者决策；需要提供全路范围

的信息服务,包括实时路况信息、环境信息、交通管控信息、施工信息、重大交通事件、车道速度建议等。

(三)总体架构(图6-2)

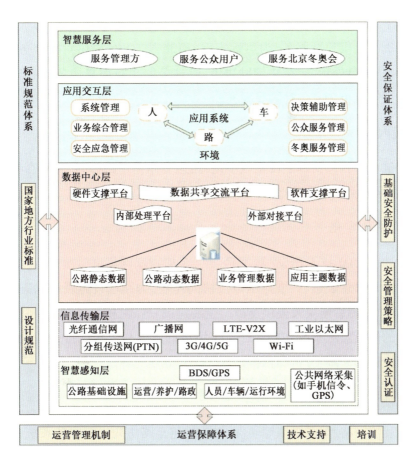

图6-2　延崇高速公路河北段北京冬奥会安全保障总体架构图

1. 智慧感知层

采集各类数据并上传数据中心,包括公路基础设施固有静态数据、外场各类检测设施的动态数据、养护和路政部门的数据、社会其他行业共享的实时及预测数据等。

2. 信息传输层

负责信息传输,包括光纤传输网络、无线传输网络以及将信息传递给用户的前端系统。沿线建设20GE带宽的分组传送网(PTN),实现5G信号的全线覆盖(含隧道)。

3. 数据中心层

实现公路静态数据、公路动态数据、业务管理数据、应用主题数据、异构多元数据的汇集、清洗、整合、存储、分析、计算和利用,以及数据中心的软件支撑平台、硬件支撑平台、数据共享交流平台、内部处理平台和外部对接平台。

4. 应用服务层

通过数据中心的应用系统实现人、车、路、环境的信息交互和应用场景实现,为管理者、出行者、冬奥会提供智慧服务,为奥运安保、河北省 TOCC 提供对接服务,包括高速公路综合业务管理、应急处置、智能化辅助决策、高速公路出行信息服务、冬奥会安保服务、其他需求对接以及省市 TOCC 对接等服务。

(四)建设内容

智慧公路试点项目包括基础设施数字化、路运一体化车路协同、北斗高精度定位综合应用、基于大数据的路网综合管理和"互联网+"路网综合服务系统。

1. 基础设施数字化

基于 3D GIS + BIM 技术建设"数字延崇",叠加物联网集群监测信息,实现基础设施全寿命周期的充分信息表达、三维显示以及协同作业,为路段设施资产动态管理、安全状态自动监测、养护管理智能决策提供支撑。全线建设三座大桥、三座特大桥和三座特长隧道典型构造物的健康监测系统,以点带线,运用集群监测与大数据推理技术,实现全线特殊构造物健康状况的监测、分析和预警。

2. 路运一体化车路协同

基于路侧智能基站、车载终端等硬件设施,构建车路协同出行服务系统和智能交通管控系统,形成管控与信息一体化的新一代智能交通解决方案。在韩庄枢纽互通至太子城互通区间建设蜂窝车联网(C-V2X)车路协同系统示范路段,构建安全、高效、可预测的交通运行环境,满足车辆驾驶等级自动化分级不低于 4 级的测试和运营。车路协同路段覆盖互通、桥梁、服务区、隧道(含金家庄螺旋隧道)、收费站等设施,重点验证效率类和安全类 13 项应用场景,探索车路协同在隧道内的辅助定位和具体应用。

3. 北斗高精度定位综合应用

建设北斗地基增强系统和隧道北斗卫星导航信号扩展定位系统,一般路段定位精度为亚米级;隧道内北斗卫星导航信号全覆盖,一般车辆不丢失卫星信号,特殊车辆定位精度为 5~8m,服务"两客一危一重货"等特殊车辆,实现隧道内车辆轨迹的连续;构建基于北斗卫星导航系统的高速公路应急救援一体化管理系统,实现事故情况下车辆人员的迅速定位与救援力量的动态调度和区域协同。

4. 基于大数据的路网综合管理

大数据是智慧公路的灵魂。建设面向服务的弹性云数据中心，结合业务需求构建随需扩展的私有云和随需租用的公有云，在保证数据安全可控的前提下，尽可能利用公有云以降低后期运营成本；通过数据赋能的综合管理平台向公众、管理者和北京冬奥会提供不同应用场景的服务；通过大数据展示平台，构建集监控、应急、指挥和调度为一体的视觉体验；利用四维实景仿真技术，将道路的静态数据和实时的动态数据相结合，以场景化展示方式构建灵活多样的监控模式；综合运用环境采集与监测手段，实现高寒地区路面结冰的实时监测与道路保畅；在应急状态下，通过大数据的自学习功能，构建闭环管理模式，不断完善控制方案和应急预案，满足智慧应急的建设要求。

5. "互联网+"路网综合服务

"互联网+"路网综合服务利用互联网技术，打破了传统机电工程以路段自建信息采集与服务为主的自用服务模式，以开放思维，主动对接互联网，构建了更加广泛的信息采集渠道和服务受众。建设内容主要包括智慧隧道综合诱导系统、精准气象分析预警及应用、迭代升级的5G创新应用。

三、五峰山未来智慧高速公路建设全天候安全保障

1. 消冰除雪

安全保障的第一个场景，是桥梁段的消冰除雪，在冰雪气候条件下提升行车安全性。五峰山项目试点智能消冰除雪，检测到桥面温度降至冰点前，启动设施，消融冰雪。设计采用了两种方式，一种方式是借助埋设在桥面调平层的加热电缆加热路面，消融冰雪；另一种方式是在中央分隔带设置自动喷洒融雪剂，消融冰雪。

2. 匝道合流警示

对于大流量的高速公路路段，分合流区域是事故高发的区段，提升这一区域的行车安全性十分必要。在合流区域鱼腹线边缘设置地面诱导灯，检测匝道合流车辆行驶速度，在路面诱导灯形成流动效果，向主线行驶车辆发出预警，提醒主线车辆匝道有车辆汇入，特别是在夜间和低能见度的情况下，警示效果将会更加明显。

3. 匝道分流诱导

在匝道分流区域鱼腹线设置路面诱导灯，强化分流匝道车道轮廓，在低能见度条件

下，提升诱导效果，诱导分流车辆提前变道。

4. 驾驶行为监测

通过路侧智能监控枪球一体摄像机，检测违法停车、占道行驶、车辆逆行、连续变道等交通行为。

5. 事故智能取证

在需求分析过程中对事故进行智能取证。在爆发性交通时段或车辆合流区域，车辆之间易发生小的碰擦，小事故发生后，驾乘人员下车解决纠纷，会带来更大程度的拥堵和车辆积压，极易发生二次事故。项目试点智能取证，设置亿级像素摄像机，记录大场景、全过程，并可将视频、图像推送给用户，一些小碰擦的事故发生后，车主可以尽快驾车驶离，保障交通流畅通。

6. 事件极速感知

通过采用护栏碰撞感知、机器视觉、毫米波雷达组合，实现交通事件 10 秒级自动感知。

(1) 护栏碰撞感知

护栏内置传感器，监测和记录护栏碰撞情况。

(2) 机器视觉

对交通拥堵、交通事故、抛洒物进行检测。

(3) 毫米波雷达

眩光、全黑、雾、雨、雪、烟等环境中实现精确监测。

7. 匝道流量主动管控

五峰山高速公路建成后交通流量很大，为保障主线的畅通，除了匝道收费站采用入口限流外，在路段起终点枢纽转入五峰山高速公路的匝道处设置流量管控设施。在匝道设置车道控制器，在保障主线畅通的前提下，实时限制匝道车辆流入。

四、浙江高速公路搭建施救一体化管理平台

围绕"建设人民满意交通"，以交通数字化改革为契机，以给高速公路驾乘人员提供方便、快捷、有效、优质、诚信的救援服务为目标，在现有高速公路清障施救模式的基础上，浙江省交通投资集团有限公司探索改进方案，于 2018 年初开展"急客通·施救在线"一期建设，并于 2019 年在浙江省交通投资集团有限公司辖内高速公路全面投入使用。"急客通·施救在线"项目架构包含"一平台、四终端、五联动","一平台"为高速公路施救一体化管理平台,"四终端"包括驾乘人员端(短信/公众号/小程序/App)、"一路多方"联勤端(消防/交警/应急/保险/维修店小程序)、队员管理端(救援/路产赔付 App)、监控系统端(计算机端),形成高速公路与交警、消防、急救、应急、保险五方联动。"急客通·施救在线"覆盖 200 个施救驻点、2000 多名施救人员以及 650 辆救援车辆的施救指挥调度,实现救援平均到达时间 15min 以内,事件平均处置时间 20min 以内,大幅提升了高速公路运营管理单位的道路运行施救水平。目前,"急客通·施救在线"已成为浙江省交通投资集团有限公司"数字交投"典型应用场景和省数字化改革重点应用场景。

(1) 实践成效

多跨协同,有效提升施救效率,实现"一路多方"平台对接,一键并发可提前 3~5min 获知警情,平均处置时间提升 11%,二次事故发生率同比下降 6.9%;多维服务,有效提升公众获得感,入库维修店 1100 余家,直拖服务 3.5 万余起,拖车服务满意度达 99%,维修服务满意度达 98%;与浙江省内十大主流保险公司合作,提供 300 余起路损直赔服务。

(2) 模式成效

实现信息交互能力提升,由人工传递转变为智能共享;实现多跨联动能力提升,由"单兵出动"转变为"兵团作战";实现道路救援服务提升,由被动等待转变为主动服务;实现车辆送修服务提升,由个体送修转变为平台自选;实现路产直赔服务提升,由"公众跑腿"转变为"数据跑路"。

(3) 理论成效

平台探索的拖车延伸服务、路产直赔服务为国内首创模式,构建了信息跨平台实时共享机制及搭建了"一路多方"协同创新机制。

五、杭绍甬智慧高速公路打造大数据云控平台

杭绍甬(杭州—宁波)智慧高速公路杭绍段主线路线全长约 52.808km,其中杭州段长约 23.481km,绍兴段长约 29.327km,是交通强国建设试点工程、《长江三角洲区域一体化发展规划纲要》试点项目,是支撑杭州大湾区创新发展的标志性工程、公路和城市发展融合的典型项目。项目建成后,将充分发挥交通战略先导优势,促进杭州湾产业带进一步发展。杭绍甬智慧高速公路设计按照项目初步设计和技术设计批复文件要求,并吸收浙江省交通投资集团有限公司及其他地区智慧高速公路研究成果,进一步完善和提升,目标是成为第一条真正意义的智慧高速公路。

杭绍甬智慧高速公路按照"主动发现、主动管控、主动服务"的闭环设计思路,围绕伴随式出行服务、准全天候通行(团雾安全通行)、智慧服务区、云收费、施救在线、绿色能源服务、主动交通管理、特殊车辆精准管控、智慧隧道、应急联动、基础设施数字化等场景建

1. 风险监测预警

充分利用现有的通信、监控等资源,加强对重要时段、重要路段、重要部位的实时监测预警,及时发现突发事件征兆,并采取措施及时消除风险隐患,将众多突发事件扼杀于萌芽状态。

2. 隐患排查治理

实现隐患的信息化快速上报,可上传整改方案和整改情况;上级监管单位可通过系统下发隐患整改通知单,并随时监督隐患整改进度。

3. 信息数字化智能处理

实现突发事件图文信息的及时上报,应急响应、应急措施的智能推荐,可在很大程度上减轻应急管理工作人员的工作量,为管理者正确决策提供智能建议,从而提高应急处置效率。

4. 实时远程视频监控

将事发现场视频实时传输至应急指挥部,便于远程及时、准确了解现场情况,指挥部可在第一时间做出应急救援正确指示,专家可远程提供应急救援专业建议。

5. 应急资源智能调度

在众多的应急物资储备中心和应急队伍中,制定距离事发地最近、应急资源最充足的调度方案,既可在最短时间内将应急物资运往事发现场,又可节约运输成本。

(二)系统功能设计

系统主要包括关键场所信息化管理、监测预警、隐患治理、应急值守、指挥调度、应急资源管理、信息发布、应急评估、统计分析、应急演练10个模块。

1. 关键场所信息化管理模块

将公路管理中的桥梁、隧道、隧道管理站、路产维护站、收费站、管理单位等关键场所信息录入系统,并在系统地图上显示其分布情况,形成关键场所信息数据库,便于统计管理。

2. 监测预警模块

通过对现有视频监控、交通运行监测、路网环境监测、交通异常事件监测、设备运行状态监测等监测设备的监测数据进行分析,实现高危车辆分布展示、车辆进出隧道是否异常、路网风险预警提示、运行动态集成显示、预警信息管理和发布、统计分析等功能。

3. 隐患治理模块

辅助路产巡查人员开展风险巡查、隐患治理工作,以便监管单位及时获取隐患的基本信息及整改信息,保证隐患处置工作的及时性。根据隐患排查治理的管理制度实现隐患上报、隐患处置、隐患核查、隐患告警等功能。

4. 应急值守模块

辅助应急值班人员开展日常安全监督、突发事件信息处置工作,以便及时获取各类突发事件的处置信息,保证应急处置工作的及时性。根据应急值守接报业务需求和流程,实现值班管理、预警信息管理、突发事件信息接收、突发事件信息审核、突发事件信息处置、突发事件信息上报、应急指令传达等功能。

5. 指挥调度模块

以综合通信调度平台为底层支撑,既支持从联系人通讯录中批量选择通信对象开始调度,也支持从 GIS 地图中选择通信录中某一单位(部门)所在地,实现多个应急协同联动部门或专家之间的多方语音或视频远程会商、智能规划应急物资和应急队伍的最优运输方案等功能。

6. 应急资源管理模块

正所谓"兵马未动,粮草先行",要实现切实有效、方便快捷的指挥调度功能,必须以功能完备的应急资源管理模块为支撑。通过对应急物资、应急队伍、应急专家、应急联动单位等资源信息进行管理,实现应急资源优化配置、动态可视化调度和优化配送等功能。

7. 信息发布模块

在系统后台可录入各种突发事件和预警信息的发布模板,当发生某一具体事件时,值班员选择与事件种类相匹配的模板,系统能够智能地将事件具体信息代入模板,通过公路可变信息标志、门架电子屏等设备向公众发布道路实际运行情况、应急事件处置动态信息等。

8. 应急评估模块

通过分析可能发生的各类突发事件的影响、处置方式、处置效果,建立评估报告模板,突发事件处置结束后系统自动将具体的突发事件信息准确嵌入评估报告模板,形成应急评估报告。评估报告生成后自动录入系统,支持下载、打印和推送给相关单位,为突发事件的预防和应急处置水平的提高积累宝贵经验。

9. 统计分析模块

根据应急管理工作需要,结合现行交通运输部关于应急工作的相关统计信息报送要求,实现突发事件统计分析、应急资源调度情况统计分析、重大风险源统计分析、路况统计分析和值班情况统计分析等功能,向管理部门提供应急管理历史数据的汇总、统计及相关分析,为未来相关工作的开展提供辅助决策依据和参考。

10. 应急演练模块

针对假设的突发事件情景开展桌面虚拟演练,涵盖应急值守接报、资源调度、辅助决策、处置实施全过程,实现演练脚本信息管理、演练进度管理、演练信息交互管理、演练评估管理等功能。桌面虚拟演练结束后,系统可根据演练流程是否正确、演练用语是否规范、演练所用时间长短等指标评估演练效果,并指出需要改进完善之处。

二、智慧公路安全应急系统功能

1. 信息采集功能要求

信息采集功能要实现全要素信息感知,应包含公路主体(桥梁、隧道、道路状态)及附属设施状态(交通工程及沿线设施)监测;交通运行状态监测(交通量参数、视频监控);交通突发事件检测(事件信息、用户上报、处置信息);车辆微观行为信息(车辆身份、实时定位、行驶轨迹);公路气象环境信息(路面积水结冰监测、团雾监测、温度湿度等监测)。应选用可靠性高、低成本、维护性强、数据准确度满足基本要求并可大面积应用的设施。

2. 运行状态分析判断功能要求

运行状态分析判断功能要实现断面交通量、速度等信息准确率不低于95%,实时上传数据;与公安交警、公路管理等部门、第三方出行服务平台共享的交通运行状态信息应实现定时自动传输与更新。

3. 事故防范预报预警功能要求

事故防范预报预警功能要实现对交通拥堵、公路事件、车辆异常等进行分析与预警,其中车辆运行监测管理的重点对象包含"两客一危一重货"车辆、公路巡检车辆、清扫车辆等。应对设施运行异常、基础设施病害等进行预警、记录和处理。

4. 行车安全实时提示功能要求

行车安全实时提示功能要实现车辆近距离危险预警、后方车辆超车提醒、侧方车辆碰撞提醒、前方车辆紧急制动提醒、道路前方障碍物提醒、周边紧急车辆提醒、前方事故预警、前方车辆故障提醒、前方道路施工信息预警、极端天气气象预警、路段限速提醒等。

5. 一键式交通事故报警功能要求

一键式交通事故报警功能要实现重点点位(桥梁、隧道、互通匝道)布设一键报警装置,手机短信、微信、导航等一键报警,结合路段视频检测设备对报警事故进行确认。

6. 全时段安全驾驶保障功能要求

全时段安全驾驶保障功能要实现车路协同,支撑安全辅助驾驶,包含以下场景:盲区预警/变道辅助、紧急制动预警、异常车辆预警、车辆失控预警、道路危险状况提示(事故、施工、恶劣天气等)、限速预警。应实现雾天行车诱导,包含主动诱导、防追尾提示等。应能智能消除路面冰雪等。

第三节 关键技术

在智慧公路安全应急系统功能设计基础上,挖掘潜在的技术难点,分别从"采集、处理、发布、研判"四个方面展开七项关键技术研究,以支撑提出的技术、政策和建议,如图6-3所示。

一、高速公路网路侧感知体系、全息数据采集、传输及融合技术

经过多年的信息化建设,高速公路的各个环节每时每刻都在产生数据,不断为智慧高速公路积累海量数据。目前,国内高速公路应急管理平台的信息采集主要包括对交通信息的采集,对桥梁、隧道等基础设施信息的采集,对机电设施数据的采集,对天气数据的采集等。信息采集的种类、基本设备和功能见表6-2。

高速公路信息系统采集数据清单表 表6-2

种类	功能	基本设备
(交通信息采集系统)	(测定车流量、车速、车道占有率、车型、车载、车间距等)	(RFID、雷达测速器、GPS、微波检测仪、整车称重设备等)
气象监测系统	测量路表温湿度、风力强度、风向、降雨量、气压、能见度等	气象仪、能见度检测器、风向仪、气压检测仪、温湿度监测器等

续上表

种类 （交通信息采集系统）	功能 （测定车流量、车速、车道占有率、车型、车载、车间距等）	基本设备 （RFID、雷达测速器、GPS、微波检测仪、整车称重设备等）
桥梁隧道安全检测系统	记录结构安全参数、关键点力学参数、材料抗疲劳情况等	压力传感器、金属超速波探伤器、裂缝显微镜等
边坡安全检测系统	测定边坡应力与形变参数等	应力与形变传感器、GPS等
机电设备参数与状态检测系统	诊断与检定机电设施参数、电机工作状态、照明强度等	亮度检测器、设备状态参数记录仪、各类传感器等
视频监控系统	获取交通信息、事故现场信息等	摄像机、监视器、图像处理设备等
紧急报警系统	用于突发事件发生报警、救援指示等	电话机、通信线路等

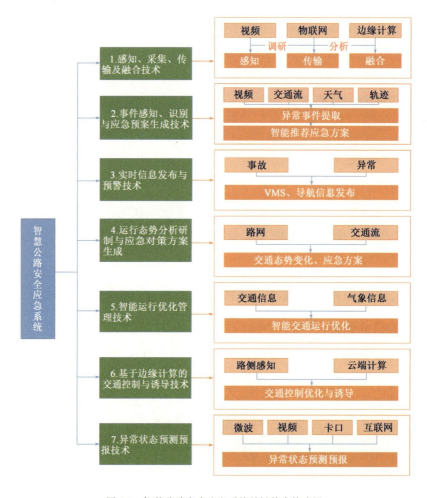

图 6-3 智慧公路安全应急系统关键技术构成图

1. 系统组成

基于以上信息接收设施设备,高速公路应急管理信息采集系统将各项基础设施数据、机电数据、交通运行数据、气候天气数据等信息存储于基础数据库并进行整理和分析。总体来看,信息采集系统分为:公路设施设备信息采集系统、公路交通运行信息采集系统、公路车辆运行状态信息采集系统和公路气象环境信息系统四个部分,同时系统网络安全建设水平应符合国家网络安全等级保护要求。

(1)公路设施设备信息采集系统

该系统实现对高速公路道路基础设施的信息收集,包括路基路面、桥隧、边坡安全监测信息等。这些信息用于诊断和分析道路基础设施断裂、塌陷等突发情况,以作监测和预警。此外还包括机电设备安全检测信息,通过收集各类机电设备运行状态参数,基于安全基础数据库提供的规范参数,保障高速公路各项机电设施的正常运行和实时监测。

(2)公路交通运行信息采集系统

该系统更多的是基于监控设备对除车辆本身状况的信息采集外,也对道路状况信息、车流量信息、道路交通载荷信息等进行采集。此外,公路交通运行信息采集系统也基于视频监控、无人机采集等获取突发事件发生的信息。

(3)公路车辆运行状态信息采集系统

该系统基于车载定位设备、监控设备等对车流量、速度、车辆载重进行监控和数据采集,并存放于基础数据库中用于后续调用、分析和预测。近年来,我国进一步加强对危险品运输的监控和管理,实现对易燃、易爆、有毒等危险品的运输状态检测,并采取相应的预防措施保障危险品运输的安全。

(4)公路气象环境信息系统

该系统主要是通过风向、风速探测设备、能见度探测设备、气压传感器等设备对相关的气象参数数据进行采集和整理,并结合道路运行周边的气候、环境、地理地貌特征,实现气象环境信息的综合把握。

高速公路应急管理信息采集系统基于对上述信息进行采集、存储、整理以用于后续的分析和决策,高速公路应急管理信息采集系统的基本工作流程如图6-4所示。

2. 系统功能

高速公路应急管理信息采集系统包括信息汇总和存储,并对存储的数据进行筛选、分类、初级加工等,具体如下:

(1)信息汇总和存储

信息汇总和存储工作是将采集的各项公路设施设备运行状态信息、公路交通运行状态信息、公路车辆运行状态信息以及公路气象环境状态信息等存入相应的数据库,形成高速公路相关信息原始数据,并提供实时调度和查询。同时,按不同类型的数据构建公路设施设备信息、公路车辆运行状态信息等专题数据库。

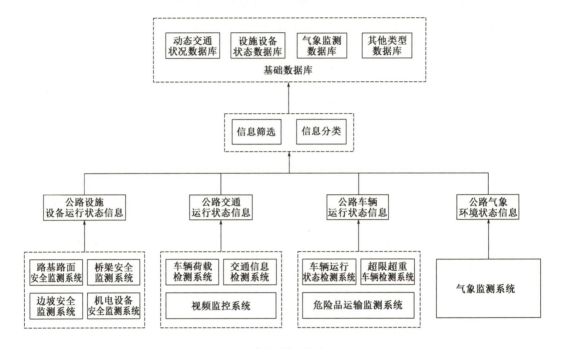

图 6-4　信息采集工作流程图

(2)信息筛选

信息筛选的主要目的是通过对数据进行一定的清洗和筛选,提升数据质量。该项工作通常是基于一定的准则和规律,参照历史数据的规律性和有效范围,剔除无效数据和失真数据。

(3)信息分类

分类与对比是人类认知事物的基本方法,对筛选完成后的数据进行分类操作,便于后续分析与应用。

(4)信息传送

信息传送是信息管理的通信模块,基于当前数据分析的实时性、快速响应等需求,实现信息的高效、快速传导和调用。信息传送模块的传输速度和质量决定了后续分析和决策工作的速度。

3.系统不足

高速公路应急管理平台是开展道路交通安全、处置突发事件的基础工作平台,应急平台同时兼顾组织结构、立体的系统架构,整合应急救援物资、救援队伍、救援点布局等信息。高速公路应急管理平台包含多个子系统,各系统共享底层数据,并可以实现分析、预测和决策。基于各个子系统的功能和协作共同构成了全方位、立体化、多层次、综合性的信息平台。应急管理体系需要通过缜密的运行机制整合各方资源、数据和力量,从而有效地实施各阶段应急管理行动。所以,高速公路应急管理平台是以组织结构为根本,基于信息采集系统,以有效利用资源为前提,应对突发事件快速反应处理,其最终目的不仅是保证快速处理应急事件,同时应起到预警、控制和避免危害的作用,从根源上保证高速公路的畅通。

目前我国高速公路管理部门已经建立了较为完善的信息采集系统,包括值守管理、信息采集、预警管理、事件处置管理等。但在态势评估方面仍存在一定问题:

(1) 缺乏智能化的信息综合评估系统

高速公路设有电子监控、线圈以及无人机等信息采集设备,能够快速采集到高速公路突发事件的初步事故信息。但是,对得到的突发事件信息如何进行加工处理,并没有一套完整的系统得以实现,通常还是依靠应急管理人员的相关经验做出判断,严重影响事件评估的准确性。

(2) 缺少态势评估专家组和案例库的结合

高速公路突发事件的发生发展有一定规律性,目前许多地区的应急管理平台(指挥中心)没有固定应对突发事件进行态势分析的专家组以及相应的案例库,只能在突发事件发生后临时组建,浪费应急处置的宝贵时间。

(3) 缺乏对高速公路突发事件的有效分析和预测

态势评估要依据之前已有的突发事件记录,总结突发事件规律,再以当前的信息做出判断,如果能够进行案例库设计,则判断更为迅速准确,提高应急处置效率。目前,许多地区的应急管理平台(指挥中心)针对每起高速公路突发事件均有相关记录,但记录仅仅简单把突发事件描述出来,没有在事后做更为详细的挖掘和深入分析突发事件产生的原因。因此,根据这样的突发事件记录而建立的案例库难以满足智能化的需求。

4. 系统应用

随着我国"十四五"新基建浪潮启动,各地区智慧高速公路建设开始进入快速发展阶段,国内多条智慧高速公路相继建成通车。与传统高速公路信息化建设情况不同,该类项目大多集中应用大量智能感知管控技术,其中部分典型智慧高速公路项目相关技术应用情况见表6-3。

部分地区智慧高速公路路测感知、全息数据采集处理等技术应用情况统计表　　表 6-3

地区	序号	项目名称	状态	路侧感知、全息数据采集处理等相关技术
河北	1	长益北线高速公路（G5517）	2020年8月通车	采用智能化路侧系统。路侧感知设备通过交通事故的实时检测和车道级定位，实现云控平台与高速公路交警的数据打通，实时快速上报交通事故信息
	2	京雄高速公路河北段	2021年5月通车	道路两侧每隔约40m布置一个智慧灯杆，整合智慧专用摄像机、路侧通信设备、能见度检测仪、路面状况检测器等新型智能设备，具备智能感知、智慧照明、节能降耗"一杆多用"功能，可以保障低能见度下高速公路通行安全
	3	荣乌高速公路新线	2021年6月通车	采用全息化数字感知技术——BIM数字孪生系统，全线设置千米超距毫米波交通雷达，形成雷达组网。通过雷视融合，实现全线车辆唯一识别码（ID）连续跟踪。全线设置158套智慧门架，集约设置了超距雷达、卡口摄像机、分车道LED信息屏、标志牌、智能控制箱、边缘计算单元、路侧单元（RSU）等，未来可加装5G等设备，实现"一架多用"
	4	京德高速公路	2021年5月通车	采用全息化智能感知系统，通过外场感知设备建设及感知融合软件模块开发，实现了路段实时交通量获取、路段车辆实时轨迹跟踪、路段车辆车型识别等功能
	5	延崇高速公路（河北段）延伸工程	2021年8月通车	采用车路一体化协同感知融合和车辆时空轨迹重构技术，以基础设施数字化、智能化升级为主线，提升运营监测、应急指挥、信息服务能力，实现5G、北斗卫星导航信号全覆盖；基于3D GIS + BIM数字高速公路平台，开展桥梁、隧道等重点基础设施集群全寿命监测与管控
江苏	6	五峰山未来高速公路	2021年6月通车	采用护栏碰撞感知系统，通过护栏碰撞感知并结合机器视觉、毫米波雷达等科技组合，既能对碰撞事件快速响应，还能极速捕获拥堵、车辆违规行驶等特殊情况；采用无人机搭载超高清摄像机，实景展示五峰山长江大桥交通状态，实现交通路况实时监控、交通违章抓拍以及交通基础设施巡检等辅助工作
广西	7	沙吴高速公路	2021年9月通车	道路两侧装有北斗基站、5G通信基站、路测感知设备、气象系统等，可在大雨、大雾等极端天气为车辆提供智能辅助驾驶及为未来高级自动驾驶安全性提供保障；同时实时汇集服务区的设施状态、环境状况、"两客一危一重货"车辆、人流、车流量以及经营管理、交旅融合等资源信息，辅助决策与公众服务
山东	8	京台高速公路泰安至枣庄段	2021年9月通车	采用高精度轨迹追踪、全息感知与智能管控等20余项先进专利技术，布设智能停车诱导屏、ETC天线、监控摄像机、无人机、毫米波雷达、激光雷达、北斗差分基准站、智慧路桩、智慧道钉、信息发布屏等70余种涵盖感知、监测、诱导、发布等功能的外场设施

续上表

地区	序号	项目名称	状态	路侧感知、全息数据采集处理等相关技术
上海	9	沈海高速公路嘉浏段	2023年7月30日通车	采用智能化设备设施运转监测和运维系统、交通事件检测及报警处置系统、高清视频全覆盖监测感知系统
浙江	10	杭绍甬智慧高速公路	在建	采用实时交通信息监测系统,包括:①全程交通流监测:基本路段按照1km一个的密度在道路两侧分别布设交通流感知设备,特殊位置适当加密,全面感知交通运行状态;在互通匝道、服务区进出口设置1套交通流感知设备,如果设置位置与路段交通流监测设备临近,可视具体情况与路段交通流监测设备复用;视频全程覆盖,基本路段按照1km一个的密度在道路两侧分别布设视频监控设备。②全程事件检测:基本路段按照约0.2km一个的密度在路段两侧分别布设高清固定摄像机;在养护工区进出口设置用于车牌识别的高清视频设备和遥控摄像机;服务区进出口设置视频感知设备。③重点位置或区域事件检测:合流区、分流区、恶劣气象条件频发区、事故多发区布设雷达事件检测设备;气象监测设备分为全要素检测器和路面状态检测器两种设备,以10km左右间距布设全要素检测器;在易出现团雾、结冰路段布设能见度检测器和路面状态检测器。④车辆微观行为信息采集RSU设备:基本路段按照0.2km一个的密度在道路两侧分别布设车路协同设备,发布交通事件信息和交通环境信息等;在互通匝道、服务区进出口设置车路协同设备

二、突发事件感知、识别与应急预案生成技术

公路突发事件一般具有以下几个重要特征:

1. 发生突然性

从时间、空间、状态角度来看,高速公路网络分布广泛,空间上是无法对其做到无缝管理和监控。事件发生的瞬间,其时间、地点是难以准确预测,且事件发生之前没有或基本没有可以预先做好应对准备的时间和瞬时管控能力。这一特征对高速公路突发事件管理提出了严峻的考验和要求,如何在日常管理中尽量能够提前预警突发事件,并做好应对准备,是应对突发事件的关键。

2. 随机不确定性

受突发事件的内在和外在因素影响,无法预测和明确事件的发生时间、演变过程、危害结果、影响范围等相关要素,且事件的发展态势也在随时发生变化,从而使其具有明显的信息不确定性特征。

3. 时间紧迫性

因事件具有突发性,且危害巨大,尤其是衍生事件的影响,使得能够作出有效管理决策并采取相关措施予以预防或管控的时间很短。

4. 社会危害性

高速公路是国民经济发展的重要基础设施之一,其安全稳定运行至关重要。因突发事件导致交通通行受阻或瘫痪,带来的直接或间接损失巨大,且覆盖社会范围广泛,给人们的生命财产安全带来巨大的危害。

5. 事件多样性

在现实应急管理实践中,受突发事件成因多样性影响,再加上各类突发事件之间也或多或少地存在一定的关联性,一类突发事件常常会引起连锁反应或衍生其他类事件发生。例如,对于突发的自然灾害事件,如不及时有效对相关路段或车辆进行预警和处置,常常会衍生出新的交通安全事故。

6. 动态演变性

显然,任何突发事件是不会保持处于一种静止状态。受自身内在特质和外在环境因素影响,如内在致灾因子、事件环境变化、应急决策方案干预等,突发事件的发展过程处于一个持续变化的动态演进状态。因此,在突发事件的应急决策与响应处置过程中,需要根据突发事件的发展演进态势,适时调整和采取相应的应急行动方案,提高方案的针对性和有效性。

2003年我国爆发"非典"疫情突发事件后,我国应急管理研究与实践工作正式起步。在此之后,我国又经历了2008年南方冰雪灾害、"5·12"汶川地震、"4·14"玉树地震、"7·23"甬温线特别重大铁路交通事故、"8·12"天津滨海新区爆炸事故等一系列重大事件,应急管理工作由最初的经验管理模式逐步转变为现代化的科学管控模式,并构建了以"一案三制"为基本框架、总体国家安全观下的新时代应急管理体系。基于"一案三制"的高速公路应急管理体系包括高速公路应急管理体制、应急管理机制、应急管理法制和应急预案体系四个部分。

在突发事件应急决策过程中,信息贯穿于应急事件决策响应与管控处置的全过程,并发挥着非常重要的决策参考作用。关于突发事件信息应用的研究主要集中在事件信息的传递、处理与信息系统应用。范维澄院士指出针对国家突发公共事件,多渠道、快速、准确的动态信息获取与共享以及有效的数据挖掘与信息融合处理是应急管理中的核心科学问题之一。2017年1月,国务院印发《国家突发事件应急体系建设"十三五"规划》,明确指出要加强部门专业应急平台建设,提高突发事件专业信息汇集、应急决策和指挥调度能力。

突发事件信息来源于事件演进发展的客观过程,其信息刻画是对事件发展运动过程与状态变化的客观表征,如事件的发生时间、类型、规模、影响范围、现场损失、持续时间等时空状态特征参数。关于高速公路突发事件信息的获取来源,管理实践中一般存在两种方式:一是直接方式,通过设置在事件发生场景范围内的信息采集终端设施;二是间接方式,通过人员日常现场巡查、报警值班电话、上下级指令传达等信息获取方式。

常见高速公路应急管理系统中突发事件应急信息可以来源于交通流检测器、视频监控设施、应急报警电话、路政巡逻报告、气象观测装置、电子收费装置等各类信息获取的设施设备。同时,随着现代科学技术的飞速发展,新兴信息技术不断兴起,包括 GIS 技术、物联网技术、车联网技术、高速移动通信技术、大数据、云计算等,可为突发事件信息的获取、共享提供更多的技术支撑。

此外,关于突发事件信息处理识别,已有技术主要集中在两个方面:一方面关注事件信息的不确定性,研究决策数据信息的有效提取与识别方法,如考虑不完全信息下的应急决策数据信息缺失问题,采用对数均值诱导偏差矩阵模型对缺失决策数据信息进行估计;另一方面围绕突发事件的应急信息管理平台研究与设计,研究内容较为宏观,如从数据挖掘和智能知识应用的角度,建立突发事件应急信息系统的框架功能结构,用来支持突发事件的监测预警、实时信息收集、数据处理与知识获取,及时有效响应决策。

突发事件信息的重要性是不言而喻的,其信息获取的及时性和准确性直接关系到应急预案效果。目前,我国交通运输部及各省(自治区、直辖市)交通运输主管部门在应急预案中对交通事件响应也进行了分级。公路交通突发事件按照其性质、可控性、严重程度和影响范围等因素分为特别重大事件(Ⅰ级)、重大事件(Ⅱ级)、较大事件(Ⅲ级)和一般事件(Ⅳ级)四个等级。交通运输部负责Ⅰ级应急响应的启动和实施,省级交通运输主管部门负责Ⅱ级应急响应的启动和实施,市级交通运输主管部门负责Ⅲ级应急响应的启动和实施,县级交通运输主管部门负责Ⅳ级应急响应的启动和实施。

预案库是应急救援保障技术的核心,预案库的有效运作关系到整个应急交通组织的核心,利用预案库可以较快地完成交通组织方案的生成、执行与发布,从而在最大程度上避免交通混乱,提高交通组织和管理的效率。对预案库来说,预案的自动生成、可操作性和可执行性、可评估性、流程优化是预案库制定和管理的关键环节。

通过调研国内典型智慧高速公路项目,整理相关技术应用情况见表6-4。

典型智慧高速公路项目突发事件感知、识别与应急预案生成技术表　　　表6-4

地区	序号	智慧高速公路项目名称	突发事件感知、识别与应急预案生成技术
河北	1	京雄高速公路河北段	智慧灯杆辅助夜间视频监控、事件识别、应急处置
	2	荣乌高速公路新线	面向安全、效率与应急等多目标协同联动,考虑12类常发场景和56类突发事件,率先提出了高速公路一级组织区、二级控制区、三级联动区的分层控制架构体系。一级组织区确定事件周围区域内交通组织方案,包括车道封闭情况、安全行驶速度、交通通行规则等;二级控制区基于组织区方案进行交通流主动控制,包括可变限速控制、车道功能控制、交通流量控制、预警信息发布等;三级联动区是全线多个交通事件发生区域之间进行速度、流量、车道功能等协同适应的区域,确保全线交通运行平稳、有序、连贯
	3	京德高速公路	利用高速实时数据,优化交通安全风险模型,实时评估交通运行状态,形成融合多种场景的动态控制策略
	4	延崇高速公路（河北段）延伸工程	采用路面状况检测仪对路面温度的实际测量,结合互联网采集的区域气象预报信息,实现路段级的路面预报,对覆冰覆雪路段准确预警;在此基础上,系统借助大数据制定准确的除冰除雪保畅方案
	5	长益北线高速公路（G5517）	采用路侧感知设备对交通事故的实时检测和车道级定位,实现云控平台与高速公路交警的数据打通,实时快速上报交通事故信息;对于日常出现的车内抛洒杂物、行人闯入和匝道口逆行等场景,智慧高速公路提醒更加提前、处理更加迅速
江苏	6	五峰山未来高速公路	采用安装在防护护栏的感知光缆,与周围安装的无线探针配合,能够快速向监控中心反馈道路上的突发交通事故
广西	7	沙吴高速公路	每隔350m布设摄像机和毫米波雷达,每隔700m布设边缘计算节点和路侧单元,重点路段布设微气象站,通过大数据平台分析,极大提高了事件识别、发布和处理速度,为车辆实现自动驾驶提供了全方位的数据支持,也提高了道路通行安全性
浙江	8	杭绍甬智慧高速公路	应急处置系统的应急处置业务按照前、中、后三个环节,形成7个子系统,即应急信息接报子系统、应急辅助决策子系统、应急指挥调度子系统、应急信息服务子系统、应急统计分析子系统、应急预案数字化子系统和应急资源管理子系统
上海	9	沈海高速公路嘉浏段	在养护工区进出口、合流区、分流区、恶劣气象条件频发区、事故多发区等重点位置或区域布设高清视频雷达综合检测设备进行实时检测数据,综合运用视频图像处理和数据融合技术,对交通事件进行自动检测,并与车道指示灯进行联动,进行车道级管控

三、智能化实时信息发布与预警技术研究

公路智能化实时信息发布,主要是为出行者提供实时准确的公路交通信息服务,使出行者得到当前的交通和道路情况以及服务信息,以便及时调整出行计划。在出行途中,通

过路边的动态信息显示标志或车载信息单元,为出行者提供道路情况、交通情况、车辆运行情况;通过路径诱导系统对车辆导航和定位,使汽车在最佳的路线行驶,让出行者始终通过最好的出行方式和路径到达目的地。

主动发光交通标志可以利用太阳能、风能,也可以通过变压连接市电使用。随着技术的发展,光纤标志和发光二极管(LED)主动发光交通标志已广泛应用于交通控制当中。此外,可变信息标志(VMS)也已广泛应用于交通事故和公路养护分流场景,并取得了较好的成果。以图形的方式动态显示路网内的拥挤警告、绕行时间、通过拥挤区域所需的最短时间、周边道路的服务水平等交通信息,对交通流实施诱导,使在突发事件下道路使用者和道路管理者更加灵活和迅速地作出反应。

公路上的行车环境由于天气、自然灾害、交通事故、道路施工等影响,可能随时发生变化,因此需采用多种信息发布方式将行车环境的变化及时告知驾驶人员。不同信息发布方式比较见表6-5。

不同信息发布技术优缺点表　　　　　　　　　　　表6-5

信息发布技术	优点	缺点	适用范围	发布事件
交通广播	信息面广、影响范围大、技术简单、成熟、易于推广	对交通状况在事件和地点上的动态变化发布信息难度大,对跨越多个行政区的高速公路发布信息难度较大	省域高速公路	比较自由
限速标志	驾驶员对限速标志比较熟悉;能够灵活地进行车速控制	发布的信息较单一	高速公路的特殊路段	永久性
可变信息标志	①文字式VMS容易看明白,能很快地从中获得所需信息;②图形式VMS使得复杂的信息更容易理解,能够提供整个路网的服务水平和旅行时间等信息	①能提供的信息量不大,信息受用的驾驶员有限,不适合网络环境;②需要一个逐步学习的过程,在初期难以被理解,且价格昂贵	高速公路的特殊路段	一天24h连续发布
互联网	信息量大,更新及时,能根据驾驶员的需要提供信息	需要网络和计算机终端,属于出行前的信息发布,对路上驾驶员帮助有限	整个路网	一天24h连续发布
车载终端	提供的信息量大,针对性强,能够根据驾驶员的需要提供信息	投资大,技术难度高,正处于研发阶段	整个路网	一天24h连续发布
短信平台	信息量大,能够根据驾驶员的需要提供信息	对行车安全有一定的影响,技术难度较高,处于试验阶段	高速公路的区域路段	一天24h连续发布

续上表

信息发布技术	优点	缺点	适用范围	发布事件
路旁广播	驾驶员知道限速理由后,会对这一限速更加重视,能够根据需要灵活进行车速控制	初期投资大,维护成本高	高速公路	有时间限制
公共信息终端	信息量大,更新及时	属于出行前的信息发布,对路上驾驶员帮助有限	高速公路的服务区	有时间限制

通过比较几种常见的信息发布方式的优缺点,从信息发布方式的成本、收益、技术水平三个方面入手,依据它们的适用条件、地理位置及交通条件,建议优先选用可变信息标志、互联网的组合方式;远期可增加路旁广播、短信平台和公共信息终端。

此外调研国内典型智慧高速公路项目,其相关技术应用情况见表6-6。

典型智慧高速公路智能化实时信息发布与预警技术表　　　　表6-6

地区	序号	智慧高速公路项目名称	智能化实时信息发布与预警技术
河北	1	京雄高速公路河北段	采用北斗高精度定位、高精度数字地图、可变信息标志和车路通信系统等,为驾驶员提供车路通信、高精度导航和预警等服务
	2	荣乌高速公路新线	全线共设158个门架(半幅),每个门架设5组分车道显示屏,每个屏分为两个控制单元,实现速度和车道的管理和诱导
	3	京德高速公路	通过分车道信息发布、预警提示屏等措施实现信息发布及诱导,实现高速公路实时交通管理与控制,提高通行效率
	4	延崇高速公路(河北段)延伸工程	通过车载智能单元、路侧智能基站和公众服务平台、车道级高精度导航服务App以及北斗高精度定位系统,实现安全、效率等两类、13项应用场景的落地
	5	长益北线高速公路(G5517)	驾驶员可通过手机App接收相关道路交通信息;智能路侧系统和云控平台可将车道级事故信息进行超视距的消息广播和云端下发,提醒后方来车提前变道绕行,并疏导提高交通通行效率、支持交通事故快速处理,防止二次事故发生
江苏	6	五峰山未来高速公路	智慧管控平台可第一时间监控到信息,并触发就近的高速公路可变信息标志,开启车道管控
广西	7	沙吴高速公路	通过手机导航提供精确到每条车道的路况信息,比如前方是否发生了事故、是否拥堵等等。此外,每隔一段距离设置一块LED屏幕,实时提供路况信息,供驾乘人员参考
山东	8	京台高速公路泰安至枣庄段	智能停车诱导屏、百度提供的车位导航指引,车辆可进入空闲停车区

续上表

地区	序号	智慧高速公路项目名称	智能化实时信息发布与预警技术
浙江	9	杭绍甬智慧高速公路	基于感知及预测信息为高速公路用户提供宏观交通运行状态信息、中/微观交通运行状态信息、安全辅助驾驶信息服务,从而实现伴随式出行服务
上海	10	沈海高速公路嘉浏段	提供车辆群自动驾驶精准位置的路侧移动边缘计算(MEC)系统。建立基于V2X车路通信系统的车路协同及自动驾驶示范点,提供雷达视频数据融合分析、区域信息发布与控制、车路协同与自动驾驶侧经济效益边界评估等功能,形成车路协同及自动驾驶技术的先进示范

四、跨区域大规模路网运行态势分析研判与应急对策方案生成技术

跨区域大规模路网运行态势是指一定范围内路网整体历史和当前的交通状态以及未来的演变趋势,一般具有复杂动态的时空变化特征。态势理论最早出现在军事、航空等领域,具有代表性的研究是态势评估三级功能模型,即态势感知、态势理解和态势预测。

发达国家在高速公路的建设、发展以及维护方面都起步较早,基于高速公路突发事件应急管理平台和信息采集设施设备,将ITS技术和数据库技术应用到事件监测、确认到最后的扩散控制和清理的全过程当中,从而使得各类人员能密切配合和有效联动进行应急处置工作。

高速公路应急对策生成是建立在公路设施设备运行状态信息采集、公路交通运行状态信息采集、公路车辆运行状态信息采集以及公路气候环境状态采集的基础上,基于分析和挖掘技术,通过对应急管理预案的参考和应急管理决策模型库的对比,实现对突发事件的应急处置和决策。决策支持系统除了案例库外,还包括数据部分、模型部分、计算方法部分和分析部分。应急对策生成过程大致如下:

第一,各类数据采集系统按照一定规则和要求,对基础数据进行清洗和整理,并将无效数据去除或按照一定的计算准则对数据进行初级加工,形成相关类别的基础数据库。通过以上处理办法有效提高了数据的采集质量和调用速度。

第二,基于上一步的数据清洗和整理,对交通流量信息、突发事件信息、气候信息等数据进行提取、分析和挖掘,从而实现对突发事件发生后的态势进行一定程度的把握,对突发事件进行分级。

第三,通过分析当前事件的状况,结合交通、设施等各类相关信息,将应急管理预案、专家应急处置策略库进行调用和对比,并采用各种计算模型实现对上述数据计算结果的初步分析,并得出定性分析结果。同时要求应急指挥管理系统跟进对事态的分析、研判开展应急处置决策。

调研国内典型智慧高速公路项目,整理相关技术应用情况见表6-7。

跨区域大规模路网运行态势分析研判与应急对策方案生成技术表　　表6-7

地区	序号	智慧高速公路项目名称	跨区域大规模路网运行态势分析研判与应急对策方案生成技术
河北	1	京雄高速公路河北段	搭建智慧管理平台，实现智能收费、综合运维、全媒体融合和可视化指挥调度；基于车道级高精地图，搭建京雄高速公路数字孪生平台，并融合监视视频与北斗卫星导航数据，实现事件实施映射、可视化监测、可视化救援、视频回溯、车辆轨迹还原、轨迹跟踪等业务应用
河北	2	荣乌高速公路新线	基于BIM系统的数字孪生系统，以"一网、两轴、一控制"功能实现宏观、中观、微观管理。"一网"是雷达组网车辆跟踪，可捕获行驶车辆的车牌、速度、轨迹等特征，融合信息实现车辆唯一识别码(ID)连续跟踪。以空间轴和时间轴盘活交通多源大数据，实现历史信息可回溯、实时信息可追踪、未来状态可预测。同时，可对交通事件实现7d连续回溯管理。结合无人机的使用，10min实现全天时全天候无现场巡查
河北	3	京德高速公路	采用安全风险预警系统仿真平台，接入通车后交通量和环境状态数据进行持续仿真改进，实现全路段全方位运行状态的实时感知、科学决策
河北	4	延崇高速公路（河北段）延伸工程	采用基于大数据的路网综合管理服务系统，沿用全域交通综合治理的思维与方法，构建基于大数据、云计算、北斗高度定位、人工智能、车路协同等先进适用技术，集"建-管-养-运-服"于一体的高速公路运营与服务智能化管理决策平台
河北	5	长益北线高速公路(G5517)	云控平台可实现智能汽车的云控数据交互，能够支撑智能汽车高速公路运行。还可以服务长复复线高速公路路网监测，基于高精地图做到车道级的车辆运营状态监控；能够进行路网态势感知，融合互联网出行数据和道路实施监控数据，预判道路交通流态势，预知高速出行流量
江苏	6	五峰山未来高速公路	采用BIM+GIS综合管养平台，显示车辆分合流、可变信息标志历史记录及实时预警信息，当路上出现抛洒物、逆行、违停、碰撞等事件时，系统通过设备联动，及时生成预警信息，并通过现场图像确认事件情况
浙江	7	杭绍甬智慧高速公路	云控平台运用云计算、大数据、人工智能等技术手段，全面提升智慧高速公路的智慧水平、通行效率、通行安全、服务能力。云控平台具备接入高速公路全线交通数据的能力，并具备升级为区域级云控平台的能力，同时能够接入公安、消防、气象等多源外部数据；具备对海量数据进行存储和复杂任务计算处理能力、统一的运行监测和综合管理能力，以及为用户提供伴随式出行服务的能力；具备对高速分合流区域、交通事件多发路段以及全线不同层级交通运行精准管理和控制能力
上海	8	沈海高速公路嘉浏段	交通动态运行管控及决策支持系统，通过前端感知数据的处理和整合数据，实现智慧高速交通业务的分析、挖掘和研判，打造感知细、角度全、认知准的交通动态运行管控及决策支持系统，保障出行安全、提升服务品质、提高管理效率

五、基于交通与气象信息深度融合的智能运行优化管理技术

本技术包括：

第一，将交通气象监测信息与路网交通量信息深入融合，利用实景图像，观察路面积水、结冰、积雪等基本路面状况。

第二，利用气象卫星路侧传感器，获取道路环境情况（包含能见度、温度、湿度、风速、风向）。

第三，利用信令互联网大数据，获得实时路况状态；研究天气对交通流影响阈值，不断优化车流时空分布，提升路网不同天气适应能力。

调研国内典型智慧高速公路项目，整理相关技术应用情况见表6-8。

基于交通与气象信息深度融合的智能运行优化管理技术表　　　表6-8

地区	序号	智慧高速公路项目名称	基于交通与气象信息深度融合的智能运行优化管理技术
河北	1	京雄高速公路河北段	全线实现气象数据采集，同时结合沿线及周边气象站能见度、气压、温度、湿度、降水量、风向、风速等监测数据，提供精细化气象预警预报信息，实现对雨、雾、冰、雪等多种气象灾害的监测与预警
河北	2	荣乌高速公路新线	尚无，但已制定下一步工作方向：完善智慧交通服务，尤其是推动准全天候通行场景，减少因不良气候导致的高速公路封闭时长，满足人民群众日益增长的出行需求
河北	3	延崇高速公路（河北段）延伸工程	融合多传感器（路面状况检测仪、气象预测）信息，对路面冰雪覆盖预警，制定交通组织方案
江苏	4	五峰山未来高速公路	采用遥感式路面状态检测器和埋入式传感器自动启动桥面加热系统给桥面加热或喷洒融雪剂，将桥面冰雪及时融化掉，既避免了积雪结冰，保证交通安全
广西	5	沙吴高速公路	融合多传感器（北斗卫星导航系统、5G通信基站、路侧感知设备、气象预测）信息，为车辆在雨天、大雾等极端天气提供智能辅助驾驶与自动驾驶安全性保障
山东	6	京台高速公路泰安至枣庄段	集成应用主动发光标志、雨夜标线、雾区智能诱导、融冰除雪等设施设备，提高道路轮廓可视性，采用雷达感知手段实现路域范围内"雨雪冰雾"等天气下的状态感知、安全预警、融冰除雪及行车诱导全链条保障
浙江	7	杭绍甬智慧高速公路	融合交通（事件、交通流）与气象（能见度）信息，对车辆进行跟踪与定位，通过信息标志、智能指示标以及导航运营商向驾驶员提供预警与诱导信息，引导车辆顺利通过

六、基于边缘计算的交通控制优化与诱导技术

本技术包括将边缘控制设备布设在高速公路桥梁、隧道、分合流区、互通立交区、施工区等关键区域,通过前端强大检测器接入能力,实现对交通场景运行状况的精准掌控,并通过显示设备面向驾驶员实施精准车道级别诱导管控,提升高速公路管控水平。

调研国内典型智慧高速公路项目,整理相关技术应用情况,见表6-9。

基于边缘计算的交通控制优化与诱导技术表　　　　　　　表6-9

地区	序号	智慧高速公路项目名称	基于边缘计算的交通控制优化与诱导技术
河北	1	荣乌高速公路新线	采用车道级主动控制系统,通过分析感知系统采集的交通数据、面向效率与安全的策略融合,实现分路段、分车道、分时段的交通主动管控
	2	京德高速公路	车路云网一体化智慧高速公路管控平台
	3	延崇高速公路(河北段)延伸工程	基于大数据的路网综合管理,提供"互联网+"路网综合服务,实现"两客一危一重货"重点监测保障、奥运转场车路监测保障,实现隧道综合引导、视觉唤醒等综合应用
	4	长益北线高速公路(G5517)	基于前端边缘计算单元的AI感知能力,实现高速公路事件AI发布和推送
江苏	5	五峰山未来高速公路	采用智能诱导系统,地面闪烁的黄色、红色诱导灯,组成类似盲降的飞机跑道,为迷雾中的车辆导航
浙江	6	杭绍甬智慧高速公路	云控平台数据处理中心,具备边缘计算能力和中心计算能力。边缘计算是通过车路协同系统实现路侧与车端实时数据交换,例如5km范围内的RSU实时采集车流量数据都可以直接同步传输至相同范围内的车辆,支撑货车编队行驶等。中心计算是分析处理中心平台数据,形成道路准实时和预测信息,并且加工形成可操作的诱导或应急信息,推送至路侧或车端,形成闭环响应
上海	7	沈海高速公路嘉浏段	在事故及拥堵频发区域布设视频雷达融合检测设备,通过边缘计算,将现场数据进行处理分析,上传后端系统,通过后端指令引导车辆行驶

七、基于多源数据智能分析的异常状态预测预报技术

本技术包括打通不同交通检测设备之间的"数据孤岛",整合微波检测器、视频事件监测设备、高清卡口、气象仪、GPS、互联网地图、收费设备等数据,识别发生拥堵路段的拥堵范围、持续时间等,自动智能分析拥堵产生原因,构建异常状态预测模型,进一步预测异常状态发生的时间、位置以及带来的影响,为应急保障提供精准技术支撑。

调研国内典型智慧高速公路项目,整理相关技术应用情况,见表6-10。

基于多源数据智能分析的异常状态预测预报技术表　　　　表6-10

地区	序号	智慧高速公路项目名称	基于多源数据智能分析的异常状态预测预报技术
河北	1	荣乌高速公路新线	采用车道级主动控制系统,通过分析感知系统采集的交通数据,能够实时评估交通运行态势,预测安全风险
河北	2	延崇高速公路（河北段）延伸工程	融合路面温度信息、气象预报信息,通过大数据分析方法,实现对异常交通流状态进行预测,并制定保通保畅方案
河北	3	长益北线高速公路(G5517)	基于云控平台获取智能车辆的云控数据,通过智能分析方法,实现路网状态监控,同时预判道路交通状态和交通量
浙江	4	杭绍甬智慧高速公路	利用泛在感知系统实现对杭绍甬高速公路运行状态监测。对运营车辆（尤其是危化运输车辆）运营线路异常进行自动报警;通过对历史数据、实时数据的分析计算,预测未来各路段的交通运行状况,并根据高速公路安全防控分析、高速公路事件感知等进行综合性研判

第四节 体制机制

一、安全应急管理标准文件

1. 国家层面

国家及部委发布的有关安全应急、风险管控等相关文件、标准见表6-11。

国家及部委安全应急、风险管控等相关文件、标准表　　　　表6-11

序号	名称	发布时间	文件号	发布部门	主要内容
1	《中华人民共和国突发事件应对法》	2007年8月30日发布,2021年12月做了相关修订	中华人民共和国主席令第六十九号	第十届全国人民代表大会常务委员会	共七章70条,主要包括:预防与应急准备;监测与预警;应急处置与救援;事后恢复与重建;法律责任。2021年12月主要对现行法的名称、体例结构及条文顺序进行了调整,新增"管理体制"一章,修订的主要内容包括:一是,理顺突发事件应对管理工作领导和管理体制;二是,畅通信息报送和发布渠道;三是,完善应急保障制度;四是,加强突发事件应对管理能力建设;五是,充分发挥社会力量作用;六是,保障社会各主体合法权益

续上表

序号	名称	发布时间	文件号	发布部门	主要内容
2	《中华人民共和国道路交通安全法》	2003年10月28日发布；2007年12月29日第一次修正；2011年4月22日第二次修正；2021年4月29日第三次修订	中华人民共和国主席令第四十七号	全国人民代表大会常务委员会	共八章，一百二十四条。其中关于安全应急风险管控如下： ①交通事故应急处理：规定了交通事故发生后的应急处理程序。 ②交通安全设施设置和管理：要求相关部门设置和管理交通安全设施。 ③交通事故风险防控：规定了各类道路交通参与者在行车过程中应当采取的安全防护措施。 ④应急救援和医疗保障：规定了交通事故伤者的救援和医疗保障措施。 ⑤交通事故责任认定：对交通事故的责任认定进行了规定，明确了交通事故责任的划分标准和程序，以保障受害人的合法权益
3	《中华人民共和国道路运输条例》	2004年4月14日；2012年11月9日第一次修订；2016年2月6日第二次修订；2019年3月2日第三次修订	国务院令第406号	国务院	①要求从事道路运输经营以及道路运输相关业务，应当依法经营，诚实信用，公平竞争。道路运输管理，应当公平、公正、公开和便民。 ②国家鼓励发展乡村道路运输，并采取必要的措施提高乡镇和行政村的通班车率，满足广大农民的生活和生产需要。 ③国家鼓励道路运输企业实行规模化、集约化经营。任何单位和个人不得封锁或者垄断道路运输市场。 ④国务院交通运输主管部门主管全国道路运输管理工作。县级以上地方人民政府交通运输主管部门负责本行政区域的道路运输管理工作
4	《突发环境事件应急预案管理暂行办法》	2010年9月28日	环发〔2010〕113号	环境保护部	关于安全应急内容如下： ①预案制定：要求各级政府和有关部门制定突发环境事件应急预案，明确预警、应急响应、救援、恢复重建等环节。 ②组织领导：规定了突发环境事件应急预案的组织领导机构和责任部门，明确了各部门的职责和协调机制。 ③信息发布：要求及时向社会公布突发环境事件的信息，提供预警和应急处理指南，保障公众知情权。 ④应急演练：规定了突发环境事件应急演练的内容、频率和程序，以提高各级应急机构和人员的应急处置能力。 ⑤评估和改进：规定了对突发环境事件应急预案的定期评估和改进机制，以不断提升应急管理水平

续上表

序号	名称	发布时间	文件号	发布部门	主要内容
5	《关于进一步加强环境影响评价管理防范环境风险的通知》	2012年7月3日	环发〔2012〕77号	环境保护部	关于安全应急内容如下： ①环境风险防范要求：强调了对环境风险的认识和预防意识，要求各地区和部门切实加强环境风险防范工作。 ②应急预案制定：要求建立健全环境影响评价应急预案，明确应急处置程序和责任分工，以应对环境突发事件
6	《关于切实加强风险防范严格环境影响评价管理的通知》	2012年8月8日	环发〔2012〕98号	环境保护部	进一步提供风险防范工作重要性的认识。组织开展建设项目环境风险排查，督促建设单位和相关方进行整改落实。 进一步加大环境影响评价公众参与和政府信息公开力度，切实保障公众对环境保护的参与权、知情权和监督权。（应重点关注）。 进一步加强环境影响评价全过程监管
7	《公路交通突发事件应急预案》	2009年5月12日	交公路发〔2009〕226号	交通运输部	关于安全应急内容如下： ①应急响应级别和程序：规定了不同级别的公路交通突发事件应急响应级别和相应的处置程序，以确保应急响应的及时性和有效性。 ②救援与处置措施：明确了在不同类型的公路交通突发事件中需要采取的救援和处置措施，包括交通管制、车辆疏导、伤员救援等。 ③资源保障和协调机制：要求健全公路交通突发事件救援和处置所需的物资和人力资源保障机制，确保救援和处置工作的顺利开展。 ④演练和评估机制：规定了定期组织公路交通突发事件应急演练和评估的要求，以提高救援和处置能力，不断完善预案
8	《高速公路应急管理办法》	2008年12月3日	公通字〔2008〕54号	交通运输部	为加强高速公路交通应急管理，切实保障高速公路交通安全畅通和人民生命财产安全，有效处置交通拥堵。 针对因道路交通事故、危险化学品泄漏、恶劣天气、自然灾害以及其他突然发生影响安全畅通的事件，造成高速公路交通中断和车辆滞留，各级公安机关按照本规定进行应急处置。 各级公安机关要完善高速公路交通应急管理领导机构，建立统一指挥、分级负责、部门联动、协调有序、反应灵敏、运转高效的高速公路交通应急管理机制

续上表

序号	名称	发布时间	文件号	发布部门	主要内容
9	《关于进一步加强水路公路危险化学品运输管理的通知》	2006年3月8日	交海发〔2006〕33号	国家安监总局、公安部、交通部	进一步加强对运输单位和从业人员的管理;进一步加强对危险化学品运输船舶、车辆的监督检查;进一步加强对危险化学品生产、储存企业的监督检查;进一步落实危险化学品包装要求;进一步加强宣传和舆论监督;进一步加强协调配合;进一步加强事故应急工作
10	《交通运输安应急标准体系(2016年)》	2017年1月16日	交办科技〔2016〕192号	交通运输部	包括综合交通运输、公路、水运领域的相关标准,分基础标准、管理标准、技术标准、方法标准和产品标准

2. 省级层面

各省(自治区、直辖市)相关文件、标准见表6-12。

各省(自治区、直辖市)相关文件、标准表　　　　表6-12

序号	名称	发布时间	文件号	发布部门	主要内容
1	《广东省突发公共事件总体应急预案》	2015年7月3日	无	广东省人民政府	广东省突发公共事件应急预案体系包括:突发公共事件总体应急预案;突发公共事件专项应急预案;突发公共事件部门应急预案;突发公共事件地方应急预案;企事业单位根据有关法律法规制定的应急预案;举办大型会展和文化体育等重大活动,主办单位应当制定应急预案
2	《广东省突发事件应对条例》	2010年6月2日	无	广东省人大常委会	规定了建立安全管理制度、行政决策及应急管理工作决策的风险分析制度、公共安全形势分析会议制度、现场指挥官制度、突发事件信息公开和新闻发言人制度、评估与考核制度等
3	《广东省道路运输保障应急预案》	2008年12月28日	粤交运〔2008〕1254号	广东省交通运输厅	适用于: ①由于市场供求或道路通行条件变化等原因,造成道路运输运力不足或正常运力不能按时到位,影响旅客或重要物资安全、及时运输的情况。 ②因交通事故或超载等原因,需转运人员或货物的情况。 ③因洪涝、冰雪、地震等自然灾害导致公路交通异常,严重影响道路客货运输的情况。 ④政府指令性任务或国防交通运输保障等其他需临时调配运力的突发事件

续上表

序号	名称	发布时间	文件号	发布部门	主要内容
4	《广东省城市轨道交通运营突发事件应急预案》	2021年10月9日	粤办函〔2021〕296号	广东省政府办公厅	共八章,关于安全应急内容如下: ①组织指挥体系:全省城市轨道交通运营突发事件应急组织体系由省、地方和运营单位三级组成。 ②监测预警和信息报告。 ③应急响应:先期处置、分级响应、响应措施、响应级别调整与终止。 ④后期处置:善后处置、事件调查、处置评估等。 ⑤保障措施:队伍、装备、通信。 ⑥预案管理:预案衔接等
5	《山东省突发事件总体应急预案》	2021年9月21日	鲁政发〔2021〕14号	山东省人民政府	本预案是山东省应急预案体系的总纲,是组织应对各类突发事件的总体制度安排,规定突发事件应对的基本原则、组织体系、运行机制以及应急保障等内容,指导全省突发事件的风险防控、应急准备、监测预警、应急处置与救援、资源保障以及恢复重建等工作。本预案适用于涉及跨设区市行政区划,或超出事发地设区市人民政府处置能力的特别重大、重大突发事件的应对工作
6	《山东省重大突发事件应急保障体系建设三年行动计划(2020—2022年)》	2020年12月24日	鲁政办字〔2020〕167号	山东省人民政府办公厅	省市县综合和专业应急指挥平台全面建成,应急信息一体化建设水平显著提升,形成科学高效的7×24h应急指挥保障体系。安全生产专项整治取得明显成效,企业本质安全水平大幅提升,重点行业领域较大事故持续下降,重特大事故得到有效遏制,全省安全生产整体水平明显提高。综合及专业应急救援力量进一步发展壮大,应急预案体系更加健全,协同作战水平大幅提高
7	《山东省交通运输综合应急预案》	2021年9月6日	无	山东省交通运输厅	山东省交通运输应急预案体系包括: ①山东省交通运输综合应急预案。 ②山东省交通运输专项应急预案。 ③市级交通运输应急预案(包括综合预案和专项预案)。 ④省属交通运输企业应急预案

续上表

序号	名称	发布时间	文件号	发布部门	主要内容
8	《北京市突发事件总体应急预案（2021年修订）》	2021年7月9日	京政发〔2021〕19号	北京市人民政府	共八章，关于安全应急内容如下：①组织机构与职责。②监测与预警：监测与风险管控、预警。③应急处置与救援：信息报送、分级响应、现场指挥、处置措施等。④恢复与重建：善后处置、社会救援、调查与评估。⑤应急保障：应急队伍、运输保障、物资保障、医疗保障等。⑥预案管理：制定与备案、应急演练等
9	《北京市突发事件应急预案管理办法（2017年修订）》	2018年1月5日	无	北京市人民政府	本市应急预案的管理工作包括应急预案体系建设，应急预案规划、编制、审查、批准、印发、备案、公布、培训、演练、宣教、实施、修订、考核、奖惩、保密、信息化管理以及人员、科研、经费保障等方面内容；应急预案体系应建立在风险评估工作基础上；应急预案体系涵盖自然灾害、事故灾难、公共卫生事件和社会安全事件等各类突发事件
10	《北京市道路突发事件应急预案》	2017年1月3日	无	北京市人民政府	整合现有道路突发事件组织管理机构，建立应对道路突发事件防范、指挥、处置体制和机制，努力实现部门之间的协调联动；整合现有道路抢险应急处置资源，建立分工明确、责任到人、优势互补、常备不懈的道路突发事件处置保障体系；整合现有道路抢险应急的信息资源，实现信息资源共享，形成机制优化、反应灵敏的信息支撑系统；规范道路突发事件的等级分类，确定道路突发事件不同等级的应对程序，明确各成员单位及相关组织的职责和权利
11	《北京市雪天交通保障应急预案》	2010年12月8日	无	北京市人民政府	按照"提前预防、充分准备、周密部署、快速反应、协调联动、果断处置"的原则，开展本市雪天交通保障应急处置工作。最大限度减少降雪天气对广大市民生产生活的影响，确保城市道路、一般公路、高速公路、桥梁的正常通行；确保公共电汽车客运、轨道交通客运、出租汽车客运、省际客运、旅游客运及生活必需品运输的正常运转

二、安全应急管理体制

1. 公路交通管理体制

管理体制是指管理体系中各个组织、部门之间的格局、管理范围及权限划分的准则或者制度,各个组织、部门之间既互相制约,又互相联系。管理部门的分配设置是建立健全管理体制的重要环节,不同管理部门的职能不同,涵盖整个应急管理的各个方面和阶段,共同协同高效完成应急管理工作。高速公路的交通管理体制是指:针对高速公路道路交通的性质,为实现高速公路的畅通运行,保障道路相关人员的人身安全和财产安全而对相关管理部门设置、对其职责权限进行划分的制度。

市级交通行政执法总队承担高速公路中的行政和执法等应急管理工作(限制人身自由的行政处罚权除外)。高速公路交通管理体制秉承的原则是"综合治理",也就是"统一管理、综合执法"的治理模式,把交通部门的路政、运政职能和公安部门的交通安全职能整合一起,统一由成立的高速公路综合行政执法部门管理,隶属市级交通局,该部门独立承担高速公路行政执法职责,承担行政管理和执行相关职责。

2. 高速公路应急管理体制

城市高速公路的应急管理体制是由指挥中心和监控中心以及市级交通执法总队的基层执法大队执法巡逻组成,如图6-5所示。

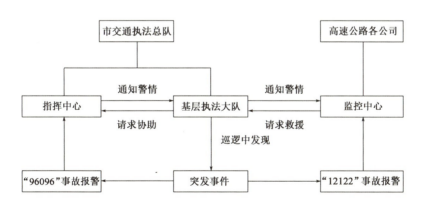

图6-5 城市高速公路应急管理体制图

(1)指挥中心和基层执法大队

前者是市级交通运输综合行政执法总队(简称"市交通执法总队")的执法机构。该中心负责高速公路突发事件的指挥调度、处置,以及"96096"交通执法服务热线的处理工作,配备专人24h轮班值守,如接到高速公路交通事故报警后,指挥中心值班人员会根据事故路段直接通知其管辖的基层执法大队,基层执法大队的值班人员根据指挥中心提供的警情信息和报警人提供的事故地点,驾驶执法车辆快速到达事故地点,迅速勘察现场状况,了解事故的基本情况,再判断是否需要通知医疗部门或是消防救援。基层执法大队在接收到报警时,在白天必须做到 5min 之内出警、夜间 10min 之内出警。执法人员在抵达事故地点时,在做好事故现场管控措施后,将现场搜集的信息第一时间反馈给指挥中心,如需要相邻大队协助交通管制或是拦截交通肇事逃逸车辆等情况时,由指挥中心负责统一指挥部署,发布相关指令。

(2)监控中心与基层执法大队

监控中心是指高速集团下属的各个高速公路分公司设立的"高速公路监控中心",负责"12122"高速救援电话的处理工作以及其公司管辖范围内的高速公路路面视频监控巡查。监控中心在接到"12122"事故报警或是监控巡查中发现交通事故时,会通知其所在辖区高速执法大队,通知执法队伍奔赴事故现场执法。执法队伍在抵达案件现场后,先进行现场勘察,按照实际需求向监控中心线上汇报并申请援助,如增派拖车、吊车等。

(3)基层执法大队 24h 路面巡逻

基层执法大队的 24h 巡逻能够进一步完善管理网络,弥补指挥中心和监控中心的不足。市交通执法总队指挥中心统揽整个高速公路的全部情况,但指挥中心值班人员存在素质差异,对高速公路路网的熟悉程度不一,可能导致错分基层大队的管辖区域,从而使相关事故信息传递错误,贻误事故处理的最佳时机。监控中心能够利用各个地点的视频监控来实时的监控当地情况,可以及时了解现场信息,并作出相应响应;然而监控网络覆盖范围有限,不能做到掌握整个事故的详细情况。因此,二者是不可或缺、相互补充的,能够实现交通事故的快速响应和及时应急救援。对于基层执法大队,在与两个中心的信息传递中,可能会存在信息重复的情况,效率会降低,然而基层执法大队工作是不可或缺的,其可以在巡逻中发现交通事故,从而快速达到现场、快速处置,消除高速公路上的安全隐患。但随着我国公车改革和高速公路网的增加,基层执法大队的 24h 不间断巡逻面临着困境。

三、安全应急管理机制

1. 预防机制

高速公路交通安全管理关键在于高速公路运营企业和市交通执法总队。高速公路运营企业需要严格落实企业主体责任,建立健全高速公路运营安全管理制度,每隔一段时间进行道路、桥梁、隧道等几个重要地点及其附属安装设备的例行检查、评估、维护等,做好高速公路各类风险隐患识别、登记、评估、防控和整治。市交通执法总队需要加大投入力度,探索运用物联网、传感器、大数据等先进技术,预防和减少高速公路交通事故发生;加强高速公路交通安全监管,依法查处各类交通违法行为和影响高速公路道路、桥梁、隧道等建(构)筑物安全的违法行为。

2. 应急预案机制

(1) 总体预案

该预案作为高速公路突发事件处理程序的总纲,是市交通执法总队应对高速公路各类突发事件的规范性文件,包括交通事故现场应急处置方案。

(2) 专项预案

该预案主要的作用是为了处理典型高速公路突发事件,并且具有一定的针对性,其范围包括交通事故、火灾、地质灾害、危险品、灾害天气、特殊安保等。

(3) 专项子案

该预案基于总体预案和专项预案的前提下,主要用于处理辖区内的各种非典型突发事件。其中包括结合基层执法大队辖区制定的交通事故现场应急处置方案,报所属支队备案,如图6-6所示。

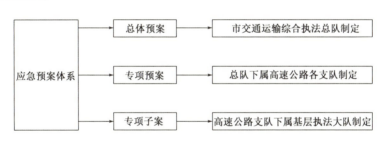

图6-6 高速公路交通应急预案体系图

3. 应急模拟机制

各高速公路应急管理相关机构每年均如期进行桌面推演、功能演练、综合实战演练等演练手段,尽可能地模拟可能出现在高速公路交通事故中的各种复杂情况和典型案例,复盘当天的演练过程和结果,相互讨论和评价分析,找出优点,并提出需要改进之处,以完善后续的演练工作以及实际处理流程和方案。

4. 突发事件预警机制

有关部门利用对高速公路安全监测体系的随机调查情况发现:通过对高速公路运行状况、车流信息等情况排查和记录分析,可以迅速地辨别监测结果,并且给出较为准确的预测情况,极大地降低了未知情况带来的隐患和直接损失。调查还发现:公安、国土、环保等其他监测单位的功能非常关键,只要能按照正确的指导文件和执行方案严格进行监测,交通事故的隐患和损失可以降到最低值。这是因为其他部门的监测结果通过大数据传输至同级交通部门后,可以人为地、有效地避免交通事故。

5. 应急响应机制

对于应急响应来说，必须严格执行《公路交通突发事件应急预案》，依据事故的损失情况和潜在隐患，把交通事故应急响应分为四级，即Ⅰ级、Ⅱ级、Ⅲ级和Ⅳ级，且等级依次降低。按照实际情况和发展预测，依照《公路交通突发事件应急预案》及时改变预警等级，防止响应不足或响应过度。若实际情况无法预测和处理，按照规定应向交通运输部甚至国务院等上级部门报告和请求指示时，交至市政府决定和执行。

6. 总结评估机制

对高速公路交通事故的调查和总结，根据有关规定成立事件调查组，客观、公正、准确地查明事件原因、性质、影响范围、经济损失等情况，确定责任，提出处理建议和防范整改措施，形成调查报告。并且，在高速公路交通事故应急处置结束后，对应急处置工作进行全面评估，总结经验教训，分析查找问题，提出改进措施，形成应急处置总结评估报告。

7. 信息的采集、发布机制

高速公路交通事故的相关信息采集除了预防预警等机制中提到的有关部门机构的主动监测、巡查等外，还来自报警、热线等。高速公路交通事故或其他突发事件发生后，有关单位和个人可通过"110""119""12122""96096"报警电话报告，或通过"12345"市长公开电话报告。

四、智慧公路安全应急管理体制机制

建立智慧公路安全应急管理体制机制(常态化排查、处理、实施、评估)，首先要满足安全应急管理的基本要求，其次应充分发挥智慧公路的技术特点，最后应建立多层级的体制机制。

第五节 存在问题

一、技术方面

(1) 主动安全预警技术手段匮乏，没有实现对风险车辆的有效识别和主动管控。

(2) 机电系统大多是独立运行，没有实现有效联动，针对突发事件的联动控制时效性差。

(3) 感知设备(事件检测、亮度检测等)故障率高，可靠性差，如图6-7所示。

a)可编辑逻辑控制器(PLC)接线老化,严重影响数据读取　　b)感知装备未定期标定

图 6-7　当前感知设备存在问题图

(4)安全应急预案可操作性差,使用者学习难、理解难、运用难,易出现纰漏,且没有实现数字化一键联动,突发事件应急响应规范性、科学性和准确性差。

(5)突发事件隧道洞口车辆有效阻拦技术手段不足,二次事故风险高。

二、系统功能方面

当前系统功能相对固定,主要为风险监测预警、信息数字化智能处理、实时远程视频监控、应急资源智能调度。但当前的系统功能无法满足智慧高速公路对安全应急提出的要求:全天候、主动安全、文明驾驶监管、快速反应、零死亡。

三、处置能力方面

关于高速公路的应急处置能力的主要问题,主要表现在救援和消防两个方面。

1. 救援队伍专业性不足

高速公路的应急救援一般由几家单位共同管理,这就需要各单位之间的协调,共同合作,而单位间的共同治理也给专业的应急救援队伍建设带来了一定的阻碍。

(1)应急救援人员任务过重

通常高速公路是按里程配置执法巡逻人员,巡逻人员除在规定的时间内完成巡逻里程数外,通常还要完成所负责辖区的收费站、服务站检查以及上级下达的解救纠纷的任务,执法人员易疲劳。

(2)应急救援人员专业素质不够

尽管执法人员在入职前都会经过专业的医疗急救培训,但这些培训通常仅适用于简单轻微的伤情处理,面对严重伤情依然无力应对。

(3)后备力量薄弱

高速公路执法巡逻经常会有各种突发情况,在某些特殊情况下,如节假日、特殊天气等情况,需要有众多的后备辅助力量,但通常这些辅助力量与执法部门签订的都是临时性合同,这些编外人员的专业性素养严重不足且没有执法权,极易在执法过程中产生冲突。

(4)应急救援设施不完善

应急救援物资保障工作处于滞后阶段。道路自动检测不具备条件,信息采集主要是人工观察等方法收集,数据收集缺乏准确性和实效性。救援站的建设存在很多问题:在偏远地区没有救援站,大多数救援站的设备设施简单陈旧,没有救护车和急救措施,也没有专业救援人员值班制度等。

(5)救援和处置效率低

各地区的实际情况、管理机制和利益的差异性以及对事故关注程度的不同,导致地区间的处理方法和规模不同,应急救援管理呈现不协调的情况。这种情况直接对救援质量和救援效率产生巨大的影响,大大降低救援效率和救援质量。

2. 消防部队能力不适应

高速公路上事故救援和现场处置在很大程度上是与消防部队紧密联系的,因此消防部队力量和专业性严重影响高速公路应急救援速度和效率。

(1)转制初期救援任务目标指向性不清晰

2018年10月9日,武警消防部队正式转制,退出现役,成立应急管理部消防救援局。这意味着区别于传统消防,救援任务有更进一步明确的类型划分,处于转制初期的消防救援局在这一过程中还有很长一段路要走。

(2)专业性培训不足

交通事故救援更加专业,其处理过程与传统消防工作有很大的不同。消防部队在专业训练中缺乏交通事故救援的专业知识,特别是对相关救护知识的培训少之又少,没有形成专业的消防救援队伍。

(3)没有足够的救援预案

救援预案的设立限于指挥组织和处置程序的某些原则性规定,没有具体的落实做法,这导致基层消防单位没有可操作性强的预案指导。

四、联动机制方面

应急管理平台信息共享机制不完善,存在着信息重复上报和接收信息不同步等情况。应急救援平台建设标准不统一,进度不一致。很多省的高速公路应急管理组织系统具有垂直结构、明确功能和重点明确的特点,相互之间界限明显、协调不足,导致实际参与救援的部门协作松散。

第四章
智慧公路安全应急保障发展目标

　　本章在公路智慧化条件下,分场景、分阶段、分对象展开安全应急需求分析,从协调机制、通信网络、应急装备、运力救援、风险监控五个维度明确安全应急主要任务。从功能完备性、技术先进性等角度考量,对高速公路、普通国省干道、农村公路提出细化的智慧公路安全应急智慧化程度的能力分级。在安全应急主要任务与智慧能力分级基础上,确定总体发展目标,即全天候、主动管控、智能预警、一体协同、零死亡,并进一步分阶段细化发展目标。为进一步推动目标达成,从设施水平、保障能力、体制机制、安全行驶水平四个维度和主客观两方面制定评价指标,发挥指标考评工具作用,进一步推动智慧公路安全应急保障相关要求落地。智慧公路安全应急保障发展目标框架如图6-8所示。

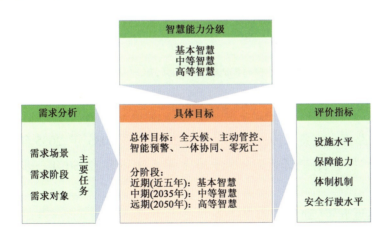

图6-8　智慧公路安全应急保障发展目标框架图

第一节 具体目标

一、总体目标

综合国家和地方关于智慧公路中安全应急保障的要求，进行总结，提出智慧公路安全应急保障总体目标。

(1) 全天候通行安全保障

通过道路边界智慧诱导、风险控制、环境改善技术装备，保障恶劣环境下（如低能见度、雨雪天气等）的安全通行效率。

(2) 主动安全管控

通过智慧交互式公路信息处理发布系统、智能车载终端等，实现公路事故多发路段、施工路段、突发异常事件等场景主动安全管控，如智能语音提醒减速慢行、提示小心驾驶等。

(3) 危险驾驶行为智能预警

通过智能监控、视频识别、大数据挖掘、智能车载终端等智能分析管控技术，实现对道路违规变道超车、超速、疲劳驾驶、车间距离过近等危险驾驶行为进行网络实时主动监控预警提醒，防患于未然。

(4) 一体化协同快速响应

通过构建跨部门、跨区域的一体化道路安全应急响应信息服务平台，同时在多部门协调工作机制保障下，实现道路安全突发事件下的智慧快速响应与处置。

(5) 零死亡

通过综合应用一系列创新技术、体制管理手段，最终实现智慧公路零死亡管控目标。

二、分阶段目标

我国智慧公路安全应急保障发展进程分为2023年到2035年、2035年到2050年两个阶段，按"三步走"推进实施，即近五年（到2027年）、2035年、2050年三步走，概括起来为"两阶段三步走"。

(1) 第一步：近五年（到2027年）目标。

感知水平：覆盖路段具有多源感知设施与路网感知能力。

互联网水平：覆盖路段实现多网融合，具备网络连接路侧感知设施的能力。

智能化水平：覆盖路段具备感知数据自学习预测，辅助决策能力。

安全应急目标：完善智慧公路安全应急顶层设计，建立标准规范体系，深入开展示范试点,智慧公路安全应急建设取得初步成效。覆盖"三重一突出",高速公路和具备条件的普通国省干线基本实现智慧安全应急管理,实现准全天候通行安全保障、主动安全提示、危险驾驶行为监管、快速应急反应、较低死亡率。其中"三重一突出"包括:重点路段(拥堵或事故易发)、重要通道(结合主骨架改造)、重大构造物(重大桥隧边坡)、突出问题(重大事件或事故应急响应、准全天候安全保障、降低养护成本)。

(2)第二步:2035年中期目标。

感知水平:全域具有多源感知设施,较为全面的路网感知能力。

互联网水平:全域多网融合,具备网络连接路侧感知设施的能力。

智能化水平:部分路段具备感知数据自主学习预测、辅助决策能力。

安全应急目标:全面建成智慧化路网安全应急管理系统,部分智慧高速公路安全应急保障水平达到国际一流水平,实现全天候通行安全保障、主动安全管控、危险驾驶行为智能预警、一体化协同快速响应、极低死亡率。

(3)第三步:2050年远景目标。

感知水平:全域实现人、车、路多方感知融合能力。

互联网水平:全域实现人、车、路、信息自由流动。

智能化水平:全部路段具备感知数据自主学习预测、自主决策能力。

安全应急目标:高水平建成智慧化路网安全应急管理系统,部分智慧高速公路安全应急保障水平达到国际领先水平,全面实现全天候通行安全保障、主动安全管控、危险驾驶行为智能预警、一体化协同快速响应、零死亡率。

第二节 需求分析

通过对现状与问题的分析,明确目前高速公路出行服务存在的痛点、难点,为智慧公路建设需求的确定奠定基础。而不同场景的应急任务特点、涉及的安全应急需求与目标不同,明确不同的安全应急场景的需求就成了智慧公路能够高效运作的基础和前提。因此,本节重点对不同场景下智慧公路的安全应急需求进行分析。

安全作为交通出行的基本保障和基本需求,面对不同的应急场景有着不同的需求。本课题将应急场景分为:异常天气、交通事故、节假日出行需求高度集中。异常天气包括冰雪路面、大雾、暴雨;交通事故包括严重拥堵、重特大事故、道路施工维护、路面抛洒物等;节假日出行需求高度集中包含节假日前期车辆增加导致的交通中断。对于不同场景有不同的个性化需求。

在既有研究中,国外已经建立了评价指标对公路的安全应急水平进行评价,根据已有成果,可以总结出目前安全应急的重点。从量化评价方法的角度,目前的研究主要侧重对事故的响应过程。随着路侧感知体系、全息数据采集与传输技术等的发展,智慧公路在安全应急方面发挥着越来越重要的作用,保证交通系统在异常状态发生时和发生后能够保持基本服务水平。智慧公路在异常状态下的应急保障能力主要表现在预防预警能力、异常状态抗冲击能力、灾后恢复能力,包括系统是否能预先感知、功能能否正常发挥、运行状态是否达到预期要求、在多大程度上能够正常发挥功能的全过程评估等方面。

一、需求场景

1. 异常天气(冰雪、雨、雾、暴风)下的需求分析

(1)异常天气的监测与预警

异常天气(冰雪、雨、雾、暴风)的及时监测和提前预警,是恶劣天气下公路交通安全的保障。智慧公路应该具备对异常天气的高精度监测,及时甚至提前预警的能力,这需要高精度的监测设备、预警算法、预警设备。不同天气情况下监测的重点不同,冰雪天气更侧重于路面结冰、路面的摩擦系数的监测与预警等;雨天气除了路面摩擦系数外,还需要关注能见度;雾、风天气更关注于能见度的监测及预警。

(2)车

智能识别前后车的距离、周围环境,对驾驶员的保护设施,实时接受监测预警信息。

(3)路

智能识别路面摩擦系数、结冰、积水状况等,并且能及时发送信息。

(4)驾驶员

驾驶员的状态监测、与自动驾驶的切换、信息的及时获取、不同天气下驾驶措施培训等。

(5)管理部门

第一,交警。不同天气下的风险识别、限速规定、预警模型、预警信息发布等。

第二,路政。预警设施(融冰、除雾、防风等)。

第三,养护部门。道路设施检修、路障清扫等。

第四,消防和医疗。异常天气下驾驶员的医疗救援。

2. 交通事故(交通事故包括严重拥堵、重特大事故、道路施工维护、路面抛洒物)下的需求分析

(1)现有公路事故成因分析、治理、效果评价

对现有公路事故进行归类、成因分析、预警、综合治理。由交通事故引起的严重拥堵

侧重于拥堵成因分析、治堵方案(交通渠化、交通组织方案)及制定效果评价。

(2)车

智能识别前后车的距离、周围环境,对驾驶员的保护设施等,及时发送车辆、人员的受损信息、接收救援信息等。

(3)路

车路协同技术,包括智能识别路面交通运行状况、及时监测路面抛洒物、智能接收车辆信息等。

(4)驾驶员

驾驶员的状态监测、与自动驾驶的切换等。

(5)管理部门

事故应急救援系统(事故应急救援预案优化、智能化),及时获取事故地点、车辆信息、驾驶员状况,针对具体情况,智能生成救援预案,如严重拥堵侧重于疏散方案的优化、重特大事故侧重于救援方案的优化、道路施工维护侧重于交通组织的优化、路面抛洒物则侧重于及时监测与清除等。

第一,交警。事故现场、外场的交通管控;事故现场取证;事故现场应急指挥;救援通道引导开道、交通拥堵的疏散等。

第二,路政。协助交警、消防、医疗救援。

第三,养护部门。协助消防、医疗进行事故现场应急处置;交通设施、设备可用性研判;事故现场受损车辆牵引;交通设施、设备检修;路障清扫以确保道路可正常通行。

第四,消防。消防作为外部力量参与突发事件的处置。公路事故应急处置中,消防部门主要负责两方面内容:事故现场火势控制和受损车辆破拆。

第五,医疗。医疗部门也是高速公路突发事件应急处置的重要外部力量,在公路事故应急处置中,医疗部门主要负责伤员救护。

3. 节假日(出行需求高度集中包含节假日前期车辆增加导致的交通中断)下的需求分析

(1)节假日出行规律分析

重点旅游景点和易引发拥堵点的客流规律分析、预测、预警、限流。

(2)车

实时接收相关信息等。

(3)路

车路协同技术,智能识别路面交通运行状况等。

(4)驾驶员

驾驶员的状态监测等。

(5)管理部门

根据客流、停车场状况等,智能调控、优化景点周围公路的交通组织;节假日人车密集情况下天气、交通事故等突发情况下的交通组织智能调控和救援方案优化等。

第一,交警。重点旅游景点、易引发拥堵点的交通组织智能调控等。

第二,路政。协助交警、消防、医疗等部门的应急救援工作;交通设施、设备检修;路障清扫等。

第三,消防和医疗。作为外部力量参与突发事件的处置。

二、不同阶段需求分析

1. 监测预警阶段

(1)信息收集、处理、发布等全过程智能畅通

管理部门及时、全面地收集道路、天气、车辆、驾驶人员等信息,并着重分析和处理对运营安全有重大或潜在影响的外部信息(异常天气、节假日等),或应对迫在眉睫的危险(重大交通事故等)。精准信息的及时、全面收集、处理、发布是智慧公路的基础。

(2)算法的精度

监测预警信息需要模型算法,比如路面结冰预警、能见度预警、交通流预测等,算法模型的精度决定了预警信息的准确度。

2. 应急处置阶段

(1)应急执法的人员与装备情况

应急执法的人员情况主要包括执法人员的数量、专业素质;面对长距离拥堵、占用应急车道的情况时,实施应急处置的专业人员到达事故点的耗时。设备情况主要包括监控盲区、全路段车路协同感应监测技术的研发应用、无人机、遥感卫星24h监测全天候实时情况以及救援直升机使用情况。

(2)应急方案的优化及决策效率

应急救援响应程序的有效启动是应急管理指挥决策工作的重要一环,不同情况下,应急救援预案的优化(效率、可操作性、救援效果等)、标准化(评价指标体系)是智能公路评价的标准之一。

(3)协调机制

主要包括联动合作(交警、医疗、路政等部门)在效率、紧密性、常态化等方面是否存在问题;信息分享制度是否完善;对外部非营利组织、营利机构、志愿者组织等非政府组织的协调联动是否积极、紧密。

(4)应急方案的实施保障

主要包括具体参与应急管理和应急处置的工作人员,是否进行应急管理知识培训;培训内容是否紧贴实际工作;培训科目是否具有专业性及综合性;各类救援设施设备的配备及更新,公路沿线设置应急物资设施设备储备点的设置、优化及物资配备等,确保应急物资设施设备及时到位等。

3. 恢复重建阶段

从公路交通应急预案、体制、机制、法制等源头上进行评估分析、重建。

三、不同对象需求分析

1. 高速公路使用者角度

高速公路使用者是智慧高速公路的主要服务对象。经调研,高速公路使用者需求主要包括快速、准确地获取出行信息,以及安全、安心地在高速公路上行驶。出行过程中,驾乘人员通过获取多元化的出行信息、精准化的道路信息、个性化的服务信息以提高出行效率,并结合快速的事件传递、便捷化的特情服务和人性化的驾驶辅助,实现快速又安全的通行。

2. 高速公路管理者角度

高速公路管理者的需求主要体现在提升"一路三方"对交通的管控能力及对高速公路使用者的服务水平上,确保高速公路通行的安全、快速、高效。例如,道路运营管理人员的需求在于构建道路安全、畅通、有序的良好通车环境,减少交通事件发生频次,减少环境对交通的影响,提升精准服务水平。

3. 高速公路相关部门角度

相关部门人员需要获取实时信息以支持工作的快速开展,例如,消防部门人员通过信息共享平台实时获取火灾、爆炸险情、危化品泄漏等事件信息,从而快速采取应急措施,防止二次事故的发生。

4. 其他行业人员角度

其他行业人员需求主要体现在通过参与智慧高速公路建设,更好地推动自身行业、产业发展。例如,互联网行业人员通过信息共享平台获取服务信息,以O2O模式向公路用户提供个性化、互动式服务。

四、智慧公路安全应急主要任务

为满足智慧公路安全应急不同阶段及对象需求，实现总体发展目标，总结主要发展任务包括以下五个部分。

第一，建立健全多部门联动、多方式协同、多主体参与的公路安全应急管理协调机制，建立科学协调的公路交通应急预案体系。研发应急预案可视化、基于数字物理系统（CPS）的应急处置策略推演与仿真等新技术。

第二，实现公路应急信息互联共享，构建公路应急通信网络。促进公路应急管理的数字化、智能化转型发展。

第三，公路应急装备现代化、专业化和智能化水平大幅提升，实现公路应急的标准化、模块化和高效化。研制新型专用无人机、机器人等装备，将灾害事故造成的损降至最低。

第四，建设公路应急装备物资和运力储备体系。科学规划布局应急救援基地、消防救援站等，加强重要通道应急装备、应急通信、物资储运、防灾防疫、污染应急处置等配套设施建设，提高设施快速修复能力和应对突发事件能力。

第五，建立健全行业系统安全风险和重点安全风险监测防控体系，强化危险货物运输全过程、全网络监测预警。在精准感知的基础上实现精确预警，尽可能避免二次事故的发生，造成更大的灾害事故。

第三节 评价指标

评价指标的设置是为了进一步引导智慧公路在安全应急方面的建设，以评促改、以评促建、以评促管、评建结合。

一、评价原则

1. 精准性原则

智慧公路安全应急考核评价指标体系必须准确地体现出该智慧公路安全应急建设的成效。因此，如何将建设目标实现程度精准反映到考核评价指标体系中是首先要考虑的问题。

2. 系统性原则

智慧公路安全应急是一个有机的系统，其规划建设涉及方方面面，考核评价体系不应该是指标的简单堆砌,而应该是一个层次分明的整体,不同维度的指标应处于不同层级,形成一定的逻辑关系。

3.科学性原则

考核评价指标的选择过程应尽量排除主观意识的影响,在指标体系的构建过程中,以定量指标为主、定性指标为辅,每一个指标都能客观反映智慧公路建设工程、任务或项目。

4.可操作性原则

考核评价指标应该是在实际操作中易于量化处理的指标,以便于对建设成效进行定量评价与比较,反映指标的数据或信息应易于采集,充分体现其实际的应用价值和运作的可能性。

二、指标框架

智慧公路安全应急保障评价指标体系框架如图6-9所示。

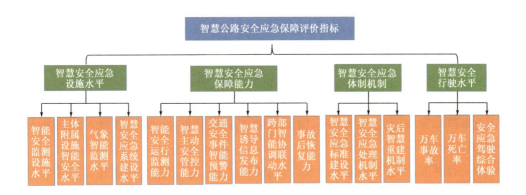

图6-9 智慧公路安全应急保障评价指标体系框架图

三、评价维度与评价指标

(一)四个维度

第一,智慧安全应急设施水平。

第二,智慧安全应急保障能力。

第三,智慧安全应急体制机制。

第四,智慧安全行驶水平。

其中，第四个维度包含两个客观量化评价指标和一个主观量化评价指标。

(二) 十六项指标

第一，智能安全监测设施水平，包括智能高清视频检测设施覆盖率、关键道路设施智能监测传感设备覆盖率等。

第二，主体附属设施智能安全水平，包括道路路面智能除冰设施、智慧安全锥桶、智慧道钉、智能超载超速识别设施等智能安全设施覆盖率等。

第三，气象智能监测水平，包括智能气象监测设施覆盖率等。

第四，智慧安全应急系统建设水平，包括安全应急专网带宽、道路5G传输网络覆盖率、道路安全应急智慧管控平台覆盖率等。

第五，智能安全运行监测能力，包括道路抛洒智能识别准确率、异常驾驶行为智能识别准确率、超速超载智能识别监测比例等。

第六，智慧主动安全管控能力，包括异常道路信息智能提醒范围、交通管控信号灯联动比例、道路运行主动干预能力（如桥梁、隧道、关键路段主动封闭）等。

第七，交通安全事件智能预警能力，包括事件智能预警准确率、事件智能预警类型覆盖范围、事件智能预警速度等。

第八，智慧诱导信息发布能力，包括智慧诱导信息发布速度、智慧诱导信息传递准确率等。

第九，跨部门智能协调联动水平，包括智能安全应急系统多部门覆盖率、跨部门信息传递与通过效率等。

第十，事故后恢复能力，包括事故信息智能识别反映时间、事故处理及道路恢复正常通行平均消耗时间等。

第十一，智慧安全应急标准建设水平，包括智慧安全应急系统建设地方政策标准指南出台情况、智慧安全应急预案完备程度等。

第十二，智慧安全应急处理机制水平，包括智慧安全应急处理机制完备程度、安全应急处理边际效益水平等。

第十三，灾后智慧重建机制水平，包括灾后智慧重建机制完备程度等。

第十四，万车事故率，即在智慧安全应急系统保障下地区每万辆机动车的年交通事故（一般以上事故）次数。

第十五，万车死亡率，即在智慧安全应急系统保障下地区每万辆机动车的年交通事故死亡人数。

第十六，安全应急驾驶综合体验，指通过满意度问卷获得的驾驶人安全应急综合体验量化得分。

其中,指标一、二、三用于评价智慧公路安全应急硬件设施建设水平维度,作为实现智慧安全应急功能的基础,能够反映项目投入情况。智慧安全应急系统建设水平反映智慧安全应急软件设施建设情况,其中保障网络安全也是智慧公路的重要环节。智慧安全应急能力维度涉及六个指标,主要反映感知、主动管控、预警、诱导、协同、恢复能力。体制机制维度三个指标主要对应灾前制度建设预防、灾中应急处理机制、灾后重建情况。智慧安全行驶水平维度则是对在智慧安全应急系统保障下的实际道路行驶主客观安全水平进行量化评估。

(三)指标内涵

指标分值见表6-13。

评价指标分值表 表6-13

评价维度	评价指标	分值
智慧安全应急设施水平 (24分)	智能安全监测设施水平	6分
	主体附属设施智能安全水平	6分
	气象智能监测水平	6分
	智慧安全应急系统建设水平	6分
智慧安全应急保障能力 (36分)	智能安全运行监测能力	6分
	智慧主动安全管控能力	6分
	交通安全事件智能预警能力	6分
	智慧诱导信息发布能力	6分
	跨部门智能协调联动水平	6分
	事故后恢复能力	6分
智慧安全应急体制机制 (15分)	智慧安全应急标准建设水平	5分
	智慧安全应急处理机制水平	5分
	灾后智慧重建机制水平	5分
智慧安全行驶水平 (25分)	万车事故率	10分
	万车死亡率	10分
	安全应急驾驶综合体验	5分
合计		100分

第四节　智慧能力分级

按照普通国省道、高速公路、农村公路三类，从建设项目、设计目标、智慧水平三个维度提出智慧公路安全应急智慧化程度的能力分级，其中，普通国省道、高速公路、农村公路安全应急保障智慧化程度分别划分为三级、五级、二级。

一、普通国省道智慧安全应急保障水平分级

普通国省道一级智慧公路安全应急要求应满足全路网智能监控设施、智能安全应急设施、气象智能监测设施80%覆盖率以上，具备80%以上全路段实时智能安全监测与事故预警、主动安全管控、全环节信息发布、事故智能快速处置等，并且跨部门智能协调联动系统基本成型，同时全部功能项均实现国际一流智能网联化水平，全路网实现较低事故率、极低死亡率及边际效益最大化目标，见表6-14。

普通国省道智慧安全应急保障水平分级表　　表6-14

智慧安全应急保障等级	建设项目	设计目标	智慧水平
一级	①实现全路网智能监控设施、智能安全应急设施80%覆盖率以上；②具备80%以上全路段实时智能安全监测与事故预警、主动安全管控、全环节信息发布、事故智能快速处置等，跨部门智能协调联动系统基本成型	①全部功能项均实现国际一流智能网联化水平；②全路网实现较低事故率、极低死亡率及边际效益最大化目标	高等
二级	①实现关键路段、交叉路口智能监控设施、智能安全应急设施、气象智能监测设施全覆盖；②具备60%以上全路段实时智能安全监测与事故预警、主动安全管控、全环节信息发布、事故智能快速处置等	①关键功能项实现国内领先智能网联化水平；②智慧化路段及交叉路口实现较低事故率、极低死亡率及边际效益最大化目标	中等
三级	①实现关键路段、交叉路口智能监控设施、智能安全应急设施、气象智能监测设施80%覆盖率以上；②具备80%以上关键路段、交叉路口实时智能安全监测与事故预警、全环节信息发布、事故智能快速处置等	①关键功能项实现国内一流智能网联化水平；②智慧化路段及交叉路口实现低事故率、较低死亡率及边际效益最大化目标	基本

其中,低事故率指世界万车事故率最低十个国家对应平均值;低死亡率指世界万车死亡率最低十个国家对应平均值;较低事故率指世界万车事故率最低三个国家对应平均值;较低死亡率指世界万车死亡率最低三个国家对应平均值;极低事故率指世界万车事故率最低国家对应值的一半以下;极低死亡率指世界万车死亡率最低国家对应值的一半以下;零死亡率指实现正常通行条件下无致死事故发生;边际效益最大化指相对系统改善获得的事故风险降低对应的系统成本增加最小。

二、高速公路智慧安全应急保障水平分级

对于高速公路一级智慧公路安全应急要求,应满足全路网智能监控设施、智能安全应急设施、气象智能监测设施90%覆盖率以上,具备90%以上全路段实时智能安全监测与事故预警、主动安全管控、全环节信息发布、事故智能快速处置等,并且跨部门智能协调联动系统完全打通,同时全部功能项均实现国际领先智能网联化水平,全路网实现极低事故率、零死亡率及边际效益最大化目标,见表6-15。

高速公路智慧安全应急保障水平分级表　　表6-15

智慧安全应急保障等级	建设项目	设计目标	智慧水平
一级	①实现全路网智能监控设施、智能安全应急设施、气象智能监测设施90%覆盖率以上; ②具备90%以上全路段实时智能安全监测与事故预警、主动安全管控、全环节信息发布、事故智能快速处置等,跨部门智能协调联动系统完全打通	①全部功能项均实现国际领先智能网联化水平; ②全路网实现极低事故率、零死亡率及边际效益最大化目标	高等
二级	①实现全路网智能监控设施、智能安全应急设施、气象智能监测设施80%覆盖率以上; ②具备80%以上全路段实时智能安全监测与事故预警、主动安全管控、全环节信息发布、事故智能快速处置等,跨部门智能协调联动系统逐渐成熟	①全部功能项均实现国际一流智能网联化水平; ②全路网实现较低事故率、极低死亡率及边际效益最大化目标	
三级	①实现全路网智能监控设施、智能安全应急设施、气象智能监测设施70%覆盖率以上; ②具备70%以上全路段实时智能安全监测与事故预警、主动安全管控、全环节信息发布、事故智能快速处置等,跨部门智能协调联动系统基本成型	①关键功能项实现国际一流智能网联化水平; ②智慧化路段及交叉路口实现极低事故率、零死亡率及边际效益最大化目标	

续上表

智慧安全应急保障等级	建设项目	设计目标	智慧水平
四级	①实现全路网智能监控设施、智能安全应急设施、气象智能监测设施60%覆盖率以上；②具备60%以上全路段实时智能安全监测与事故预警、主动安全管控、全环节信息发布、事故智能快速处置等	①关键功能项实现国内领先智能网联化水平；②智慧化路段及交叉路口实现较低事故率、极低死亡率及边际效益最大化目标	中等
五级	①实现关键路段、交叉路口智能监控设施、智能安全应急设施、气象智能监测设施全覆盖；②具备关键路段、交叉路口实时智能安全监测与事故预警、全环节信息发布、事故智能快速处置等	①关键功能项实现国内一流智能网联化水平；②智慧化路段及交叉路口实现低事故率、较低死亡率及边际效益最大化目标	基本

三、农村公路智慧安全应急保障水平分级

对于农村公路一级智慧公路安全应急要求，应实现关键路段、交叉路口智能监控设施、智能安全应急设施、气象智能监测设施80%覆盖率以上，具备80%以上关键路段、交叉口实时智能安全监测与事故预警、主动安全管控、全环节信息发布、事故智能快速处置等，同时关键功能项实现国内领先智能网联化水平，智慧化路段及交叉路口实现较低事故率、极低死亡率及边际效益最大化目标，见表6-16。

农村公路智慧安全应急保障水平分级表　　表6-16

智慧安全应急保障等级	建设项目	设计目标	智慧水平
一级	①实现关键路段、交叉路口智能监控设施、智能安全应急设施、气象智能监测设施80%覆盖率以上；②具备80%以上关键路段、交叉路口实时智能安全监测与事故预警、主动安全管控、全环节信息发布、事故智能快速处置等	①关键功能项实现国内领先智能网联化水平；②智慧化路段及交叉路口实现较低事故率、极低死亡率及边际效益最大化目标	中等
二级	①实现关键路段、交叉口智能监控设施、智能安全应急设施、气象智能监测设施60%覆盖率以上；②具备60%以上关键路段、交叉路口实时智能安全监测与事故预警、全环节信息发布、事故智能快速处置等	①关键功能项实现国内一流智能网联化水平；②智慧化路段及交叉路口实现低事故率、较低死亡率及边际效益最大化目标	基本

四、预期目标

预计 2027 年以前,全部沿海经济发达省(自治区、直辖市)、部分内陆及西部人口密集或事故多发区域应达到基本智慧安全应急水平。

预计 2035 年左右,全部沿海经济发达省(自治区、直辖市)、部分内陆及西部人口密集或事故多发区域应达到中等智慧公路安全应急水平,其他地区 50% 以上应达到基本智慧公路安全应急水平。

预计 2050 年左右,全部沿海经济发达省(自治区、直辖市)、部分内陆及西部人口密集或事故多发区域应达到高等智慧公路安全应急水平,其他地区总体应达到基本及以上智慧公路安全应急水平。

第五章 智慧公路安全应急保障发展架构与技术路线

第一节 总体框架

基于对智慧公路安全应急建设需求、总体目标、发展阶段的理解,提出智慧公路安全应急建设"1+M+N"总体框架,其中"1"为基础支撑,"M"为配套体系,"N"为应用场景,应用场景"N"是建立在"1+M"之上的,如图6-10所示。

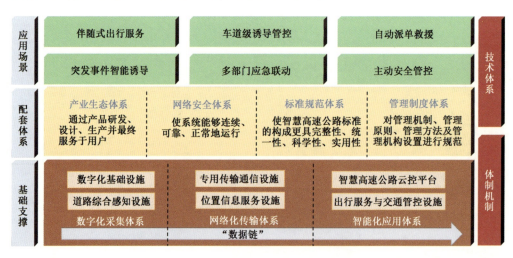

图6-10 智慧公路安全应急发展研究框架图

一、基础支撑

基础支撑是建设智慧高速公路所必须具备的设施条件,以"数据链"为主线,分为数字化采集体系、网络化传输体系和智能化应用体系三部分。

1. 数字化采集体系

由数字化基础设施和道路综合感知设施组成。数字化基础设施包含应用 GIS、BIM、三维可测实景、倾斜摄影、高精地图等技术,实现基础设施的数字化,建立"一张图",并建设设施状态信息感知、新能源供给、自动驾驶专用车道等新型道路基础设施。道路综合感知设施包括沿高速公路设置的交通运行状态、交通气象、基础设施状态、车辆微观行为状态、设备运行状态等数据采集设施。

2. 网络化传输体系

由专用传输通信设施和位置信息服务设施组成。专用传输通信设施包含沿道路基础设施部署全程覆盖的有线通信、无线通信(DSRC/LTE-V2X/5G-V2X 等),提供超低时延、超高可靠、超大带宽的通信服务。位置信息服务设施包含基于导航卫星、地基增强站、高精度地理信息服务平台等实现精度达到厘米级的低成本、高可靠定位。

3. 智能化应用体系

由智慧高速公路云控平台和出行服务与交通管控设施组成。智慧高速公路云控平台包含应用云计算、大数据、人工智能、边缘计算等技术,构建具备多源信息融合能力、强计算分析能力的数据中台及具备智慧管理控制能力、精准服务能力的综合业务应用平台。出行服务与交通管控设施包含提供道路/车载出行信息、服务区、道路交通管控及车路一体化控制信息等服务功能的设施。

二、配套体系

配套体系是为完善智慧高速公路架构建设而提出,与基础支撑共同作用的部分,包含产业生态体系、网络安全体系、标准规范体系和管理制度体系。

1. 产业生态体系

是由能够对智慧高速公路发展产生重要影响的设备供应商、软件开发商、系统集成商、消费者等产业的各类参与者以及智慧高速公路的基础支撑与外部环境等构成,通过产品研发、设计、生产并最终服务于用户。

2. 网络安全体系

为了确保智慧高速公路硬件安全、软件安全及其系统中的数据不因偶然的或者恶意的原因而遭受到破坏、更改、泄露,使系统能够连续、可靠、正常地运行。

3.标准规范体系

使智慧高速公路标准的构成更具完整性、统一性、科学性、实用性，是满足有序进行智慧高速公路建设及管理的需要。

4.管理制度体系

通过对管理机制、管理原则、管理方法及管理机构设置进行规范，确保智慧高速公路顺利运营，是推动智慧高速公路发展的可靠保证。

三、应用场景

应用场景包含在智慧高速公路总体架构下产生的具体应用，结合智慧高速公路建设总体目标，应重点开展但不限于以下六个场景：伴随式出行服务、车道级诱导管控、自动派单救援、突发事件智能诱导、多部门应急联动、主动安全管控。

四、体制机制与技术体系

体制机制包含目标与架构、跨区域跨部门协作效率智能提升机制、安全应急保障行政管理体制、安全应急保障市场化机制、安全应急保障运行机制、安全应急海陆空联合治理框架、重大自然灾害下应急预案。技术体系包含安全与应急救援智能管控场景分析、智能安全管控与应急救援智能技术应用现状、安全管控与应急救援资源优化配置需求、新形势下智能安全管控与应急救援技术体系等。

第二节　智能安全管控与应急救援技术体系

一、安全与应急救援智能管控场景分析

公路安全应急救援智能管控场景来源于公路突发事件的类型，不同类型的实践触发的管理方式和管理人员不同，按照事件发生的类型可将事件分为一般性事件和突发性应急事件。由于公路需要定期进行路面养护及施工程序，在执行该类程序的过程中导致道路拥堵引发的交通事件，通常具有起因明确，事故发生时间、地点便于确认，管控流程具有规范化、易于执行等特点。故该类事件可通过现有公路管理系统按章程处理，进行交通管制即可。

突发性应急事件是指在任意空间、时间上突然发生，已经或具有潜在可能性造成社会危害，为减少危害影响，需要采取必要处置措施加以应对的各类事件，主要包括各类自然

灾害、大型公路交通事故、公共卫生事件以及对社会有危害的其他人为事件等。细化到公路场景中,可以将公路网典型事件定义为涉及人或货物导致路段上交通流发生变化,同时范围内的车道通行状态受到影响的突发性应急事件,以下简称典型事件。

典型事件往往具有不可预知性,一旦发生,有可能对道路运营管理产生较大影响,会严重危害人员的生命及各类财产等社会经济,需要尽快调配各类资源,赶赴现场进行处置,保障人员生命,减少路产损失,快速恢复道路正常通行。

根据交通运输部《公路交通突发事件应急预案》及各级分预案所规定,综合评判事件发生性质、事件严重程度、事件影响范围及后续的可控性等因素,可将应急事件定为特别重大、重大、较大及一般四个等级。按照事故起因、性质、危险等级等,可将公路典型事件按照表6-17进行分类。

公路典型事件分类表　　　　　　　　表6-17

事件类别	事件特征
交通事件	车辆相撞、侧翻等原因导致的事件
危化品事件	事件涉及车辆中有危化品车辆,同时危化品有泄漏现象
火灾事件	车辆自燃及其他原因导致的火灾类事件
自然灾害	极端天气如雨、雪、雾等引发的各类灾害事件
地质灾害	极端天气频发引起滑坡、泥石流等地质灾害导致的交通中断、阻塞事件

不同典型事件具有不同性质。基于各类预案指导,在公路场景中,不同等级的典型事件涉及的伤亡人数、车辆携带物资、涉及车辆个数、当前拥堵长度等因素均为评判事故等级的指标,公路应急指挥中心可根据各类指标决策典型事件所涉及的部门,所需要的人员、设备等应急资源,并灵活使用不同手段进行救援指挥。

二、智能安全管控与应急救援智能技术应用现状

(一)智慧公路主动安全管控方法框架设计应用

车道化主动控制系统通过外场感知设备采集交通运行数据和气象数据,实现交通运行态势实时评估,对交通瓶颈快速预警;当有恶劣天气、事故等突发事件发生时,对车道和车速进行管控,避免二次事故的发生,提高道路安全水平。该系统分为实时数据接入、交通运行态势评估、动态控制策略生成以及控制信息发布等功能模块。其中实时数据接入模块导入道路断面分车道数据;基于此,交通运行态势感知模块通过交通时空特性分析掌握交通状态,从而分析生成匹配实时环境及交通运行状态的动态控制策略方案,并通过分车道信息发布、主动发光轮廓标等措施实现信息发布及诱导,实现高速公路分时段、分路段、分车道实时交通管理与控制,如图6-11所示。

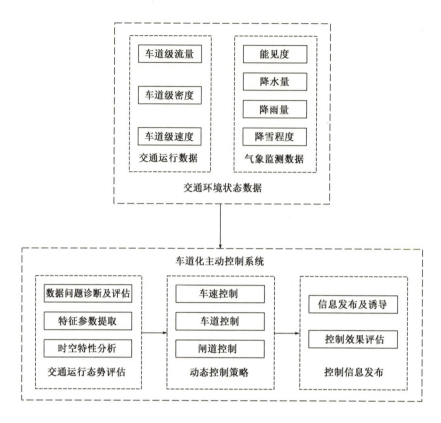

图6-11 车道化主动控制系统架构示意图

1. 实时数据接入

车道化主动控制系统离不开精确的交通数据和精准的事件判断。在交通数据获取方面,传统高速公路交通监测主要以视频为主,数据输出以图片或者不同码流的视频为主。随着智慧高速公路的逐步建设,以交通雷达为代表的新型交通设施在高速公路中应用。交通雷达可为主动控制系统的分析研判提供车道级的流量、密度、速度等数据。

高速公路气象设备有自动气象站、能见度检测仪和路面检测仪等设备,检测原理是以点推算周围一定范围内的气象状态。在交通事件检测方面,传统高速公路设置的视频事件检测仪,由于视频图片的清晰度不够或者分析软件算法的局限性,检测精度并没有达到预期效果。在传统机电设施基础上,荣乌新线智慧高速公路结合交通雷达、高清卡口、道路监控摄像机、气象设备等,形成多源数据融合的感知系统。在交通数据获取方面,以雷达感知为主、视频数据为辅;在气象数据获取方面,以公里级气象感知为主、视频检测为辅;在事件检测分析方面,融合事件检测仪、雷达数据、气象数据,确定交通事件,从而为主动控制系统提供精确的数据支撑。

2. 交通运行态势评估

最大限度利用多类型感知数据,通过对数据问题诊断、数据评估、交通流特征参数提取及分析,完成交通运行状态实时评估、交通事件判别以及历史数据溯源等功能,实现对交通危险状态和拥堵状态的提前预警。

3. 主动控制策略

基于道路线形和交通量特征,融合提高行车效率与安全的策略模型,基于速度、车道和匝道等控制方式,形成涵盖恶劣天气、交通拥堵、交通安全风险等级高、车道临时关闭等场景的主动控制策略。主动控制策略主要包括可变限速控制策略、动态车道管控策略、匝道流量控制策略和实时信息发布策略等,共计 12 大类 50 余项控制策略。重点控制策略如下。

第一,基于不良天气场景的可变限速控制不良天气(如能见度低、路面湿滑)导致的交通运行缓慢、不稳定。该功能根据实时采集的气象数据,确定与气象条件匹配的限速值,并通过信息实时发布技术发布给道路使用者。其中具体的气象条件主要包括雾、风、冰雪、强降雨等情况。本系统利用不良天气下的可变限速控制,保证交通流的平稳运行,提高交通安全和通行效率。

第二,基于交通运输事故场景的动态车道管控。由于高速公路的车辆运行速度快且交通环境多变,很容易产生交通事故。该功能根据事故发生的位置和事故等级,在道路上设置警戒区、过渡区和预警区和预警区上游等区域,并对每个区域内信息标志的限速值、图标和文字提示信息进行优化设置,引导车辆有序通过事故路段。

第三,基于道路养护施工场景的动态车道管控。该功能根据道路养护的开始位置、结束位置、影响车道,在道路上设置工作区、纵向缓冲区、上游过渡区、警告区、下游过渡区和终止区等区域,并对每个区域内信息标志的限速值、图标和文字提示信息进行优化设置,引导车辆高效通过施工路段。

第四,基于交通违法行为场景的动态车道管控。该功能根据道路抛洒物和障碍物的位置信息,在道路上设置警戒区、过渡区、预警区和预警区上游等区域,并对每个区域内信息标志的限速值、图标和文字提示信息进行优化设置,引导车辆安全通过有障碍物和抛洒物的路段。

第五,基于货车占比过高场景的动态车道管控。该功能根据交通雷达检测的货车流量,自动调整是否设置货车专用道,并对货车专用车道控制区域内的限速值、图标和文字提示信息进行优化设置,引导货车和其他车辆分车道行驶,提高通行安全和通行效率。

4.控制信息发布

根据控制信息发布需求,可每 1~2km 设置 1 处分车道信息标志或条形信息标志,对交通运行状态进行主动调控和正面干预,保障全线交通流安全、平稳和高效运行。

(二)人工智能技术在公路安全应急中的应用

随着国民经济的不断发展,各类企业产品生产制造过程中对安全的要求越来越广泛,在安全生产主体责任和安全生产相关标准规范的落实中,基于对人、车、物的安全生产监管需求愈发突出。传统监管手段无法做到事前预警、预测、预判,而随着高清视频监控技术、人脸识别技术、车辆技术识别、视频结构化技术的发展,在广大应急市场已经取得了较为突出的成绩。应急管理部门亟须将结合上述技术的智能图像分析算法应用到危化品车辆运输的风险识别监测过程中,在危化品企业园区实现人脸动态识别,形成人的轨迹、人的周界防护、人的身份特征。而通过基于该算法基础形成的深度学习、人工智能、视觉计算能力可以设计构造基于人的特征行为识别算法,将规范化在危化品车辆和危化品仓库中人员行为导致的相关危害风险,诸如危化品车辆疲劳驾驶、危化品车辆驾驶危险驾驶行为、易燃易爆物活动区域的抽烟行为、危化品仓库如气体加工液体发酵等禁止接触、禁止靠近的入侵检测等。相关实地调研数据统计表明,在运输过程中危险驾驶行为、疲劳驾驶行为等是危化品车辆发生事故的主要原因。危化品车辆的跨地域进出、行驶轨迹、初次入城、频繁出入等都与危化品车辆管理的风险控制息息相关。危化品仓库中的周界防护、入侵检测、遗留物检测、人脸识别、人的轨迹盘查等也与落实危化品仓库中的安全行为识别风险相关。因此,危化品仓库和危化品车辆作为事故高发频发的对象应配套全方位多维度的监管手段。视频图像分析技术就是有效对高发频发对象的维度分析应用的有效手段。视频图像分析技术包括了视频图像识别算法和算法深化应用两大部分,算法解决的是视频结构化对象的识别和记录问题,算法深化应用解决的是对存储后的海量数据如何进行分析应用的问题,通常利用深度学习、机器学习、人工智能、知识图谱等技术手段对视频分析,实现合规检测、预警预测预判,并消除传统人工翻查缓慢、隐患点动态检测排查效率低下、线索疑情事件关联关系模糊、无法防患于未然的问题。作为应用研究中的核心技术之一的视频结构化技术,是将视频内容中的重要信息进行结构化提取,对视频内容按照语义关系,采用时空分割、特征提取、对象识别、深度学习等处理手段,组织成可供计算机和人理解的文本信息或可视化图形信息。在实际应用中,文本信息可进一步转化为应急管理部门监管使用的信息,实现视频数据向有效信息的一次转化。

(三)无人机技术在智慧公路安全应急中的应用

智慧交通中的无人化装备,例如无人机自动飞行系统,在交通线路巡查与流量监控、基础设施巡检以及应急救援等智能化交通领域方面有着广泛的应用潜力。而在未来的车路协同时代,车辆融合自身感知和路侧感知信息,以应对更加复杂的道路场景,大大提升自动驾驶的安全能力。未来更多的基础设施和智能装备会出现在道路上,巡检工作内容和工作量将急速倍增,而无人机自动巡检系统可以在空中作业,确保道路在不封锁的情况下对基础设施进行巡逻,保障道路高效率地运输生产,在未来的交通场景下大有可为。

目前,高速公路应急巡逻、路面巡查、养护巡查主要采用工作人员驾驶车辆到达现场的方式,虽然能够开展常态化的巡逻工作,但是日常巡查高频出动用车成本高,特殊情况下人员有限,而车辆在高速公路上巡查时行驶速度不宜过低,导致无法清晰拍摄路面病害的状态,尤其在针对特大桥梁、高边坡等养护勘查作业中,道路本身环境复杂,若频繁停车、下车勘查、拍照取证将存在安全隐患,极易增加二次事故的发生风险,而作业中异常信息采集主要依靠工作人员的手机拍摄、录入,像素、性能差异数据的准确度难以得到保证。

相对于人工巡查方式,无人机公路巡逻系统有着巨大的优势。由无人机自动机场、5G网联无人机、机载飞行大脑以及云端智能识别系统构成的无人机自动交通巡逻系统,可实现无人机日常全自动巡逻。无人机通过实时机载 AI 获取巡逻第一视角视频图像,使用深度学习训练神经网络模型对视频中的车道线进行识别,并根据车道线在视角中的实时位置,调整无人机云台镜头,使得道路路面始终位于画面中央,精准锁定道路路面,如图 6-12 所示。

图 6-12　无人机巡逻第一视角视频图像

在巡逻过程中,无人机将拍摄的高清视频实时传输到云端的业务分析平台,计算机视觉(CV)图像识别系统的多模型算法自动识别车辆异常,支持识别公路中常见的违法行为,如占用应急车道、非法停车、违规驾驶、行人上高速公路等,如图 6-13 所示。

图 6-13　图像识别系统自动识别多种道路异常

CV 图像识别完成后,将实时识别结果反馈至无人机,无人机机载飞行大脑将调整云台角度,跟踪并锁定违法车辆,进行变焦拍照,并记录该车辆的车牌信息和行驶速度,为非现场执法进行取证并生成工单,形成业务闭环。工作人员可以根据实际现场情况,借助无人机喊话系统喊话,及时劝阻纠正、消除隐患。如有临时任务,工作人员还可以远程接管无人机,手动控制无人机机载云台的角度和无人机的飞行姿态,进行全程协助或监管,确保道路应急处置工作有条不紊地进行。

1. 日常道路巡查

无人机执行全自动全天候飞行巡查,基于 BIM + GIS 技术的智慧平台建模,可以定期对路面进行精细化飞行巡检,实时推送路面异常,识别出路面常见的电子信息标志、散落物、烟雾起火、坑洼破裂和积水结冰,以及路边存在的边坡位移、违章搭盖、排水沟等情况。

2. 日常养护巡查

该系统支持精细化养护目标巡查,通过历史对比自动识别路面坑洼、裂缝、防护栏破损、指示牌陈旧或被遮挡、不规范施工等异常,并将高清视频实时回传,全自动报告生成待养护项目清单,第一时间提醒相关单位进行智慧管养。

3. 桥隧巡查

在公路中,桥隧这种复杂交错的隐蔽性空间结构较多,存在盲点和较多遮挡,无人机可以覆盖桥梁下方空间、桥涵洞、隧道边坡及隧道上方设施的巡逻死角,确保没有危及公路桥梁安全的异常。无人机公路自动巡检系统具备的多维度信息数据采集能力,是采集道路信息数据的得力抓手,通过融合多角度拍摄、覆盖道路全场景的监控视频,构建交通基础模型,再接入物联传感设施,形成包含公路、桥梁、隧道等各要素的交通数字孪生场景,实现物与物、物与人、物与网络、人与人之间的泛在连接,从而对交通运输情况提前做出推演预判,以数据驱动决策,提升道路基础设施的建设质量、运行效率、服务水平和管理水平,落实道路交通运输中的各方安全主体责任。

(四)物联网技术在安全应急管理中的应用

物联网技术大量应用于公路应急管理中,以射频识别技术、GPS 技术和传感网络技术应用最为广泛。

1. 射频识别技术

射频识别技术,即 RFID,又称电子标签,属于一种非接触自动读取识别技术,即利用无线的方式对特定的射频信号进行扫描识别获取信息数据。RFID 系统主要包括电子标签(也叫智能标签,分有源、无源及半有源三种)、阅读器和天线(接收装置)。

电子标签由芯片及耦合元部件组成,具有电子编码唯一性,且有写入储存功能,安装在物品上作为目标对象。电子标签存在有源标签、无源标签及半有源标签的区别,是按电能获取的方式来界定的。有源标签自带电池,电池寿命限制了标签的使用次数和时间,但其可靠性强,信号传输远;无源标签不带电池,靠天线和感应线圈提供电力,具有长期使用价值,能长时间传输和存储数据;半有源标签只使用自带电池启动系统,然后进入无源工作模式。

阅读器为连接电子标签和应用系统的纽带,是一种读写装置,可以和电子标签交互信息,同时也接收主机系统的命令。

天线是接收和传递电子标签与阅读器之间的射频信号,其尺寸与性能影响着阅读器的识别率和工作距离。

基于 RFID 的车辆识别系统工作原理如下:在系统工作的过程中,阅读器首先通过天线发射加密的数据载波信号,并将传送这些信号到通过车辆的电子标签,经过相应的识别处理工作激活电子标签(本系统采用无源电子标签),然后将具有车辆信息的载波信号通过天线发射回阅读器,此时阅读器就按照特定方式接受和解读数据,并将信息送到后台计算机系统进行相应的处理,完成车辆的自动识别工作,如图 6-14 所示。

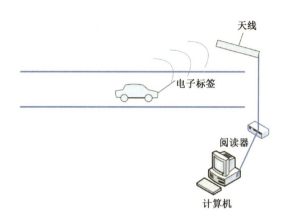

图 6-14　RFID 工作原理图

为完成整个路段的车辆全识别,对于安装 RFID 车辆识别系统的车辆,可以每隔一段距离设置一组天线和阅读器装置,或者安装阅读器于收费车道内、道路交叉路口以及匝道口和大流量路段处,车辆在通过这些路段时阅读器就获取到车辆的号牌及经过时间等信息。对于未安装 RFID 车辆识别系统的车辆可以通过设置在高速公路路中的车牌识别系统进行车牌抓取,并配合国家车牌数据库完成对车牌信息的校验,一并通过通信网络传输至管理系统。

RFID 技术具有以下几方面优点:无接触,阅读距离远;多个标签同时识别;快速移动物体仍可识别;穿透力非金属进行阅读;无线通信,适应环境能力强,全天候工作。

2. GPS 技术

GPS,即 Global Positioning System,具有实时、全天候、全球性的覆盖能力,可以提供车辆定位、导航、防盗、路径监测和呼叫控制功能。通过与现代通信技术的结合,动态地测定地球表面三维坐标,实时进行定位与导航,为民众出现提供了便利,得到了广泛应用。载波相位差分法 GPS 技术可以极大地提高其定位精度,在一定范围内达到厘米级精度。此外由于 GPS 测量技术比常规测量方法更加方便灵活,因此大量应用于工程测量中。GPS 全站仪的发展在地形、土地测量、位移、变形、沉降监测中的应用非常广泛,具有精度高、效率高,且成本相对较低的优势。

3. 传感器网络技术

无线传感器网络是通过部署在特定监测区域的微型传感器,无线通信形成的一个多跳自组织网络。传感器网络拓展了人们同物理世界的沟通。无线传感器网络是一种非接触式的信息采集平台,能够实时采集、监控及管理相对应的网络分布区域内的目标对象信息,并将采集的信息传送到相应的网络节点,用以实现对特定范围内目标的跟踪、检测,具有展开速度快、抗毁坏能力强等特点,有着广阔应用前景。

无线传感器网络可以对高速公路来往车辆进行监测,并根据监控和分析结果,对交通情况进行分析,为交通拥堵状态提供预警,以保障高速公路通行效率。而交通信息采集应用中,其终端设备可使用非接触式传感器装置来采集区域内的车辆速度、通过时间、车牌等相关信息。利用众多终端节点对采集来的信息进行处理后传输至网关节点,并依据一定的算法进行数据融合,获得通行车流量和运行速度等信息,从而为及时拥堵预警提供基础信息。此外,终端节点安装的温湿度、光照度、降水、气压等传感器,可对路面、桥梁、隧道状况及天气状态进行检测。

物联网技术大量应用于公路应急管理中,涉及事件预警、处理信息发布全过程。

(1)交通执法管理

基于 RFID 技术的交通执法管理系统通过视频监控、地感线圈、"时空差分"技术,实现对超速、逆向、高速路口变道等违章行为的实时准确的判定,并完成相应的处罚。

在特定的情况下,高速公路执法部门可对指定区域内车辆运行状态、事故发生全过程进行回溯。基于 RFID 技术的交通执法系统通过固定区域的阅读器识读车辆信息,通过通信网络传输至交通执法管理系统完成信息的分析、处理、存储等工作,以供历史行车记录信息的查询及数据分析。

(2)高速公路预警系统

高速公路预警系统是利用 RFID、GPS、传感器等技术,对车辆、路面、边坡、桥梁、隧道、天气状况等进行实时监控,全面而准确地掌握各种设施的状态信息,为应急管理系统提供基础数据进行分析,以做出相应状态下的决策,最终实现对高速公路通行状况的预警,保障高速公路运行的安全可靠。

高速公路预警系统利用安装在设施内的电子标签或传感器等实时采集设施状态信息,通过通信网络传输至应急管理系统,与安全状态下或范围内的数据进行比较,得出计算结果,分析判断是否进行应急处置,以解决高速公路设施设备的安全隐患。

(3)突发事件处置

利用 RFID 技术、图像识别技术及视频监控技术,对高速公路中的突发事件进行检测、分析判断定性,然后利用基于 RFID 或 GPS 技术进行事故发生地点定位,一并通过通信网络传输至应急管理系统,根据所属事件性质调用相应的应急预案,及时对事故进行处理,以恢复交通的正常运行。

应急管理系统在接收到事故发生位置及判定出事件类型后,通过 GPS 技术及通信网络技术对临近事故现场的工作人员进行调配赶往现场进行救援,同时,通知执法部门和医院等急救部门赶往现场疏导交通和救护伤病员。经过多方协同配合,完成事故处理,最后将交通信息发布在交通信息显示屏,为出行人员提供出行线路调整方案。

(4)交通诱导管理

交通诱导系统是指在城市及高速路网的主要路口,设置交通诱导显示屏,为出行人员提供道路交通状况,让出行人员获得合适的出行线路,既为出行人员提供了诱导信息,又合理调节了交通流,改善了交通状况。

智能交通诱导也能接收车载终端的查询,通过 RFID、GPS 等对车辆进行定位,根据车辆的位置信息和出行人员的目的地,通过对交通数据信息的收集并传输发布于交通信息显示屏,为出行人员提供路段交通拥挤信息,以方便其选择更快地到达目的地的行车路线。通过车载信息系统收集到的交通信息给出道路通行状况图,并为出行人员选择最佳的行驶路线。

(5)其他

RFID 技术可以记录车辆的运行轨迹,从而获得旅游信息的交通出行量(OD),信息量巨大且十分精确,为交通规划和基础设施布局提供较好的数据支持。此外,RFID 技术提供了驾驶行为信息,可以分析这些数据,对旅游行为进行研究,判断交通模式。利用历史数据预测道路网络运行状态。

(五)GIS 技术在安全应急中的作用

1. 基于 GIS 的公路事件定位技术

传统的事件定位方式是以显著标志作为参照物,即使用相对位置来粗略指明事件的方位和距离。这种参照物定位的方式比较适合建筑物密集的城市街道,但是由于高速公路的参照物相对比较单一,这种方法并不适用。在后来的发展中,将报警电话、电子地图和 GPS 进行整合来进行定位,即根据报警电话提供的模糊信息调度车载 GPS 的巡逻车辆前往响应,再根据 GPS 送回的数据,在地图上进行显示。这样的定位方式可以得到较精确的位置信息,但是这种定位模式会导致决策时间的滞后。在后来的发展中通过对报警电话的位置进行跟踪来对事件进行准确定位的方法很好地解决了这个问题,称为自动报警系统。公路具有特殊的性质,可以采用桩号来对报警信息进行描述。高速公路运营公司管辖范围采用灵活长度对高速公路线进行分段,再根据路段的名称和中心桩号,结合插值方法对事件的准确位置进行计算。

线性参照方法(LRM)是通过对具有线性特征的点的距离和方向分析确认任意未知点的位置的方法。在交通地理信息系统(T-GIS)中,LRM 能够帮助确定事件位置,这种方法可以视为一维的线性分布,即采用平面作为参照系,这种方法可以有效地减小数据量。常规的坐标参照系统并不适合现代企业级的大型 T-GIS 交通信息的查询功能。

公路的属性信息是以里程桩为参考系统进行标定的,在空间分布上具有线性特征。线性特征是以弧段为单位进行存储管理,并且规定在同一弧段上的所有位置点都必须具备相同的属性。高速公路的属性按照不同的标准分为多个数据库,各个属性数据库的路段随着属性数据的变化而变化。GIS 对高速公路的线性特征的数据处理有三种方法:等长分段法、变长分段法和动态分段法。

2. 基于 GIS 技术的高速公路突发事件应急车辆定位技术

应急事件管理中心需要借助车载终端、无线通信技术及监控中心的控制系统对应急救援车辆进行实时的动态监控,以方便及时准确地调度和指挥。这便涉及车辆的定位技术、通信技术及 GIS 技术。

目前常用的定位技术包括全球卫星定位系统(GPS)、北斗卫星导航定位系统、伽利略定位系统、格洛纳斯定位系统。GPS 定位技术具有定位迅速准确、精度高、可全天候使用,且误差不随时间积累等特点。GPS 是基于卫星的无线电导航定位系统,在车辆定位中发挥着重要的作用,能为指挥中心提供应急车辆的准确的三维坐标及车辆的行驶速度和轨迹。由于高速公路一般在远离城区的宽敞地带,可以很好地减少 GPS 信号的干扰,且其定位的误差对于车辆的动态监控也是可以接受的。

在高速公路中巡逻车、救援车和道路维护车辆上安装用于接收 GPS 信号和与控制中心通信的电子设备后,应急车辆通过安装在车上的车载终端的 GPS 接收设备接收卫星定位数据,然后对自身的位置坐标进行计算,最后通过数据接口为车载终端提供 GPS 数据。

3. 基于 GIS 的应急事件救援最短路径

为了尽可能地减小突发事件的损失,调度中心需要在最短的时间内对突发事件进行响应。这就需要我们对应急管理系统中的应急车辆调度的路径优化进行研究分析,在较短的时间内设计出最优路径。

4. 基于 GIS 技术的高速公路突发事件应急调度

公路的突发事件具有突发性和结果必然性,所以应急管理系统的快速反应能够有效减小事件的损失。尤其是由于交通事故导致的人员伤亡和交通延误对管理系统的响应速度有较高的要求。快速反应的流程为:接警—事故确认—接收反馈信息—修正调度。即指挥中心根据前方的报警信息,进行调度和高层指挥报告,这便对指挥调度的工作人员有很高的专业性要求和对应急事件的处理能力。而相比较于人工指挥的决策模式,以现代计算机技术为基础的辅助决策系统具有反应速度快、控制科学合理的特点。基于 T-GIS 的应急调度系统能在接警后以最快的时间,自动生成科学合理的救援调度方案,最大限度地缩短响应时间。

高速公路应急车辆主要包括消防车、救护车、专业救援车、交警巡逻车、路政巡逻车、清障车，这些车辆分属于不同的管理部门，高速公路突发事件管理中心并不能对这些车进行完全统一的调度。我国很多高速公路管理指挥体系采用的是辖区管理的方式。

应急车辆调度是指在调度中心和应急事件发生地点，组织适当的行车路线，使应急车有序地到达。调度过程还必须满足一定的约束条件，如应急资源的需求量、发车时间、应急车的容量限制、行车里程限制等。在这些约束条件下达到预定的目标，如路程最短、时间最短、使用应急车辆最少等。应急车辆调度问题包括基本的车辆调度问题、周期性车辆调度问题、多种类车辆调度问题及有时间窗限制的车辆调度问题，还需要根据应急事件的具体情况（如调度任务的性质、停车场数目、应急调度需求和应急调度目标等）进行细化。

动态车辆调度问题具有时变性，路径安排可以分为以下两种方法：第一，基于模型的预先优化方法，这种方法可以在信息更新时保留原有优化路径和路径安排。即调度人员根据应急时间需求、出行时间等参数信息制定出基于模糊信息的路径，当出现新信息时根据需要进行局部调整。第二，实时最优化方法，基于模型的预先优化方法是根据随机事件的需要对路线进行预先制定，而实时最优方法是在行车过程中实时制定路线。

三、安全管控与应急救援资源优化配置需求

（一）典型事件要素分析

人、车、路、环境四个因素作为构成交通的四个主要组成部分，是导致交通事故发生的综合因素，在事发后也是基于该四个因素评估事件严重性，制定相应救援措施。发生事故后，人和车关联性较强，是事故现场需要考虑的主体，道路和周边环境是制定救援方案的辅助要素（图6-15）。

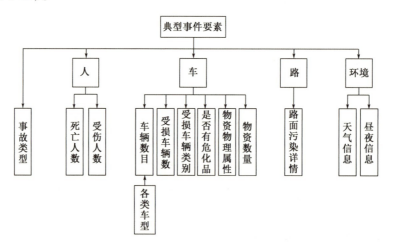

图6-15 典型事件要素指标体系图

1. 事故点的人员情况

无论事故大小如何,事故点的人员伤亡情况是需要考虑的首要要素。伤亡人数作为衡量事故大小的第一要素,学者们在这方面的研究层出不穷。虽然我国高速公路由于各类不同因素导致的事故总数、伤亡总人数逐年下降,趋势走好,然而事故受伤率、死亡率有上升趋势,说明高速公路上典型事件正朝着有事故就有伤亡人员的趋势发展,一旦发生伤亡人数,事件性质就会发生突变,需要调动医疗资源、消防资源进行救治,事件处置时间也会随之延长。因此在人员情况方面,事故点处的受伤人数、死亡人数是各类典型事件的重要因素。

2. 事故点的车辆情况

公路上通行的车辆类型众多,据统计,小型客车和大型货车导致的交通事故数量占公路事故总数的80%,但由于小型客车在群众生活中保有量较高且长途行驶概率较低,大型客车及大型货车具有较高的事故发生率,且发生事故后造成的财产损失、交通影响较为严重。不同类型的货车具有不同的车长,因此发生事故后事故点处涉及车辆的数目及车辆类型可用来指导配置路政、交警、养护等部门所需要携带的应急资源。

由于车辆在高速公路上行驶时具有较高的速度,发生典型事件时车辆之间或车辆与道路设施之间往往具有较高的冲击力,事故车辆会受到损伤,不具备继续行驶的能力,需要清障救援力量将受损车辆拖出高速公路,才能便于养护等部门进行现场清扫工作,恢复道路正常通行。不同类型的清障车辆用于拖拽不同类型的受损车辆,因此事故点的受损车辆数量、受损车辆类型也是典型事件的重要因素。

此外,大型货车及危化品车辆具有需要长途驾驶、携带货物重量较大、车身本体较长等特点,驾驶员在高速行驶过程中需要长时间保持高度注意力,有时需要夜间行驶,很容易进入疲劳驾驶的状态,该类车辆具有极高的万车事故率、死亡率。一旦发生事故,车上所携带的物资会抛洒或泄漏在路面上,如果为固体会造成交通堵塞,为液体则会影响路面摩擦系数。养护部门携带应急资源进行现场处置时,需要参考事发点货车所携带的物资类型,即使未发生抛洒或泄漏也需要携带以防不备。因此货车所携带物资的属性、携带物资的数量,即是否满载以及事故车辆中是否包含危化品车辆都需要作为后续进行资源配置的参考事件要素。

3. 事故点的道路情况

道路情况分为路面情况和道路附属设施情况。车辆对附属设施造成的损害例如护栏及绿化带,摄像机等设施往往无法在现场进行处置,属于事后处置,而路面好坏是恢复交通、保证行车安全的前提。路面污染，主要分为事故点受损车辆携带物资抛洒在路面上造成的抛洒物污染，车辆受损、油箱泄漏造成的油污污染以及二者兼备的混合污染三类情况，养护部门利用专用工具可针对不同类别的路面污染进行现场清洗，恢复交通通行。因此事故点的路面污染情况需要作为资源配置的参考事件要素。

4. 事故点的环境情况

天气因素是ITS中分析交通事故时经常考虑的要素。在雨、雪、雾等不同天气条件下，事故现场可能具有不同的演化方向。在湿润、积雪、结冰的路面行驶时，事故发生概率也会变为2倍、5倍、8倍于正常天气，救援力量需要采取不同的救助措施，携带适应该天气的应急资源。同理，事故发生在白天或是黑夜也是需要考虑的环境要素，黑夜时需要携带照明设备保证，以保障应急资源安全顺利到达事故点。因此发生事故时的天气因素及昼夜信息需要作为资源配置的参考事件要素。

（二）应急救援流程

应急资源作为保障高速公路救援工作的必需物资，面对突发应急事件时，能够保障现场救援处置工作快速、专业地进行，保证整个处置流程的时效性。根据上文可知，依据事故起因及事故类型可将典型事件分为交通事故导致的事件、火灾事件、危化品事件、自然灾害事件等，在处置事故的过程中，通常需要多个部门联合执行，各司其职，保证专业有效。我国公路中绝大多数应急管理部门设置在管理相应路段的管理所处，内部长期驻扎的是路政、养护等道路管理部门及相关人员，同时交警、消防、医疗、清障等部门也会安排人员在管理所的应急指挥中心协同办公，全天候待命，一旦发生典型事件，达到同时响应的效果，共同进行救援工作。

在发生公路典型事件时，事件的处置过程一般包括接收事件信息、初步判断并上报至值班领导、核实信息后启动应急响应、配置及派遣应急资源、处置事故现场、恢复道路正常交通等步骤。路网监控中心值班人员接受事件信息，借助摄像机等设备收集事故信息，初步判断并上报；监控中心值班人员核实事故信息后，将事故类型、事故发生地点、涉及车辆数等现场基本信息告知应急指挥中心；应急指挥中心启动响应程序，指挥协调各救援部门配置应急资源，派遣路政、养护、医疗、消防、清障等力量前往事故点，联合管制交通，救助伤亡人员，恢复道路通畅，如图6-16所示。

（三）应急救援资源需求分类

根据各类事件的救援流程，可以从各个步骤出发，探讨在整个救援处置流程中，高速公路应急事件所需要的资源类型。通常，应急资源包含各类应急物资，是救援力量在处置各类交通事件时所用到资源的总称。在处置过程中,监控中心借助信息发送平台等设备传达信息,各救援力量结合自己职责,携带专用物资前往现场灭火破拆、人员疏散及救治、道路清扫等处置任务。

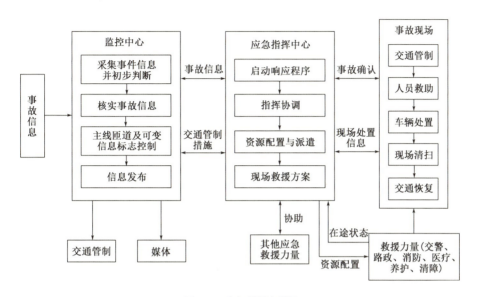

图 6-16 应急救援流程图

1. 部门间的信息交互需求

监控中心在收到事件初报信息后通过信息发送平台上报事故信息。在指挥调度的过程中,应急指挥中心与各救援部门、救援部门与其下属救援力量,以及各救援力量之间都需要大量的信息传递,以保证救援力量能够及时获取实时事故详情,反馈实时在途信息、现场处置信息给指挥中心。使得各部门之间能够避开拥堵路段,协调统一处理事故,加快处置效率。因此,有必要配备通信设备(例如对讲机、获取实时定位信息的应急专用手机)。

2. 处置过程中的人力资源需求

无论是配置资源、运输资源,还是在现场进行事故处置,救援人员都是整个救助过程的主体。不同部门的人员各司其职,负责处置专业领域内的救援流程。例如交警人员负责管制现场交通,疏散人员;消防人员负责处置火灾及危化品,破拆车辆等;医疗人员负责急救及运输伤员;清障人员负责拖拽受损车辆;养护人员负责清扫路面等。

3. 现场管制需求

事件发生后,为避免上游车辆源源不断地驶向事发点,进而造成大规模的车辆拥堵现象发生,需要路政及交警人员赶赴道路上的各处关联点及事故现场,对上游车辆进行引流等处置措施,同时前往现场设置警戒带,疏散现场人员安全逃离,避免发生次生事故。因此锥形桶、标志牌、交警车、路政车等设备是需要配置的资源。

4. 处置过程中的现场救援需求

现场人员的生命安全是整个救援流程中最重要的部分,受伤人员的救治效果会随着时间增长而递减,因此需要极高的时效性,快速完成对伤员的救助。而由于部分车辆相撞、侧翻等,受伤人员被困在车内,如果没有相应的破拆设备,受伤人员被困时间加长,伤势加重或造成更严重的后果。因此在伤员救治过程中,医疗车及有效的急救包、担架等生命支持设备是必须的,同时各类消防车辆、破拆设备是保障降低救援难度,有效应对损坏车辆的专业抢险资源。

5. 处置过程中的道路疏通需求

车辆碰撞、追尾等事故导致的车辆侧翻、车辆破损在高速路网中屡见不鲜,该类事故中事故车辆往往会占用一至二条车道,引起严重的交通堵塞,对道路运营造成影响。为确保能够进行正常的车辆疏散及人员疏散,以及恢复一定的道路通行能力,需要清障车来拖拽事故车辆,疏通部分通行道路。

6. 处置过程中的道路清扫及养护需求

发生事故后,事故车辆所携带的物资抛洒在路面上,以及事故车辆本身的玻璃碴、残骸、泄漏的汽油等都容易造成路面污染。养护部门的职责为保养路段以及进行路面清扫保洁等。为确保道路通畅,需要养护力量携带扫把、油污清洗剂、回收桶等各类清扫资源赶赴事故点。

在配置过程中还需要依据事故类型以及事故现场详情配置用于保障救援人员生命安全的资源。由于各部门所属职责不同,存储及配置过程中的资源也是依据职责进行配置的,单个部门只需依照专业知识配置相关资源即可。因此在资源按照用途分类的基础上,可以按照各类资源所属的部门及其职责进行分类,见表6-18。

典型事件应急资源分类表　　　　　　　表6-18

部门	应急资源
路政	安全帽、反光背心、路政车、应急手机、锥形桶、警示标志、防毒面具、应急灯
交警	安全帽、反光背心、应急手机、锥形桶、防毒面具
医疗	担架、急救包、呼吸机、氧气瓶、医疗车
消防	消防服、防毒面具、防护衣、绝缘手套、消防斧、铁锹、电锯、液压钳、千斤顶、水罐消防车、泡沫消防车、抢险救援消防车
养护	防护服、绝缘手套、线手套、扫把、铁锹、应急手机、油污清洗剂、回收桶、水罐车、养护车
清障	平板清障车、托吊清障车、起重机

四、新形势下智能安全管控与应急救援技术体系

公路交通应急处置的主要对象就是干线公路。从实际现状来看,干线公路一般被划分为高速公路和普通干线公路两个部分,分别由不同的管理机构进行管理。不同部分之间的管理体制、机制、资金来源和管理队伍均不同,在应对大范围的突发事件时,需要跨部门协调联动。从研究现状来看,对高速公路应急处置研究的较多,研究成果应用较为普遍;对普通干线公路研究的较少,而将两者结合起来研究的更少,急需更多实践应用。

干线公路应急处置一体化就是将一定区域内的包括国家高速公路、普通国省公路等的所有干线公路视为一个整体,建立覆盖全部干线路网的应急处置平台,对在区域内发生的突发事件进行统一处置,以便更有效地发挥信息共享、资源共用、路径共同分配的作用,从而更好地完成应急处置工作。

在干线公路应急处置过程中,下述对策有益于加快一体化建设步伐。

1. 加强顶层设计,构建大交通格局

顺应机构改革趋势,在交通运输行业调整过程中,将职能相近、机构设置相似的高速公路管理部门、普通干线公路管理部门进行合并,对其应急范围予以明确,以便能更加顺畅地对所辖干线公路实施统一的应急管理。

2. 完善联动机制,形成大联动体系

突发事件响应属于集体应对活动,从各级政府到各类组织机构都有参与处置的责任和义务。交通管理部门是公路突发事件处置链中的重要一环,要处理好干线公路与非干线公路之间、公路管理养护部门与道路运输部门之间、公路与铁路水运之间、交通行业与其他行业之间、省级区域内与跨省之间的各类协同关系,形成信息共享、统一行动的大联动网络。

3. 强化科技应用,实施信息化管理

干线公路管理部门应从观念上转变对突发事件的认识,积极推进交通信息化建设。要大范围应用互联网络、智能技术和大数据平台,在路况监测、应急资源整合、信息集成、信息共享、车辆调度、应急路径分配、信息发布等各方面,达到信息化管理的要求。

第三节 应急救援体制机制、系统架构

一、应急救援体制目标与架构

公路应急救援是指当突发交通事件发生时,为积极有效地应对这种公路非常态故障,首先对突发交通事件的特征做出准确分析,并全面考量公路通行能力和特定突发交通事件的交通流特性,得出可靠的、操作性强的应急救援方案,以此作为路网调度的有效强化和补充,保障公路网安全、有序运行。该应急救援方案应能对突发交通事件做出快速有效反应,最大限度地减少因其造成的直接损失和间接损失,将突发交通事件对交通系统的影响程度降到最低,快速、高效地处理突发事件,最大限度地防止衍生二次事件。具体目标如下:

第一,在交通事件发生后,采取操作性强、实施效果好的紧急救援措施能够降低交通事件导致的人员伤亡与经济损失,避免衍生出二次事件。

第二,确保交通安全、畅通,最大限度地减少因交通事件造成的交通拥堵、延误,提高交通运输效率。

第三,降低交通事件的间接经济损失。

第四,降低交通事件对水环境、大气环境等的污染。

二、跨区域跨部门协作效率智能提升机制

在当前全球物联网快速发展的形势下,我国目前高速公路建设和运营管理的智能化,将是大势所趋。从北京、广西和上海等地的实践来看,他们已经走在了硬件投资和系统规划的前列。然而,硬件规模和技术水平的大幅提升,对管理体系、管理机制、管理思维、管理方法等应提出相匹配的要求,否则软件跟不上,一旦重大突发事件爆发,我们的应急救援管理水平还只是停留在原地,先进的硬件和系统只能是摆设,那这样的管理水平只能说是倒退。所以,要切实在高速公路应急救援能力的水平上有所突破,首先就是要从管理维度对其解剖,确认提升的目标和关键点。

考虑到各地道路条件、交通状况和管理职能的实际发展水平,按照"高速公路突发事件应急救援能力的四维结构模型"中的管理维,对提升高速公路突发事件应急救援能力的思路进行分析。

实时获取交通车流信息、交通路况信息的能力,是高速公路应急救援系统预警及动态处理能力的基础。因此,高速公路突发事件监测能力的提升总目标是:提升高速公路突发

事件动态数据的采集和处理能力。

高速公路突发事件的预警能力,是根据实时获得的监控信息、运用先进的数学算法智能地判断突发事件是否发生,若未发生,就一直不停地收集数据;如果意外发生,就立刻执行响应处置程序,并采用有效的办法,减少车辆滞留,使车流畅通,提高运输效率的能力。

高速公路应急救援决策能力,是衡量高速公路应急救援体系在事件发生之后能否迅速作出科学、迅速、无误的救援决策的能力。鉴于高速公路突发事件的严重后果,任何犹豫不决或拖延决策都有可能严重影响到对伤员和物资的救援效率。这对应急救援指挥者的决策能力提出了很高的要求,要能做到第一时间决策、第一时间判定,迅速调动各类资源来保障应急救援的实现。

高速公路应急指挥调度能力,是衡量高速公路应急救援体系在事件发生之后如何完成有效指挥、迅速调度、科学救援等目标的能力。

高速公路应急救援的重要内容是构建并完善多层次、多主体的应急救援保障运行机制。应重点构建和完善三个方面的机制,即部与部之间、部与省之间、区域与区域之间的运行保障机制,构建的原则是信息沟通通畅、工作衔接可靠。

(1)部际机制重点有两个:一是预警信息即时通报机制与应急联动响应机制。通过公安、气象、交通等部门的协调与联络机制,构建各类突发事件预警信息的即时有效的通知报告渠道和双向沟通机制。二是构建重大信息的多部门联合发布机制,在信息内容、发布形式、发布流程与时限、信息覆盖范围等方面保证好的完整性、一致性、确切性、时间效用性、可靠性、独一性等。

(2)部省机制重点是三个方面:

①建设并不断优化高速公路突发事件应急救援的信息上报送交机制。各省、市、乡的高速公路管理部门负责逐层向上报告送交相关信息与数据,然后省级路网中心将这些信息与数据收集总结之后,上报给国家级的路网中心,再由国家路网中心及时向社会发布。

②区域内交通意外事件的应急援救物资的储存准备管理机制。多个"国家区域内交通应急物资储备中心"将由交通运输部按需设立,为涉及多个区域的大规模性高速公路突发事件的应急响应供应救援物资。

③突发交通及其他意外事件下区域内的高速公路网指挥协调机制。一旦某个地方突发意外事件时,当地应急救援资源如果不能及时有效地保证路网通行畅通,部里可统一安排协调社会应急力量包括武警部队进行救援。

(3)省内机制建设内容围绕应急信息报告、通报和共享机制,省内统一指挥与调度机制,部门联动机制,应急状态下的车辆通行绿色通道机制,特殊条件下高速公路通行机制、交通应急物资储备调度制度、应急管理培训与演练机制等。

三、安全应急保障行政管理体制

组织机构是指公路应急管理部门的分工和职责，是工作的基础和重要依托，决定了现场处置能力和指挥调度的速度，组织机构的设置以提高效率、节约资源和扁平化管理为目标，应当防止职能的交叉和重叠。同时根据公路应急管理"统一领导、分级负责、部门联动"的原则，首先应建立省级高速公路应急管理指挥或信息中心，在省级交通运输主管部门的指导下牵头高速公路应急管理的相关单位开展相关工作，充分发挥最高指挥层的决策优势和资源优势，统一决策，按流程统筹调度各级各部门开展工作，协调省（自治区、直辖市）内应急物资、设备、救援人员资源，统筹应急管理工作开展，始终保证决策的权威性，对应急管理的决策负直接责任。

在省级高速公路应急管理指挥（信息）中心（简称"省级中心"）下，由行政区域划分的属地政府履行"分级负责"的职能，指导和开展行政管辖区域内的高速公路应急管理实践工作，监督该区域内各参与部门的实际工作开展情况，确保制度和流程以及决策机构的指令切实贯彻。

由现场应急管理单位实现"部门联动"，现场应急管理单位可划分为以下四类职能：一是负责区域应急物资、设备的日常管理并定期向省级中心报告以便省级中心在发生突发事件时可以统筹协调调度全省应急资源；组织完成区域内的高速公路危险源识别、检测等工作，并将检测结果实时共享至省级中心，由省级中心统一调度进行危险源的整改以及发布预警预报工作。二是承担省级中心信息收集的区域补充，例如当监控设备实时信息超过数万路时，仅仅依靠省级中心是很难实现全程突发事件的主动实时监测，因此可以在省级中心的基础上进一步利用辖区内的沿线监控设施、后台的各类分析软件和系统以及区域群众反馈信息，对区域内运行情况进行同步监测，监测结果实时共享到省级中心，省级中心根据监测结果推测，将监控现实内容和预测情况反馈至现场；应该说明的是，作为省中心的区域补充设备系统等并不需要二次投入，只是对省级中心人员安排重新调整。三是现场应急救援工作的开展，现场应急救援工作在省级中心的指挥下开展，这里的指挥并非是每一次处置都要由省级中心明确哪些部门如何进行救援，而是按照预先设定好并经过演练切实可行的应急预案进行，再结合突发事件的等级由省级中心宣布启动相应等级的应急响应，涉及部门接收信息后直接按照预案要求前往，开展现场应急处置工作，启动应急响应的信息同步共享至辖区人民政府进行分级负责。四是负责现场应急救援工作的善后及对处置情况进行评估并提出完善意见，同步报备至省级中心，省级中心研究同意后反馈意见并加以改进实施，如图6-17所示。

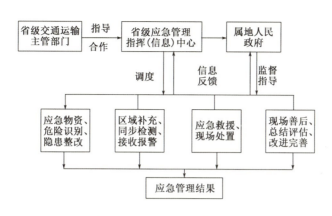

图6-17　行政应急管理体制图

四、安全应急保障运行机制

为确实能够在高速公路应急管理中做到各部门步调统一，工作开展秩序好、效率高，应遵循"指挥统一、职责明确、部门协作、反应灵敏、资源共享、协调有序、运转高效"的原则建立高速公路应急管理机制并逐步完善。通过制定值班值守、应急演练、现场应对、信息报送、预警预报等规范，建立起科学合理的管控机制、信息收集发送机制、交通保障机制和应急演练机制，不断提高应对突发事件的能力。主要包括以下三个方面：一是突发事件往往有大有小，并非所有都要采用统一的流程执行，应由省级中心牵头，制定应急预案和确定应急响应流程，根据突发事件大小确定级别，并通知适合的部门前往处置，在决策流程上也制定相应的规章制度，避免"小题大做"。二是要按照组织机构的既定职责开展工作，运行机制与组织机构相适配，高速公路应急管理的全过程即从应急资源管理与危险源识别整改起，到值班值守期间的监控监测接收报警，再到应急救援现场处置，最后进行现场善后和总结评估完善，结束流程。省级中心在这些运行流程中起到统筹、协调、调度的作用。三是根据高速公路的长距离特点和突发事件的突发性、不确定性，高速公路现场应急处置一般以属地部门为主，当发生重大突发事件时，才由省级中心统筹调配省内应急资源前往，支持开展现场处置的有关工作，如图6-18所示。

五、安全应急保障产业化机制

公路安全应急保障产业化，是指以经营产业的模式对供应高速公路应急救援产品的企业与相关组织进行整合化管理。

公路安全应急保障产业化的内容是市场化研究的基本命题。按照专属类别，将参与到高速公路应急救援活动的全部产品、技术、装备、服务进行划分，可分为三类：第一类是特意针对应急救援的技术与产品；第二类是运用于常态和非常态领域（应急救援）的救援技术和产品,如智能交通产业;第三类是为应急救援活动过程,供应基本性服务的关联产品,如智能交通产业的前期规划和设计,以及产业化实现后期的培训、服务等。这三种应急救援技术和产品的研究开发和生产投入,是其产业化建设的目标。

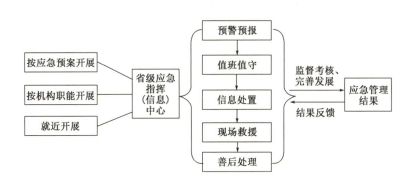

图 6-18 安全应急管理运行机制图

1. 公路安全应急保障产业化的内涵

(1)目的

适应高速公路突发事件应急救援需求,提升高速公路安全和畅通水平;途径是整合供应高速公路应急救援产品与服务的各种企业,使之体系化、规模化。

(2)支撑

以智能技术、交通管理与控制技术、计算机技术、网络技术等为核心的高速公路应急救援技术。

(3)机制

双重机制:政府和行业主导的机制、市场机制。为维持正常运转,常态下为社会提供有偿的、专业化高速公路作业或救援服务,由政府给予适度的财政补贴;灾时(大规模自然灾害、公共危机事件)身为政府的主要救援力量,参加灾害的应急救援。

2. 高速公路产业化道路

对于应急救援产业化,国际上的常见做法是,由政府倡导构建统一的救援平台,相关企业和组织在政府框架下结合自己的资源和领域特长,选择某些产品和服务按照合法合理的商业化模式进行产业化运营。我国高速公路如果要走产业化道路,也应依据我们国家的现实情况,逐步、稳妥地建立、健全和完善。

(1)构建平台

这个平台的主导组织是政府,应该由一个具有行政职能的政府机构来主导,核心角色由分布在不同地方的高速公路经营企业联合扮演。而当前应急救援产业化工作,由民政部下属的中国紧急救援促进中心的紧急救援产业部负责,该单位只是一个事业单位,不具备政府的权威性;当前一些高速公路经营企业已经在"单打独斗"地尝试开展应急救援产业业务,其个体优势需要一个统一的平台进行整合、联合,这样才能使高速公路应急救援体现出规模化、产业化的优势。

(2)构建物资管理平台

物资基础是应急救援产业化道路的重要保障条件,应能保证灾时充足、快速地实现救援物资和装备的供给。发生特重大灾害或突发事件后,数量受限的应急救援物资如果能采用最有效、方便、快速的手段,准备、组织和运送到应急救援前线。在产业化运营中,具体到一系列管理问题,即应急物资如何有效益地实现生产、供应、运输、分配等。这个物资管理系统储存的对象主要是应急救援物资,系统的管理主体应以高速公路经营企业为中心。

(3)完善共享的信息网和平台

高速公路上一旦有自然灾害和突发事件爆发,如果救援不及时,将导致更大时空范围的链式反应,如连续追尾、连环车祸、道路瘫痪等。这对高速公路应急救援信息提出了更高的保障要求。目前,国内仅几个省(自治区、直辖市)能够实现区域内高速公路的信息联网,不同省(自治区、直辖市)之间要实现信息平台互相联通,还存在许多障碍。因此,开发共享的应急救援信息收集和处置平台,是高速公路应急救援产品产业化发展的重要内容和必由之路。

(4)完善市场运作机制

政府出台相关政策,改变目前固化的一种应急救援模式,该模式的特点有两个,即应急救援设备的专业化供应模式和应急救援队伍的武警消防专业人员模式。高速公路经营公司下设专门的应急救援分公司,以市场化的方式运营,向应急救援物资、设备与队伍的供应商角色转变。这种模式的优势非常明显,由于是专业的公司制运作,能较好地实现其应急救援需求方和应急救援供给方的"纽带"效应。

六、重大自然灾害下应急预案

每项预案都是对特定对象(路段、通道、路网)在特定场景(天气、拥堵、事故)的特定操作说明(实施步骤、工作流程),一个完整的预案项应包括以下几项要素:第一,预案编号和预案名称,预案编号为预案在系统内的编号,便于管理、查询、分类,预案名称应简明扼要,应涉及预案作用对象、特征;第二,应用场景,预案的具体适用场景的说明,何时、何地、何种情况触发预案;第三,操作流程,预案实施的参与部门、任务分工、人员安排,设备配备和应用、实施过程中的注意事项。

根据预案的适用性,可将预案分为通用预案和专属预案。

(一)通用预案

根据公路管理、交通流状态领域里的交通工程先验知识、方法、技术所总结编制的适用于多数路段通用的预案。通用预案具有普遍性的特点,只要路上出现了满足预案触发机制的状况,都可以调用通用预案实施应对管理。例如,恶劣天气预警策略、交通事故救援和紧急交通事件(地震、滑坡)的工作步骤都可以编制成通用的预案。事件发生时,管理者从预案库中调取预案,要充分考虑到事件严重程度和具体特征后(必要时可对预案进行调整、优化),才可以实施预案。

(二)专属预案

管理者在对某一特定路段、通道或路网的交通运行状况、道路结构特点、常发性交通事件的特征和严重程度有深刻了解和认识的基础上,根据各类别常发性交通事件的管理应对方法和处理工作流程的经验、总结所编制的专属于某一特定路段、特定场景下预案。专属预案具有很强的针对性、目的性,在内容上更加着重考虑实际道路的情况和事件的特征。例如,紧急拥塞流时的交通组织与疏导、交通通畅的特定交通管制策略都可以编织成特色的专属预案。这类交通状况发生时,可直接调用专属预案并实施。

下面针对雨、雪、雾、龙卷风、泥石流、火灾等灾害场景采取了相应的控制预案,具体如下。

1. 雨天控制预案

雨天控制预案见表6-19。

雨天控制预案　　　　　　　　　　　　表6-19

类型	标准	限制措施	其他应急措施
蓝色预警	12h内降雨量将达50mm以上,或已达50mm以上且降雨可能持续	行车速度限制;开启雾灯	• 密切关注天气动态; • 清理道路边沟,保持排水设施畅通; • 修复加固路基防护设施; • 成立道班应急小分队,在雨天易滑塌处观测并设置标志
黄色预警	6h内降雨量将达50mm以上,或已达50mm以上且降雨可能持续	行车速度限制;开启雾灯车道灯	• 组织人员机械开展保畅工作; • 加强上路巡查力度,及时清理滑塌土方; • 设置相关警告、禁令标准; • 加强检测已有裂缝是否增大

续上表

类型	标准	限制措施	其他应急措施
橙色预警	3h 内降雨量将达 50mm 以上,或已达 50mm 以上且降雨可能持续	行车速度限制; 行车距离限制; 开启雾灯车道灯; 禁止超车; 禁止紧急制动	• 清理塌方,畅通道路; • 设置安全标志与防撞护栏; • 清理道路边沟,保持排水设施通畅; • 水毁造成交通中断时制定并发布绕行线路信息
红色预警	3h 内降雨量将达 100mm 以上,或已达 100mm 以上且降雨可能持续	封闭公路; 开启雾灯车道灯; 禁止超车; 禁止紧急制动	• 积水路段采取交通引导措施; • 组织人员机械开展排除积水工作; • 组织服务小分队,在水毁造成大量车辆拥堵后,为受阻车辆和人员提供必要服务

根据上述雨天类型,各高速公路监控分中心监控员立即报告调度中心,调度中心向公司领导和省路网办汇报,以便上级领导采取有效决策。并且通知所辖收费站,收费站在发卡亭发放通行卡的同时发放"恶劣天气警告"警示卡。收费站在入口处设置"雨天路滑,减速慢行"的标志牌或者关闭收费站入口匝道。当关闭入口匝道时,各分中心监控员立即通知服务区只准车辆驶进,不准驶出,安排专人值班维持秩序,并设置路栏,一定要卡死出口,并在出口处设置"道路特级管制,禁止通行,谢谢合作"的标志牌。服务区要认真做好驾驶员和乘客的后勤服务工作。若事故点为高等级公路,可以在距离事故点 4km 处采取设置人工障碍的方法,如设置栅栏、采取自动上升台阶式路障、设立禁行标志,禁止车辆驶入公路。在可变信息标志、可变限速标志上发布"雨天路滑,请您谨慎驾驶!""雨天路滑,请您减速慢行!""雨天路滑,请您加大车距!""能见度低,请您打开防雾灯"或者"前方大雨,禁止通行!""所有车辆必须就近驶离高速或进入服务区"等。

针对上述雨天类型,各分中心监控员立即通知所辖路政清障大队立即安排路政车上路巡检,同时可以携带相应设备进行防护、抽水作业,并随时反馈路况信息。根据上述的信息反馈,路政人员应协助交巡警实施处理现场、疏导、指挥交通、做好抢险救援准备等工作,维持车辆正常通行。在进行防大雨、暴雨作业需封闭交通一段时间时,根据现状的处理进度实时调整管控方案。

2. 雪天控制预案

雪天控制预案见表 6-20。

雪天控制预案 表 6-20

类型	标准	限制措施	其他应急措施
蓝色预警	12h 内降雪量将达 4mm 以上,或已达 4mm 以上且降雪持续	行车速度限制; 开启雾灯	• 密切关注天气动态; • 加强路况巡查,及时疏通清理排水; • 隧道出入口安装反光标; • 陡坡、急弯、桥面、明涵、隧道进出口、易积雪结冰路段防滑料准备

续上表

类型	标准	限制措施	其他应急措施
黄色预警	12h 内降雪量将达 6mm 以上，或已达 6mm 以上且降雪持续	行车速度限制；开启雾灯、车道灯；禁止超车；禁止紧急制动	• 组织人员机械开展除雪保通保畅工作； • 设置相关警告、禁令标志； • 交叉路口放置示警标志； • 陡坡、弯道、桥面等易积雪路段及时抛洒防滑料、融雪盐
橙色预警	6h 内降雪量将达 10mm 以上，或已达 10mm 以上且降雪持续	封闭公路；开启雾灯、车道灯；禁止超车；禁止紧急制动	• 加强路况巡查，及时清理积雪暗冰； • 强降雪路段采取交通管制措施； • 积雪路段实行交通引导； • 组建服务小分队为因积雪受阻车辆和人员提供必要服务
红色预警	6h 内降雪量将达 15mm 以上，或已达 15mm 来以上且降雪持续	封闭公路；开启雾灯、车道灯；禁止超车；禁止紧急制动	• 加强路况巡查，及时补充防滑料、融雪剂； • 强降雪路段采取交通管制措施； • 组织人员机械开展除雪保通保畅工作； • 对已驶入高速公路的车辆押车减速驶入服务区或驶离公路

根据雪天类型，各高速公路监控分中心监控员立即报告调度中心，调度中心向公司领导和省路网办汇报，以便上级领导采取有效决策。并且通知所辖收费站，收费站在发卡亭发放通行卡的同时发放"恶劣天气警告"警示卡。收费站在入口处设置"雪天路滑，减速慢行"的标志牌或者关闭收费站入口匝道。当关闭入口匝道时，各分中心监控员立即通知服务区只准车辆驶进，不准驶出，安排专人值班维持秩序，并设置路栏，一定要卡死出口，并在出口处设置"道路特级管制，禁止通行，谢谢合作"的标志牌。服务区要认真做好驾驶员和乘客的后勤服务工作。若事故点为高等级公路，可以在距离事故点 4km 处采取设置人工障碍的方法，如设置栅栏、采取自动上升台阶式路障、设立禁行标志，禁止车辆驶入公路。在可变信息标志、可变限速标志上发布"雪天路滑，请您谨慎驾驶！""雪天路滑，请您减速慢行！""雪天路滑，请您加大车距！""能见度低，请您打开防雾灯"或者"前方大雪，禁止通行！""所有车辆就近驶离高速或进入服务区"等。

针对上述雪天类型，各分中心监控员立即通知所辖路政清障大队立即安排路政车上路巡检，同时可以携带相应设备进行融雪、防护、除雪作业，并随时反馈路况信息。根据上述的信息反馈，路政人员应协助交巡警实时处理现场，疏导、指挥交通、做好抢险救援准备等工作，维持车辆正常通行。在进行除大雪、暴风雪作业时，需封闭交通一段时间，并根据现状处理进度实时调整管控方案。

3. 雾天控制预案

雾天控制预案见表 6-21。

雾天控制预案　　　　　　　　　　　　表 6-21

类型	标准	限制措施	其他应急措施
蓝色预警	12h 内可能出现能见度小于 500m 的雾,或已经出现能见度小于 500m、大于等于 200m 的雾并将持续	行车速度限制；行车距离限制；开启雾灯；禁止紧急制动	●密切关注天气变化； ●设置相关警告、禁令标志提醒驾驶员;注意雾的变化,小心驾驶； ●密切关注天气变化,利用可变信息标志等发布路况信息
橙色预警	6h 内可能出现能见度小于 200m 的雾,或已经出现能见度小于 200m、大于等于 50m 的雾并将持续	行车速度限制；行车距离限制；开启雾灯车道灯；禁止超边；禁止紧急制动	●设置相关警告标志提醒驾驶员必须严格控制车速； ●对行驶车辆押车减速行驶； ●与交警部门协作疏导交通,及时处理交通事故,快速拖离故障车辆
红色预警	2h 内可能出现能见度小于 50m 的雾,或已经出现	封闭公路；开启雾灯车道灯；禁止超车	●提醒驾驶人员根据雾天行驶规定,采取雾天防御措施,根据环境条件采取合理行驶方式,并尽快寻找安全停放

根据上述雾天类型,各高速公路监控分中心监控员立即报告调度中心,调度中心向公司领导和省路网办汇报,以便上级领导采取有效决策。并且通知所辖收费站,收费站在发卡亭发放通行卡的同时发放"恶劣天气警告"警示卡。收费站在入口处设置"今日有雾,减速慢行"的标志牌或者关闭收费站入口匝道。当关闭入口匝道时,各分中心监控员立即通知服务区只准车辆驶进,不准驶出,安排专人值班维持秩序,并设置路栏,一定要卡死出口,并在出口处设置"道路特级管制,禁止通行,谢谢合作"的标志牌。服务区要认真做好驾驶员和乘客的后勤服务工作。若事故点为高等级公路,可以在距离事故点 4km 处采取设置人工障碍的方法,如设置栅栏、采取自动上升台阶式路障、设立禁行标志,禁止车辆驶入公路。在可变信息标志、可变限速标志上发布"今日有雾,请您谨慎驾驶！""今日有雾,请您减速慢行！""能见度低,请您加大车距！""能见度低,请您打开防雾灯"或者"前方大雾,禁止通行！""所有车辆必须就近驶离高速或进入服务区"等。

针对上述雾天类型,各分中心监控员立即通知所辖路政清障大队立即安排路政车上路巡检,同时可以携带相应设备进行防雾、消雾作业,并随时反馈路况信息。根据上述的信息反馈,路政人员应协助交巡警实施处理现场,疏导、指挥交通、做好抢险救援准备等工作,维持车辆正常通行。在进行防大雾、浓雾作业时,需封闭交通一段时间,且根据现状处理进度实时调整管控方案。

4. 突发龙卷风预案

第一,龙卷风附近的高速公路各分中心监控人员立即报告调度中心。调度中心向公司领导和省路网办汇报,经同意后方可通知所辖收费站关闭道口。并要求收费站在入口处设置"遭遇龙卷风,禁止通行,谢谢合作"的标志牌。其他高等级公路可以在距离事故地点4km处采取设置人工障碍的方法,如设置栅栏、采用自动上升台阶式路障、设立禁行标志,禁止车辆驶入公路。服务区要认真做好驾驶员和乘客的后勤服务工作。

第二,各分中心监控员立即在相关可变信息标志上发布"遭遇龙卷风,禁止通行""遭遇台风,请到服务区避让"。

第三,各分中心监控员立即在相关可变限速标识上发布"遭遇龙卷风,请就近下高速"。

第四,各分中心监控员立即通知所辖路政清障大队待龙卷风过后立即安排路政车上路巡检,同时可以携带防护器材(护栏、安全帽等)进行防护工作以及方便食品、饮水、防护衣物及装备、照明、帐篷、燃料维持生命物资。各应急中心安排汽车起重机、平板拖车用以托运事故车辆,医疗救援车对受伤人员实施救援,并随时反馈路况信息,同时应协助交巡警实施处理现场,疏导交通工作、抢险救援,维持车辆正常通行,根据现状处理进度实时调整管控方案。

5. 突发泥石流预案

第一,若出现泥石流为高速公路路段,各分中心监控人员立即报告调度中心,调度中心向公司领导和省路网办汇报,经同意后方可通知所辖收费站关闭道口。并要求收费站在入口处设置"遭遇泥石流,禁止通行,谢谢合作"的标志牌。其他高等级公路可以在距离泥石流地点4km处采取设置人工障碍的方法,如设置栅栏、采用自动上升台阶式路障、设立禁行标志,禁止车辆驶入公路。服务区要认真做好驾驶员和乘客的后勤服务工作。

第二,各分中心监控员立即在相关可变信息标志上发布"遭遇泥石流,禁止通行""遭遇泥石流,请到服务区避让"。

第三,各分中心监控员立即在相关可变限速标识上发布"遭遇泥石流,请就近驶离高速"。

第四,各分中心监控员立即通知所辖路政清障大队立即安排路政车上路巡检,同时可以携带防护器材(护栏、安全帽等)进行防护工作以及方便食品、饮水、防护衣物及装备、照明、帐篷、燃料维持生命物资。各应急中心安排汽车起重机、平板拖车用以托运事故车辆,挖掘机、装载机清除路面上的碎石,医疗救援车对受伤人员实施救援,并随时反馈路况信息,同时应协助交巡警实施处理现场,疏导交通工作、抢险救援,维持车辆正常通行,根据处理进度实时调整管控方案。

6. 突发火灾预案

第一,距离火灾附近的各分中心监控员立即通知所辖收费站,收费站在发卡亭发放通行卡的同时发放"紧急交通事件"警示卡。并要求收费站在入口处设置"前方发生火灾，务必谨慎驾驶""前方发生火灾，务必减速慢行"的标志牌。火灾附近其他高等级公路在距离火灾 4km 处设立警告标志，提示车辆小心驾驶。

第二，各分中心监控员立即在相关可变信息标志上发布"发生火灾，谨慎驾驶""发生火灾，减速慢行""发生火灾，注意安全"。

第三，各分中心监控员立即在相关可变限速标识上发布"发生火灾，务必加大车距"。

第四，各分中心监控员立即通知所辖路政清障大队立即安排路政车上路巡检，同时可以携带防护器材（护栏、安全帽等）进行防护工作以及方便食品、饮水、防护衣物及装备、照明、帐篷、燃料维持生命物资。各应急中心安排汽车起重机、平板拖车用以托运事故车辆，医疗救援车对受伤人员实施救援，消防车用以灭火，并随时反馈路况信息，同时应协助交巡警实施处理现场，疏导交通工作、抢险救援，维持车辆正常通行，根据现状处理进度实时调整管控方案。

第六章
智慧公路安全应急保障示范工程建议

第一节 隧道场景下的安全应急保障示范

一、对比传统公路隧道与智慧公路隧道

第一,安全预警和主动管控等核心算法模型逐步完善,落地应用可靠性不断增强,可以实现重点车辆特征属性识别、风险预警和主动风险防控,如图 6-19 所示。

图 6-19 重点车辆识别与风险预警

第二,隧道综合管控平台功能和性能不断提升,可以实现隧道机电设备的联动控制、数据共享、业务协同,实现对车辆运行风险事件的实时监测和动态安全管控,如图 6-20 所示。

图 6-20　隧道动态安全管控

第三,数字孪生、雷视融合、三维可视化技术等新一代信息技术应用,提升了隧道事件检测、重点车辆行驶轨迹跟踪定位和应急处置决策支持等方面技术能力,如图 6-21 所示。

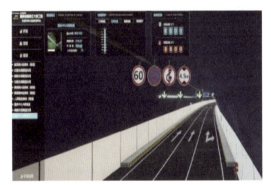
a)数字孪生隧道

b)雷视融合感知

图 6-21　隧道数字孪生

第四,隧道安全预案数字化、智能化水平提升,可依据突发事件类型与时空特征自动匹配联动控制预案,保障应急处置过程快速化、规范化、可溯化,如图 6-22 所示。

a)数字化联动控制预案

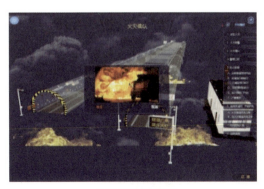
b)可视化应急指挥

图 6-22　隧道数字化联动控制

第五,隧道巡查与应急处置机器人、洞口柔性阻拦等新型装备落地应用,可实现事前精准预警、事后快速处置,如图 6-23 所示。

a)隧道巡查机器人

b)隧道应急处置机器人

c)隧道洞前光幕柔性阻拦装置

d)隧道洞口水幕柔性阻拦装置

图 6-23　隧道应急管控新技术

二、建设目标

风险事件事前精准预警、事中及时发现高效管控、事后快速处置,尤其是防止二次事故发生。

三、系统架构与业务功能

传统隧道采用 PLC + 监控服务器组成的分布式系统架构,普遍存在开发性不够,协同性不足;系统功能在信息交互方式相对单一,精准及时的信息服务功能较弱,数据智能汇聚、分析及应用能力亟待提高,智能决策控制能力尚未建立;监控网络封闭、数据中心设备过于陈旧、兼容性和扩展性不强,一定程度制约了新技术的集成应用,无法满足智慧高速公路隧道建设、运行的需求。

智慧公路隧道建设目前主要体现在外场设备和中心平台两方面的升级,新技术应用方面主要包含雷视融合感知、数字孪生、人工智能算法等方面,如图 6-24 所示。

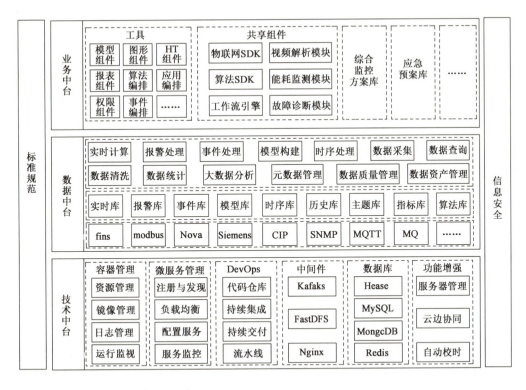

图 6-24　隧道应急管控系统架构

视频云联网建设、取消省界收费站的建设,加快了低时延无线通信、大数据实时分析和云控系统的推广应用,以"云-边-端"架构为核心的智慧高速公路技术体系不仅应用于杭绍甬智慧高速公路,也已应用在几条服务于国家重大战略和国际重要活动高速公路,如京雄高速公路、延崇高速公路等。随着全国第一轮"高速云"的逐步建成,"云-边-端"协同云控平台已成为当前各省的建设重点。基于"云-边-端"一体化架构,建设智慧公路隧道的"数据中台、技术中台、业务中台、AI 中台",集成应用雷视融合感知、数字孪生、人工智能算法等新技术,实现智慧隧道"精准感知-交通管控-风险研判-决策预警-应急管控-事件回溯"等核心业务功能。

四、标准规范

山东、浙江、江苏、甘肃、河南、云南等地相继发布了地方性智慧高速公路建设指南,但智慧公路隧道还没有专门的设计规范,目前主要参照公路工程行业规范《公路隧道设计规范　第二册　交通工程与附属设施》(JTG D70/2—2014)中公路隧道交通工程与附属设施的配置要求及《高速公路监控技术要求》(2012 年第 3 号公告)中隧道软件系统的管理架构及各级软件系统的功能模块要求。现阶段缺少针对智慧隧道整体解决方案的相关标准规范,造成新设备与新技术的功能边界、应用场景不够清晰,系统性不强,停留在设备与技术的简单堆砌。

五、体制机制

1. 应急响应技术方案需要革新

智慧隧道与传统隧道相比,在外场感知与应急装备、中心应急调度平台和应急决策模型等诸多方面均有革新,应急预案制定应全面且充分吸收运用先进技术手段,保证新技术在应急响应中发挥应有的作用。

2. 应急演练方式需要革新

根据《公路长大桥隧养护管理和安全运行若干规定》的要求,经营管理单位应当每年组织一次突发事件专项应急演练,开展应急演练需要施行交通管制,人力物力成本投入高,即便如此,也无法保证所有的一线人员都够参与其中。因此,智慧隧道应急演练方式需要技术革新,可研发应用孪生环境下的公路隧道运营与安全培训系统,实现多工况场景下的应急演练与培训考核,如图 6-25 所示。

a) 公路隧道运营与安全培训系统

b) 交通事故应急演练场景

图 6-25 隧道运营与应急演练场景

第二节　长大下坡桥梁等特殊路段下的安全应急保障示范

一、预警技术

(一)长大下坡安全预警技术

我国高速公路上常见的防止长大纵坡意外事故的路面技防设施包括加水停车区、避险车道、提示警示标牌、线形诱导标、红色减速标线、限速地面标线贴、可变信息标志板等,通常利用这些路面技防设施的预警系统,以在设施故障或被占用时及时发出预警指令或警报,并通过预警系统处理信息直接将相关信息传递给车辆驾乘人员。目前,福建省已建成全国第一个专项高速公路预警及处置系统——数字福建高速公路长大纵坡安全预警系统,实现了用现代信息技术对高速公路长大纵坡路段的安全预警和交通事故的有效预防。该预警系统集视频监控、交通事件检测、卡口测速监控、交通流量分析、信息发布等多功能设施于一体,有效实现了四大功能:一是实现了对试点路段路况信息的实时掌握,为路面管控分流、事故救援处置提供了详尽的第一手资料;二是实现了对道路交通事故的快速发现和迅速预警,以利于后方来车及时处置,有效避免了次生事故的发生;三是实现了对超速车辆的实时预警,超速车辆及时减速,有效避免了潜在一次事故的发生;四是实现了对高速公路上临时停车的及时警告劝导,停车迅速上路,避免了车辆追尾等潜在事故的发生。

该系统在高速公路管理中具有五大功效。

第一,将交通事故由人工被动接警转变为系统主动发现。通常原有的模式是通过当事人的语音描述判断现场情况,而现在提升为系统主动发现警情,并按系统设置的预案处置,快速高效。同时全程视频监控,实现全路段运行状况实时掌握,大大扩展了监控范围。

第二,事故接处警时间由原来的 15min 缩短为 3min。系统通过视频画面自动或人工随时发现路面各种情况,第一时间了解到现场情况,并给予先期处置,为事故救援争取宝贵时间。

第三,事故发生地点的空间定位精度由 1km 提高到 100m,确保精确处警。事故预警信息发布范围由 200m 提前到 3~12km,为来车预留充分的应急处置时间。

第四,通过可变信息标志系统、广播、网络等平台,及时发布路面交通事故或路面通行情况等信息,提醒后方车辆驾驶员注意减速慢行,谨慎通过事故现场,避免次生事故的发生。

第五,通过测速设备对车辆行驶速度进行有效管控,超速信息通过 LED 可变信息标志板实时告知,并提醒驾驶员降低下坡的速度,有效预防和避免交通事故。

随着公路建设事业的不断发展,近年来山区高速公路建设也快速推进。由于山区地质情况复杂,地形起伏大,高原、微丘、重丘和山岭区颇多,地势落差大,需要采用连续升坡或连续降坡展线的方法克服高差,考虑到降低工程造价等多方面原因,很多山区高速公路均采用了连续长大纵坡。虽然山区高速公路的连续长大纵坡路段平纵线形指标能符合现行的标准、规范要求,但这些连续长、大下坡路段不管是位于高速公路还是一般公路上,发生交通事故的概率明显大于其他普通路段,而且是重特大交通事故占比明显较高,这些交通事故严重破坏了公路的基本服务职能,无法保障国民最基本的出行安全需求,也给国家和人民生命财产造成巨大损失。全国各地很多山区高速公路的长大纵坡常常被驾驶员称为"死亡坡""魔鬼坡",是山区高速公路管理的典型黑点路段之一。

据相关事故资料显示:近年来公路交通事故呈逐年增加趋势,不仅仅是地方乡村公路交通事故居高不下,就在一些山岭重丘地形高速公路的局部路段上,重大、恶性交通事故也时有发生,引起了社会各界的严重关注。为预防和减少道路交通事故,按照国务院统一部署,公安部和国家安全生产监督管理局研究确定了督办治理的全国29处公路危险路段。这些路段多地处山区,坡陡、弯急、路窄,或由于多雨雾,路面湿滑、视线不良,不利于安全通行,已连续发生重大交通事故或发生一次伤亡数十人的特大道路交通事故。在这29个危险路段中,属于连续长大纵坡的事故多发路段就有16处,高达55%。国内外的研究都表明,下坡路段的事故发生频率要明显高于上坡路段,特别是在长大纵坡路段,因此高速公路连续长大纵坡路段的行车安全是一个急需解决的问题。

为此,在公路下坡或长大纵坡一旦发生影响正常通行的应急突发情况或道路交通事故时,及时有效的交通流管制措施显得尤其重要。而交通管控点的选择也会直接影响交通控制措施的安全、效果。为此,在对山区高速公路下坡或长大纵坡进行交通管制时,出于驾驶员视觉特点和安全行车管理等需要,管制点必须选择坡顶,即在行车方向的上坡坡顶处实施交通管制,因此,坡顶就为下坡路段交通管制的关键节点。

(二)桥梁安全预警技术

桥梁健康监测,一般是指根据桥梁结构的主要性能指标,结合损伤检测和结构特性分析,从运营状态的结构中获取并处理数据,诊断结构中是否有损伤发生,判断损伤的位置,评估损伤的程度以及损伤对结构将要造成的后果,以此为桥梁在异常时触发预警信号,为桥梁维护、维修与管理决策提供依据和指导。预警系统是健康监测系统状态评估系统的重要组成部分,可以及时发现或预报结构的异常,保障结构的安全运营。当桥梁结构状态出现异常时,桥梁结构预警系统通过处理和分析健康监测系统采集的结构响应数据实时掌握、评估桥梁结构的运营状态及时进行报警,根据异常情况发出相应的指令,避免事故的发生或扩大,为桥梁的运营管理提供科学依据。

山区高速公路常见的桥梁典型病害有桥梁基础受山洪冲刷淘空、桥梁安全受泥石流威胁、桥梁整体的沉陷及倾斜、主梁挠度或应力、桥梁接缝变化及温度变化影响、车辆荷载(超载)、地震等。

1. 不同桥梁病害不同的监测方法

山洪冲刷淘空、泥石流威胁监测系统。山区地形特殊、地层不连续、地质破碎,高速公路桥梁大多架设于V形、W形地形地带。山洪冲刷掏空桥梁基础,泥石流冲击桥墩,危及桥梁安全。采用埋设感应器、自动充电数据记录仪等设备监测地层状态,进行预警。

桥梁沉陷、倾斜、接缝及温度、地震、主梁挠度、应力监测系统监测资料传送均以数字方式进行。将感应器输出的模拟信号,先经过自动数据处理机内的模拟数字转换器转换成数字信号,由内藏的记忆装置记录并储存于计算机内,再利用这些记录的资料进行各种报表制作及分析,并使用计算机桥梁管理系统进行分析,得出桥梁的运行状态。

车辆货载、超重车和地震的监测。车辆超载情况严重,超重车的监测非常必要。监测的方式是采用埋入式压线感应器或活动地磅,当信号超过某一值时,可作为取缔超载的依据。

2. 桥梁健康诊断和安全预警

桥梁健康诊断和安全预警的一般模式是定义反映结构健康状态和损伤的特征指标;建立从健康监测原始数据中识别或者计算这些指标的方法,同时通过对结构行为的分析,并且结合专家经验,对这些指标的取值空间进行预先的人为划分,得到简单的指标阈值体系;从监测数据中计算指标值与此阈值体系进行简单对比,实现对桥梁健康监测状态的诊断以及安全预警。通常按照桥梁健康诊断和安全预警的模式程序,可以将桥梁监测预警系统的技术构成要素分为5个模块。

（1）采集系统技术

数据采集与处理模块由健康监测系统的传感器子系统、数据采集与传输子系统、数据控制与处理子系统组成。主要功能是进行现场实测数据的采集、传输、接收,根据不同的预警方法对采集的数据进行预处理,为状态预警提供可靠的数据,并根据预警系统反馈的信息改变数据采集方式,以满足结构状态预警对采集数据的要求。

（2）数据库技术

数据库模块主要是存储实时数据、历史数据和预警系统的处理数据,以备其他各模块调用。数据库模块还具有数据备份的功能,以防数据的意外丢失。随着系统的运行时间推移,数据将不断增加,数据库管理应科学、规范,以免引起混乱。

（3）数据分析技术

在桥梁健康监测系统中,无论是交通控制还是损伤检测,数据分析是最关键也是最难的部分,数据分析就像一个人的思维,健康监测系统如果没有思维分析能力,也就没有任何存在的价值。桥梁结构的健康状况是由测试的信号来监测和评估的,即从传感器采集的信号中提取各种特征,对结构进行参数检测、状态监控和损伤诊断等。

（4）传感器运用技术

目前的桥梁健康监测技术采用的传感器分为以下几种:①应变监测,采用精度高准分布式的光纤布拉格光栅传感器,不仅实现了对静态应变的测量,而且实现了动态应变的连续实时测量,其测量精度已经达到0.1微应变;②加速度,采用适合土木结构的超低频加速度计,如力平衡式加速度计,位移计,用于测量支座、伸缩缝等处位移,已经可以达到 1mm 的测量精度;GPS 用于测量人力无法触及的部位的变位,如塔顶、跨中挠度,目前国外的产品已经可以达到约 0.33cm 的测量精度。

(5)状态预警技术

状态预警模块的功能是对桥梁结构实时在线地进行局部状态评估和整体状态评估,从而实现对突发性损失和长期积累损伤的预警。当桥梁状态异常时,预警模块发出警报和相应的指令,及时反馈给桥梁管理部门,以便采取有效的措施,防止事故的进一步扩大。当预警类型为长期积累损伤时,启动损伤识别系统,诊断损伤的位置和程度。

二、公路应急和预警联动

公路路网内各关键结构物及关键点位均有完善视频监控、结构物监测监视等系统,通过公路预警系统计算分析启动预警系统,作出入口匝道控制、正线控制、优先通行权控制、远端分流和信息发布等反应。

特殊路段长大下坡与桥梁隧道比例较高,对任一点位的交通控制均与其他节点紧紧相关,呈联动关系。路网内关键结构物及关键点的预警点位作出预警响应,即根据预警系统侦测到的数据情况,经应急预警系统处理,自动作出预警启动反应。根据桥梁、隧道、上下坡等情况,结合公路的交通管制原则和需要,将其切割为独立的若干小段,确保每一段仅有一个交通控制点,多个控制点构建起山区高速公路应急预警系统。结合山区高速公路各关键结构物的特点和应急预警实际,将山区高速公路的应急预警的关键结构物间的关系分为:"多对一"联动关系和"一对一"联动关系两大类。

(1)"多对一"联动关系(many-to-one)

"多对一"联动关系指某段公路的桥梁、隧道、上下坡间的两个要素或多要素间紧密相连为一体,形成一个交通控制的整体,即该路段包括多个关键结构物或节点,当任一点位发生突发情况,将在同一交通控制点启动交通管制,如桥连隧、隧连桥等。因一些公路线形特点的原因,多数为上下坡、桥隧相互连接,交通控制较为复杂。

预警点:根据预警监测需要,在山区高速公路关键结构物、关键节点设置的监测监控设施的点位,一般是位于桥梁、隧道、上下坡间。

控制点:即预警发生后,实施交通控制的点位。控制点选择主要取决于该路段线形特点及情况,出于安全、畅通两项因素考虑,控制点一般位于隧道口、坡顶或平直路段。

在某段高速公路中,具有同一交通应急管制点位的、分布于高速公路的 A、B、C、D、E 等点位,在任一点位或多个点位发生突发情况经预警反应后,将自动通过路网预警系统的处理,再将处理结果通过交通信号灯应用在高速公路交通控制中(红灯表示禁止通行;绿灯表示可以通行;黄灯表示谨慎慢行),如图 6-26 所示。

点位	1	2	3	4	5	6	7	8	9	10	11	12	……	n
A	○	●	○	○	●	○	●	●	○	●	●	●	……	●
B	○	○	●	○	○	●	○	●	○	●	○	●	……	●
C	○	○	○	●	○	○	●	○	○	●	○	●	……	●
D	○	○	○	○	●	●	○	○	●	○	●	●	……	●
E	○	○	○	○	●	○	●	○	●	○	●	○	……	●
……	…	…	…	…	…	…	…	…	…	…	…	…	……	…
预警点	○	●	●	●	●	●	●	●	●	●	●	●	……	●

●表示预警反应(或启动)
○表示预警未反应(或未启动)

图6-26 "多对一"预警联动反应图

（2）"一对一"联动关系（one-on-one）

"一对一"联动关系指山区高速公路关键结构物间的交通控制与管理各为一体，互不影响，即应急预警反映后，只是点对点的反馈预警。一般为桥梁、隧道、弯道、上下坡、高边坡来车方向的平直路段，即在关键结构物间发生预警后，只通过控制来车方向的平直路段即可实现，其他远端交通流不受影响。

每一个预警点均有一个对应的控制点，则这些预警点之间的预警反应无联动关系，其任一预警点有预警反应时，仅有对应的控制点响应。一些公路线形复杂，其应急预警关系并非仅为"多对一"联动关系和"一对一"联动关系，各管制点位之间的联动关系相互包含又相互补充，但其均符合公路交通控制原则范围，均是出于公路交通控制的安全性、实用性考虑。例如一个联动反应后，相应车辆积压到下一联动路段后，通过预警响应，将启动下一联动路段预警响应，依次累推，如图6-27所示。

点位	1	2	3	4	5	6	7	8	9	10	11	12	13	……
A	○	●	●	○	○	○	●	●	●	●	●	●	●	……
预警点	○	●	●	●	●	●	●	●	●	●	●	●	●	……
B	○	●	○	●	○	●	●	○	●	○	●	●	●	……
预警点	○	●	●	●	●	●	●	●	●	●	●	●	●	……
C	○	○	●	●	○	●	○	●	○	●	●	●	●	……
预警点	○	○	●	●	●	●	●	●	●	●	●	●	●	……
D	○	○	○	●	●	○	●	○	●	●	○	●	●	……
预警点	○	○	○	●	●	●	●	●	●	●	●	●	●	……
E	○	●	○	○	●	○	●	●	●	○	●	●	●	……
预警点	○	●	●	●	●	●	●	●	●	●	●	●	●	……

●表示预警反应(或启动)
○表示预警未反应(或未启动)

图6-27 "一对多"预警联动图

参考文献

[1] 赵光辉,陈立华.公路交通应急管理教程[M].北京:人民交通出版社,2013.

[2] 陈云鹤.公路应急交通保障[M].北京:国防工业出版社,2013.

[3] 贺琳.公路运行安全风险分析[M].大连:大连理工大学出版社,2016.

[4] 秦进.交通运输安全管理[M].北京:高等教育出版社,2021.

[5] 王雪松.交通安全分析[M].上海:同济大学出版社,2022.

[6] 胡锦涛.中华人民共和国突发事件应对法(主席令第六十九号)[EB/OL].(2007-08-30)[2023-08-01].https://www.gov.cn/zhengce/2007-08-30/content_2602205.htm?ivk_sa=1024320u,2007-08-30/2023-08-01.

[7] 胡锦涛.中华人民共和国道路交通安全法(主席令第四十七号)[EB/OL].(2011-04-22)[2023-08-01].https://www.gov.cn/flfg/2011-04-22/content_1850795.htm,2011-04-22/2023-08-01.

[8] 国务院办公厅.《中华人民共和国道路运输条例》(国务院令第406号)[EB/OL].(2006-07-27)[2023-08-01].https://www.gov.cn/ztzl/2006-07-27/content_347443.htm,2006-07-27/2023-08-01.

[9] 环境保护部.关于印发《突发环境事件应急预案管理暂行办法》的通知(环发[2010]113号)[EB/OL].(2010-09-28)[2023-08-01].https://www.mee.gov.cn/gkml/hbb/bwj/201010/t20101009_195330.htm,2010-09-28/2023-08-01.

[10] 环境保护部.关于进一步加强环境影响评价管理防范环境风险的通知(环发[2012]77号)[EB/OL].(2012-07-03)[2023-08-01].https://www.mee.gov.cn/gkml/hbb/bwj/201207/t20120710_233249.htm,2012-07-03/2023-08-01.

[11] 环境保护部.关于切实加强风险防范严格环境影响评价管理的通知(环发[2012]98号)[EB/OL].(2012-08-08)[2023-08-01].http://www.dwhbkp.com/uploads/soft/20190629/1561816599.pdf,2012-08-08/2023-08-01.

[12] 交通运输部安全与质量监督管理司.公路交通突发事件应急预案[EB/OL].(2010-09-16)[2023-08-01]. https：∥xxgk. mot. gov. cn/2020/jigou/aqyzljlglj/202006/t20200623_3316563.html,2010-09-16/2023-08-01.

[13] 新华社.公安部发布《高速公路交通应急管理程序规定》[EB/OL].(2008-12-08)[2023-08-01].https：∥www.gov.cn/govweb/jrzg/2008-12/08/content_1171701.htm,2008-12-08/2023-08-01.

[14] 国家粮食和物资储备局.关于进一步加强水路公路危险化学品运输管理的通知[EB/OL](2006-03-08)[2023-08-01].http：∥lswz.gov.cn/html/ywpd/aqsc/2018-06/11/content_211303.shtml,2006-03-08/2023-08-01.

[15] 交通运输部科技司.交通运输部办公厅关于发布《交通运输安全应急标准体系(2016年)》的通知(交办科技〔2016〕192号)[EB/OL].(2017-01-16)[2023-08-01].https：∥xxgk. mot. gov. cn/2020/jigou/kjs/202006/t20200623_3317048.html,2017-01-16/2023-08-01.

[16] 广东省人民政府.广东修订并印发《广东省突发事件总体应急预案》[EB/OL].(2011-09-22)[2023-08-01]. https：∥www.gov.cn/gzdt/2011-09/22/content_1953732.htm,2011-09-22/2023-08-01.

[17] 广东省第十一届人民代表大会常务委员会.广东省突发事件应对条例[EB/OL].(2010-06-02)[2023-08-01].https：∥law.cnki.net/fyfgzt/flfg,2010-06-02/2023-08-01.

[18] 广东省交通运输厅.广东省道路运输保障应急预案[EB/OL].(2009-09-30)[2023-08-01]. http：∥td.gd.gov.cn/zwgk_n/jslyxxgk/aqyyj/content/post_2627823.html,2009-09-30/2023-08-01.

[19] 广东省人民政府.广东省人民政府办公厅关于印发广东省城市轨道交通运营突发事件应急预案的通知[EB/OL].(2021-10-09)[2023-08-01].http：∥www.gd.gov.cn/zwgk/gongbao/2021/30/content/post_3627123.html? eqid=b0002bef00044f580000000564363931,2021-10-09/2023-08-01.

[20] 山东省人民政府.山东省突发事件总体应急预案[EB/OL].(2021-09-18)[2023-08-01].http：∥www.shandong.gov.cn/art/2021/9/19/art_107861_114336.html,2021-09-18/2023-08-01.

[21] 山东省人民政府.山东省人民政府办公厅关于印发山东省重大突发事件应急保障体系建设三年行动计划(2020—2022年)的通知[EB/OL].(2020-12-24)[2023-08-01].http：∥m.sd.gov.cn/art/2021/2/3/art_100623_37886.html,2020-12-24/2023-08-01.

[22] 山东省交通运输厅.山东省交通运输综合应急预案[EB/OL].(2021-09-06)[2023-08-01].http：//jtt.shandong.gov.cn/art/2021/9/6/art_76469_10295278.html,2021-09-06/2023-08-01.

[23] 北京市人民政府.北京市人民政府关于印发《北京市突发事件总体应急预案(2021年修订)》的通知[EB/OL].(2021-08-13)[2023-08-01].http：//rfb.beijing.gov.cn/rf_zwgk/rf_flfg/202108/t20210813_2467971.html,2021-08-13/2023-08-01.

[24] 北京市应急管理局.北京市突发事件应急预案管理办法(2017年修订)[EB/OL].(2018-01-05)[2023-08-01].https：//www.beijing.gov.cn/zhengce/zhengcefagui/201905/t20190522_60831.html,2018-01-05/2023-08-01.

[25] 北京市应急管理局.北京市道路突发事件应急预案[EB/OL].(2017-01-03)[2023-08-01].http：//yjglj.beijing.gov.cn/art/2017/1/3/art_2522_444506.html,2017-01-03/2023-08-01.

[26] 北京市应急管理局.北京市雪天交通保障应急预案[EB/OL].(2020-12-08)[2023-08-01].https：//www.beijing.gov.cn/zhengce/zhengcefagui/201905/t20190522_56748.html,2010-12-08/2023-08-01.

[27] 关小杰.数字孪生隧道技术路线、建设成本[EB/OL].(2023-03-03)[2023-08-01].http：//www.donglan.tech/sys-nd/77.html,2023-03-03/2023-08-01.

[28] 杜豫川,刘成龙,吴荻非,等.新一代智慧高速公路系统架构设计[J].中国公路学报,2022,35(4):203-214.

[29] 李洁,韩欢欢,李嘉,等.中国、美国和澳大利亚三国公路安全性评价规范对比[J].中外公路,2023,43(4):292-298.

● 中国工程院重大战略研究与咨询项目

课题报告 ⑦

"四网融合"系统研究

课题组主要研究人员

课题顾问

　　傅志寰

课题组长

　　杨文银

课题组主要成员

　　徐志远　陈　琨　李轶舜　李　伟　杨　洁

　　张新虎　邢宇鹏　杨　超　成　诚　李振杰

　　孙　哲　周　进　薛　岭　程　洁　陈　垦

课题主要执笔人

　　陈　琨　李　伟　李轶舜　杨　超

内容摘要

"'四网融合'系统研究"是中国工程院重大战略研究与咨询项目"智慧公路发展战略研究"子课题之一。通过研究"四网融合"的发展目标、需求和重点建设任务等问题,为推动公路行业高质量发展提供有力支撑。

本研究分析了智慧公路下的"四网融合"发展策略。首先探讨了"四网融合"的含义、发展现状、形势要求和发展目标。在综合国内外"四网融合"发展战略和关键技术基础上,将"四网融合"系统的发展划分为三个阶段:第一阶段(截至2027年),实现基本融合;第二阶段(截至2035年),实现深度融合;第三阶段(截至2050年),实现一体化服务。

本研究详细分析了"四网融合"在智慧公路发展中设施、管理、服务等方面需求,结合智慧公路不同发展阶段特征及其信息量、能源使用结构,提出了智慧公路信息和能源用量的估算方法。基于评估不同地区的光伏资源水平,测算了智慧公路的发电潜能,提出了不同地区、不同发展阶段的"四网融合"布局策略。

为实现战略目标,本研究提出了"四网融合"建设总体思路和发展路径。围绕推进公路基础设施网与信息网融合、推进公路基础设施网与能源网融合、构建"三网融合"的基础设施供给网络、构建"四网融合"的一体化服务四个方面,提出了相应的重点建设任务,并给出了保障措施。

第一章
概　　述

第一节　研究背景

当前,我国交通运输从高速增长阶段转向高质量发展阶段,开启了由交通大国迈向交通强国的新征程。公路作为最基础、最广泛的交通基础设施,是衔接其他各种运输方式和发挥综合立体交通网络整体效率的主要支撑,在综合交通运输体系中具有不可替代的作用。公路交通必须主动适应高品质、多样化、个性化的旅客出行需求和高价值、小批量、时效强的货物运输需求,坚持创新引领,注重科技赋能。因此,智慧公路是公路高质量发展的主要方向。

2019 年,中共中央、国务院印发《交通强国建设纲要》,明确要求"大力发展智慧交通。推动大数据、互联网、人工智能、区块链、超级计算等新技术与交通行业深度融合。推进数据资源赋能交通发展,加速交通基础设施网、运输服务网、能源网与信息网络融合发展,构建泛在先进的交通信息基础设施。"2021 年,中共中央、国务院印发《国家综合立体交通网规划纲要》,进一步细化了推进交通基础设施网与运输服务网、信息网、能源网融合发展的主要任务,提出到 2035 年,基本建成便捷顺畅、经济高效、绿色集约、智能先进、安全可靠的现代化高质量国家综合立体交通网,要求交通基础设施绿色化建设比例达 95%,数字化率达 90%。《中华人民共和国国民经济和社会发展第十四个五年规划和 2035 年远景目标纲要》提出"围绕强化数字转型、智能升级、融合创新支撑,布局建设信息基础设施、融合基础设施、创新基础设施等新型基础设施"。《"十四五"新型基础设施建设规划》提出加速建设信息基础设施,稳步发展融合基础设施,适度超前部署创新基础设施,为实现经济持续健康发展、高水平科技自立自强和不断增进民生福祉夯实先进基础,并部署了发展协同高效的智能交通物流设施、构建清洁高效的智慧能源系统等任务。2022年,国家发展和改革委员会、交通运输部印发《国家公路网规划》,提出到本世纪中叶,高水平建成与现代化高质量国家综合立体交通网相匹配、与先进信息网络相融合、与生态文明相协调、与总体国家安全观相统一、与人民美好生活需要相适应的国家公路网,有力支撑全面建成现代化经济体系和社会主义现代化强国。因此,推动公路基础设施网与运输服务网、信息网、能源网"四网融合"是贯彻落实国家重大战略的必然要求,是智慧公路实现高效、集约发展的必然选择。

近年来,随着土地、环境、资源、资金等约束日趋严格,各地积极开展智慧公路试点示范,政府、企业、市场纷纷发力,项目数量和规模快速增长。"十三五"期间,交通运输部组织北京、河北、吉林、江苏、浙江、福建、江西、河南、广东九省(直辖市)开展了"新一代国家交通控制网和智慧公路试点工程"建设。在已经公布的交通强国试点方案中,有24个试点单位提出了智慧公路相关建设任务。各地大力推进新技术与公路工程融合创新,广泛应用视频监控、流量监测、雷达监测、气象监测等智能感知技术,积极开展智慧工地、桥梁结构健康监测、隧道安全运行监测、恶劣天气行车诱导、主动安全防控等集成应用,探索开展车路协同、公路沿线光伏发电等新技术、新业态试验,在服务区建设充电桩,公路沿线信息基础设施、能源基础设施建设越来越多,并带来了公路沿线信息传输量、能源使用量的大幅增长。

然而,受社会发展、经济形势和管理体制等因素影响,虽然公路基础设施网与运输服务网、信息网、能源网融合发展已经成为必然趋势,但是在政策规划、工程建设、运营维护、公众服务等方面仍处在相对独立、初步融合的发展阶段,"四网融合"的内涵尚未达成共识,融合应用场景还不清晰,重点发展方向还不明确,布局思路和推进策略有待厘清。亟须开展"四网融合"系统研究,明确战略目标、重点方向和实现路径,推进公路基础设施网与运输服务网、信息网、能源网深度融合、智慧协同。

第二节 课题定位

一、对课题的理解

本课题是中国工程院2022年重大战略研究与咨询项目"智慧公路发展战略研究"的七个课题之一,是智慧公路框架下的"四网融合"战略研究,是面向公路交通运输服务网的公路基础设施网、运输服务网、信息网、能源网"四网"协同融合战略研究。

为明确课题定位,需要首先研究"四网融合"的内涵,明确"四网"的关系,设计"四网融合"的总体框架。根据《交通强国建设纲要》《国家综合立体交通网规划纲要》,"四网"是指"交通基础设施网、运输服务网、信息网与能源网",并分别提出了推进交通基础设施网与运输服务网、交通基础设施网与信息网、交通基础设施网与能源网融合发展的主要任务。查阅相关工具书发现,"融合"可解释为"融化汇合,合成一体","系统"可解释为"两个或两个以上相互有关联的单元,为达成共同任务时所构成的完整体"。考虑到本课题是在"智慧公路发展战略研究"总体框架下,故本课题研究是为了达成"智慧公路"的共同任务,研究公路基础设施网与运输服务网、信息网、能源网如何融化汇合、形成一个整体的问题。

本课题所开展的"四网融合"系统研究,应以公路交通载运工具和公路交通运行组织模式的变革为导向,以公路基础设施、通信信息基础设施、能源基础设施的统筹规划建设为落脚点,以"信息"或"数据"为融合剂,实现"四网"整体的精细管理、高效运营和一体化服务。

根据《交通强国建设纲要》的"到2035年,基本建成交通强国"阶段目标,综合考虑新一代信息技术、新能源技术的快速迭代及长远发展的不确定性,确定本课题研究的目标年为2035年。

考虑到当前及未来智慧公路建设的重点领域,本课题将以高速公路为主要研究对象,公路基础设施网重点关注高速公路网,能源网重点关注电网,信息网重点关注公路沿线感知、传输、云计算等通信信息基础设施。

二、本课题与其他课题的关系分析

根据项目组的研究成果,智慧公路是指以安全、高效、绿色、经济、韧性为目标,融合应用大数据、云计算、物联网、人工智能等新一代信息技术和智能装备、新材料、新能源等,具有全域感知、泛在互联、融合计算、自主决策、智能协同、服务触达等能力,实现公路建设、运营、养护、服务全寿命周期智慧化的新一代公路系统。根据智慧公路"资源层-能力层-应用层-用户层"的总体框架(图7-1),"四网融合"系统主要为智慧公路提供先进的物质基础。

本课题通过研究"四网融合"系统,得到不同网之间的融合发展方向、协同布局思路,为其他子课题提供发展战略和实施路径方面的参考,是其他子课题顺利实施的重要保障;同时,其他子课题的研究结论,将明确智慧公路的发展方向、战略目标和路线图,以及智慧公路对信息量、能源总量的需求,是本课题的输入,通过对信息、能源用量现状和需求的匡算,明确"四网融合"的布局策略。本课题与其他子课题的关系如图7-2所示。

智慧公路发展战略研究（下册）

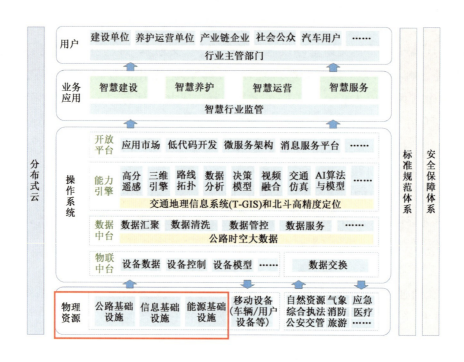

图 7-1 智慧公路系统总体架构图

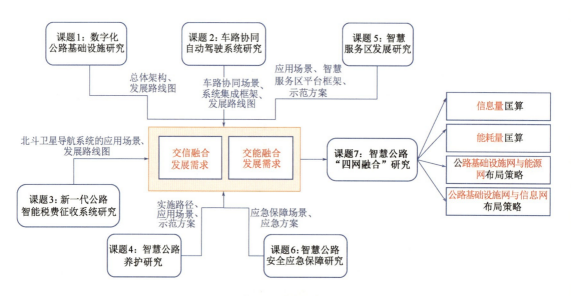

图 7-2 智慧公路"四网融合"研究和其他子课题之间的关系

第三节　研究目标和内容

一、研究目标

本课题围绕智慧公路发展需求，深入分析我国公路基础设施网与运输服务网、信息网、能源网"四网融合"发展的根本动力和内在需求，梳理发展现状，总结"四网融合"发展存在的问题、技术难点和制约因素，结合加快建设交通强国和构建现代化高质量国家综合立体交通网要求，分析"四网融合"的发展趋势，研究"四网融合"的应用场景和重点任务以及对行业发展的影响和产生的效果，提出"四网融合"发展的内涵框架、发展目标、总体架构、布局思路、实施路径和保障措施，为推动公路行业高质量发展提供有力支撑。

二、研究内容

（一）"四网融合"发展现状分析

基于"四网融合"的学术文献、行业统计数据、实际调研资料等，以高速公路为主要研究对象，研究我国公路基础设施网、运输服务网、信息网和能源网的发展现状，尤其是新能源汽车普及和高速公路数字化等变化带来的能源用量、信息量的使用变化。研究"四网融合"发展的关键技术和关键问题，如电动辅助车辆（Electric Assisted Vehicles, EAV）发展趋势及渗透率，5G、人工智能、物联网等信息技术及其发展趋势，太阳能、风能等新能源技术及其发展趋势，对标发达国家"四网融合"发展状况与建设方向，提出"四网融合"系统的内涵和框架，并分析我国"四网融合"工程实践的典型案例，总结投资建设模式、商业运营模式，挖掘案例中的不足及其深层次原因，提炼总结"四网融合"在技术、模式和产业生态方面存在的问题。

（二）"四网融合"发展需求和思路

在智慧公路框架下，根据交通强国、新基建等战略要求，结合"双碳"目标对绿色交通基础设施建设的要求，科学研判"四网融合"的发展趋势，如公路基础设施网的新定位、新阶段，运输服务网中公路交通运载工具的变革和公路交通运行组织新模式、新业态的变化趋势，信息网中5G网络、车路协同、人工智能、北斗卫星导航系统等新技术发展趋势，能源网中光伏、风能等清洁能源和新能源充电桩的发展及其布局。同时分析新技术赋能公路基础设施数字化转型、智能升级、融合创新的深层机理，以2035年为目标年，预测智慧公路对沿线通信信息基础设施、能源基础设施的用信、用能需求并研究其应用场景。

(三)"四网融合"重点建设任务

紧紧围绕公路基础设施建设、管理、养护、运营的数字化、网联化、智能化发展和融合创新需求,结合智慧公路发展历程和未来发展的重点领域、主要应用场景,研究提出"四网融合"的重点建设任务,如公路基础设施网与能源网、公路基础设施网与信息网两网之间的基础设施统筹布局、协同建设,"三网融合"的基础设施供给网络及"四网融合"的一体化服务网等。

(四)"四网融合"布局策略

综合考虑区位、经济、资源、环境等因素,结合不同阶段、不同区域公路基础设施网的交通特征和运行服务功能要求,以及信息网、能源网的技术和产业发展趋势,研究提出智慧公路框架下公路基础设施与沿线通信信息基础设施、能源基础设施的协同规划布局思路和发展路径。其中:

公路基础设施网与信息网融合方面,以交通强国战略和智慧交通为背景,匡算公路基础设施网数字化、车路协同及自动驾驶等典型应用场景下的信息感知、传输、存储和计算需求,以及公路基础设施建设、管理、运营、维护全产业链数字化的信息需求,提出 5G 网络基站、网络线路等通信信息基础设施和公路基础设施共建共享需求,提出不同阶段、不同地区的融合布局原则和要求,以及新一代通信信息基础设施与公路基础设施一体化建设策略。

公路基础设施网与能源网融合方面,在"双碳"目标下,根据公路基础设施能源需求特性、电网系统的布局特点、可再生能源的出力特性对公路基础设施进行时间和空间的能源用量匡算,提出不同阶段、不同地区的新能源和传统能源协调互补的布局原则、要求和一体化建设策略。在此基础上,统筹规划不同阶段、不同地区的公路、信息、能源基础设施协同布局原则和要求,提出一体化建设策略。

(五)"四网融合"保障措施

正确处理公路基础设施网、运输服务网、信息网、能源网的关系,从需求和实际出发,根据不同阶段智慧公路"四网融合"工程项目设计审批、监管、法规、标准规范等方面存在的问题,以及体制机制制约因素,准确定位政府与市场的角色,从协同机制、投资建设模式、商业运营模式、标准规范体系等方面,提出"四网融合"保障措施。

第四节 研究思路

本课题研究的总体思路需要考虑以下几个方面：

（1）以交通强国等国家战略为出发点。以党的十九大精神和习近平新时代中国特色社会主义思想为指导，贯彻落实交通强国、数字经济、网络强国等国家战略部署，做好"四网融合"系统研究和创新工作。

（2）以行业发展痛点为突破口。深入分析制约交通行业发展过程中的难点和瓶颈，对当前交通运输行业发展过程中问题最多、涉及最广、影响最大的问题进行排序，利用"四网融合"的技术优势，结合5G、大数据、人工智能等先进技术手段，解决交通发展的重点、难点问题。

（3）以技术创新为发力点。"四网融合"作为交叉学科、跨界融合的创新发展体系，其实质是信息系统、能源系统与基础设施和运输服务组成的综合交通系统作为供需双方的协同规划运行体系，以及信息技术在能源与交通融合领域的创新应用突破。这就需要充分研判信息技术的发展趋势，找准与交通运输基础设施集成建设的结合点，以及需要突破的关键技术、典型应用场景，保证研究方向的准确性和研究成果的实用性。

（4）以统筹谋划为基本原则。统筹考虑发展基础、空间布局、技术水平、投资规模和资源环境容量等因素，合理把握规模、速度、标准，科学谋划交通运输新型基础设施建设。近期关注成熟技术在交通基础设施上规模化、网络化应用，远期跟踪新技术发展，推动交通新型基础设施适度超前布局。

第五节 技术路线

本课题研究的技术路线如图7-3所示。

根据本课题的研究内容和研究方案，将分为研究准备阶段、顶层设计研究阶段和保障体系研究阶段，具体内容如下：

（1）研究准备阶段。在该阶段，基于课题组已有研究，结合本课题的研究内容，进行相关数据和资料的收集整理工作，并进一步明确相关研究的关键问题。然后围绕课题研究内容，对国内外文献研究和应用进行调研和综述，并针对国内典型应用地区和行业开展实地调研，总结当前"四网融合"发展形势、发展模式等，掌握相关领域理论研究和生产实践方面最新发展情况。

（2）顶层设计研究阶段。在该阶段，基于相关领域已有研究，以公路基础设施网为底座，以运输服务网为需求，分析公路基础设施网、信息网、能源网在"四网融合"中的地位以及不同网间的衔接机理和耦合关系，剖析当前新技术如人工智能、5G等对各基础设施网的影响，明确"四网融合"发展趋势，并根据信息网、能源网当前的技术成熟度、产业生态合理性等要素研判"四网融合"重点研究方向。同时，根据区位、经济、资源等因素，提出"四网融合"的布局思路。

（3）保障体系研究阶段。在该阶段，从协同体制机制、建设运营模式、标准规范体系等方面提出"四网融合"的政策及建议。

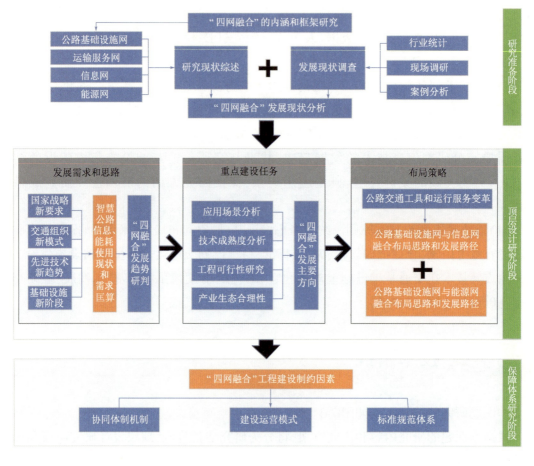

图7-3　总体技术路线图

第二章
智慧公路"四网融合"的含义和发展现状

第一节　智慧公路"四网融合"的内涵

从智慧公路发展视角,"四网融合"内涵考虑如下:

智慧公路"四网融合"系统是以服务公路用户为根本目的,以数据为融合剂,通过公路基础设施、能源基础设施、信息基础设施物理网络和数字网络的耦合互联,使车辆运行、能源供销、信息交互及衍生服务具有在线协同、业务智能、服务便捷、运行低碳等能力的新型公路融合基础设施系统。

智慧公路"四网融合"系统由公路基础设施网、信息网、能源网和以车辆为主要服务对象的运输服务网构成。

如图7-4所示,"四网"分别为:

(1)公路基础设施网:根据智慧公路的定义及其依托工程的实际情况,本课题研究的落脚点是以高速公路为主的新型公路基础设施,即数字化、网联化、智能化的公路基础设施,不宜拓展到应用领域。

(2)运输服务网:面向智慧公路的运输服务,应重点研究客货运输新需求对公路交通运行服务的新要求,切入点在公路网的运行管理和服务,即:分析新一代公路交通载运工具的变化和公路交通运行组织的新模式、新业态的变革,研究两者共同作用对公路交通的影响,包括新能源汽车、智能网联汽车渗透率不断增长的影响,共享交通、预约出行等公路交通运行组织的变化等。

(3)信息网:重点研究智慧公路沿线感知、传输、云计算等通信信息基础设施。

(4)能源网:在"双碳"目标和能源互联网大背景下,研究智慧公路沿线多能互补的供能基础设施,以电能为主,并重点研究公路沿线分布式光伏发电、储存、消纳的智慧微电网。

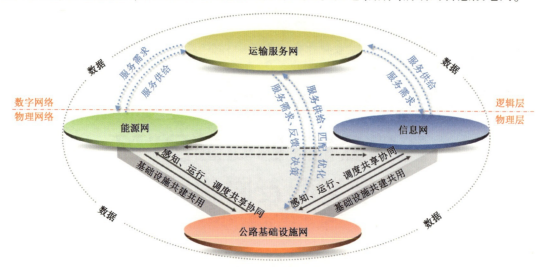

图7-4 公路视角下的"四网融合"系统概念示意图

从物理层面看,通过在公路基础设施空间通道内合理布设能源基础设施、信息基础设施,实现线网互通、资源互补、数据互联,推动公路、能源、信息的供给和调度从"粗放管理"向"精准可控"转变、从"局部平衡"向"全局最优"转变,最终形成数字化、网络化、智能化的新型基础设施网络。

从内容层面看,智慧公路发展要与汽车电动化、网联化、智能化趋势相协调,不断适应公路交通运行服务及衍生服务新模式、新业态发展,逐步从单一的交通运行服务向公路、能源、信息及衍生服务的综合运行服务转变,最终实现服务需求和服务供给智能、灵活、精准匹配。

第二节 智慧公路"四网融合"发展现状

一、"四网融合"发展现状

(一)公路基础设施网和运输服务网融合方面

目前,各个国家和地区都大力推动公路基础设施网和运输服务网之间的融合。美国在公路基础设施网与运输服务网融合发展方面的探索主要表现在物流服务、服务区、多式联运与公路文旅四个方面。同时,美国关于交通运输的战略规划不断更新,不断明确发展方向及路径。早在1989年,美国就发布了"智能车辆公路系统"战略计划,此后陆续出台了以五年或十年为周期的长期智能交通系统(Intelligent Traffic System,ITS)战略规划,引领了全球ITS技术的发展方向。

欧盟通过跨欧洲运输网络(Trans-European Transport Network，TEN-T)政策推进全欧洲铁路线、公路、内陆水道、海上航运路线、港口、机场和铁路终点站网络融合发展。通过融合基础设施网和运输服务网，最终实现缩小地区差距、消除瓶颈和技术障碍，以及加强欧盟的社会、经济凝聚力的目的。除了建设新的物理基础设施外，TEN-T政策还将新技术和数字解决方案应用于所有运输方式，提高基础设施使用率，减少运输对环境的影响，提高能源使用效率和安全性。

日本在公路基础设施网和运输服务网的融合方面做法相对灵活，在离村落较近的公路枢纽旁建设了能容纳各类产业进驻的公路服务综合体，即公路特色驿站，实现公路基础设施网和运输服务网的有机结合。截至2020年7月，日本已有1180家公路特色驿站。同时，日本高速公司长期以来致力于强化高速公路与地域的连接，除了特色驿站之外，还将服务区作为"地域展示窗"，使用特定建设主题来凸显地方风情，围绕主题选定建筑风格、装饰构筑物等，将旅行与地方文化相结合，增强服务区的吸引力。截至2021年6月，日本地区213个服务区中有152个采用开放式布局，有效吸引游客到访，间接提升区域收入。

我国公路基础设施网和运输服务网融合主要体现在两方面。一是通过类似于导航的地图服务，为用户提供多维度的出行路径选择，如按时间最短、费用最少、步行最少、地铁出行等，并且基于出行路径以及当前位置，还为用户提供餐饮、住宿、医院、加油站等其他服务场所信息。二是随着新能源汽车保有量的增长而逐步建设的新能源充电设施。截至2023年6月，全国新能源汽车保有量1620万辆，全国已建成充电桩约495万个、换电站保有量达到1902座，其中公共充电桩为173万个。根据充电桩数据来看，新能源汽车保有量与公共充电桩的配比为9.3∶1。

我国当前主要开展或与他国合作开展的基础设施网和运输服务网融合的项目见表7-1。

公路基础设施网与运输服务网融合项目情况　　　表7-1

实施单位	实施时间	合作内容	项目情况
百度、北京经济技术开发区	2022年4月	无人化示范应用道路测试	主驾位无安全员、副驾位有安全员的自动驾驶出行服务(Robotaxi)，首批将投入14台无人化车辆开展示范应用，无人化开放区域将由前期的20km²拓展至经济技术开发区核心区60km²，为测试车辆提供更加丰富测试场景，为无人车商业模式的验证与技术迭代更新提供支撑
江苏交通运输厅、华设设计集团	2021年6月	五峰山未来高速公路项目	通过5G网络提供了极高带宽和超低时延的网络服务，各项性能指标完全支持"车-路-云"互通。在五峰山项目的高速场景中，J7重型载货汽车凭借其搭载的自动驾驶系统实现了全无人驾驶测试，车辆以80km/h的速度平稳行驶，可以实现百毫秒内反应，几乎达到了"无延迟"

续上表

实施单位	实施时间	合作内容	项目情况
工业和信息化部装备工业发展中心、中国信息通信研究院、北京高端制造业(房山)基地综合管理中心	2021年11月	5G自动驾驶示范区安全身份认证示范场景及跨域互认互信建设项目	车与云安全通信、车与车安全通信、车与路安全通信
中国与德国相关单位	2017年11月	中德合作智能网联汽车、车联网标准及测试验证试点示范四川试验基地项目	包括封闭测试区、创新中心(半开放式体验区)、城市车联网综合示范区、智慧交通生态圈等内容,建成后将打造一个集设计研发、检测认证、出行服务、科技金融、汽车文化为一体的汽车产业新城

(二)公路基础设施网和能源网融合方面

公路基础设施网和能源网融合发展是可持续发展的大势所趋,是实现"双碳"目标的重要环节,各国政府都在进行大量的实践和探索。

美国推动交通与能源网融合的主要方向为大力发展新能源汽车,2009年出台了《美国复苏与再投资法案》(American Recovery and Reinvestment Act of 2009),对新能源汽车企业进行一定的税收减免,支持新能源汽车企业技术升级,还减免了新能源汽车消费者的部分税收。新能源汽车的发展离不开能源网的支持。基于交通基础设施网,美国布设了多种类型的替代燃料补给站网络,并着力构建了电动汽车充电站网络。美国在《美国交通部战略计划2022—2026》(U. S. DOT Strategic Plan FY 2022—2026)中指出,到2030年,美国要建立一个由50万个电动汽车充电设施组成的覆盖全国的网络,以加快电动汽车的推广。2022年9月,美国运输部发布新闻,表示根据《两党基础设施法》制定的国家电动汽车充电网络设施(National Electric Vehicle Infrastructure, NEVI)计划,将在未来五年内向各州提供近50亿美元,以建立全国性的电动汽车充电网络。此外,美国能源部车辆技术办公室(U. S. Department of Energy Vehicle Technology Office, VTO)于2017年成立Battery500联盟(Battery500 Consortium),为电动汽车制造商提供更可靠、更安全、更高性能且更便宜的电池,不仅为电动汽车提供动力,还可以储存清洁能源作为备用,使美国走上了交通电气化的快车道。此外,美国运输部还规划了电动汽车走廊。

英国在公路基础设施网和能源网融合方面开展最早,提出了如交通脱碳等一系列法案,英国交通脱碳包括改善公共交通、推动积极出行,到2040年停止销售新型柴油和汽油重型货车,到2050年实现国内所有交通方式脱碳。英国目前是世界上公共充电桩与纯电动汽车比例较高的国家之一,仅次于日本、中国和韩国。英国有大约5万个公共充电桩,分布在街道、购物中心、高速公路服务区和加油站等场所。2022年,英国高速公路启用了可再生能源快充桩,在最繁忙的高速公路——伦敦外环高速公路M25正式启用专用电动汽车充电中心,包括12个充电桩,由100%可再生电力提供。

日本主要推动可再生能源设施、运输车辆电动化和太阳能发电设备的发展,推动汽车产业电动化转型,积极运用生物质燃料、氢燃料。此外,广泛运用新技术,例如推动新型传感技术的使用,即车辆通过时唤醒路灯,减少路侧照明设施的能耗。同时,日本在高速公路路基坡面上建设了输出功率约为500kW的光伏电站,称为"福崎町光伏电站",位于兵库县神埼郡福崎町,属于西日本高速道路株式会社(West Nippon Expressway Company Limited, NEXCO)公开征集的项目。项目在车道下行方向朝南约5800m^2路基坡面上,铺设了约2000张太阳能电池板。

我国为指导和促进公路基础设施网和能源网融合发展,出台了一系列的政策,并建设了一批交能融合的项目,如江苏高速公路沿线收费站互通分布式光伏项目、山东济南东零碳服务区(2022年)、荣乌高速公路威海段边坡光伏(2021年)、京礼高速公路(北京段)绿色能源综合服务项目(2022年)、攀枝花至大理高速公路(四川省内)(2022年),具体见表7-2、表7-3。

公路基础设施网与能源网融合发展政策文件　　　表7-2

	名称	发布单位	发布时间	重点内容
国家级政策规划	《交通强国建设纲要》	中共中央、国务院	2019年9月	● 推进数据资源赋能交通发展,加速交通基础设施网、运输服务网、能源网与信息网络融合发展,构建泛在先进的交通信息基础设施
	《国家综合立体交通网规划纲要》	中共中央、国务院	2021年2月	● 推进交通基础设施与能源设施统筹布局规划建设,充分考虑煤炭、油气、电力等各种能源输送特点,强化交通与能源基础设施共建共享,提高设施利用效率,减少能源资源消耗。促进交通基础设施网与智能电网融合,适应新能源发展要求
	《2030年前碳达峰行动方案》	国务院	2021年10月	● 积极扩大电力、氢能、天然气、先进生物液体燃料等新能源、清洁能源在交通运输领域应用。大力推广新能源汽车,逐步降低传统燃油汽车在新车产销和汽车保有量中的占比,推动城市公共服务车辆电动化替代,推广电力、氢燃料、液化天然气动力重型货运车辆。 ● 到2030年,当年新增新能源、清洁能源动力的交通工具比例达到40%左右,营运交通工具单位换算周转量碳排放强度比2020年下降9.5%左右。 ● 有序推进充电桩、配套电网、加注(气)站、加氢站等基础设施建设,提升城市公共交通基础设施水平

续上表

名称		发布单位	发布时间	重点内容
国家级政策规划	《新能源汽车产业发展规划（2021—2035年）》	国务院办公厅	2020年11月	• 促进新能源汽车与能源、交通、信息通信深度融合，统筹推进技术研发、标准制定、推广应用和基础设施建设，把超大规模市场优势转化为产业优势
	《交通运输部关于推动交通运输领域新型基础设施建设的指导意见》	交通运输部	2020年8月	• 引导在城市群等重点高速公路服务区建设超快充、大功率电动汽车充电设施。 • 鼓励在服务区、边坡等公路沿线合理布局光伏发电设施，与市电等并网供电
	《绿色交通"十四五"发展规划》	交通运输部	2021年10月	• 加快新能源和清洁能源运输装备推广应用
地方性政策规划	《加快汽车产业转型升级的指导意见》	重庆市人民政府办公厅	2018年12月	• 加快充电基础设施建设，构建便利高效、适度超前的充电网络体系
	《甘肃省交通运输行业新能源汽车充电基础设施布局规划（2021—2025年）》	甘肃省交通运输厅	2021年7月	• 发展移动充电、分散式充电桩群和立体式停车充电基础设施，充分利用5G物联网技术，建设分时共享的充电基础设施

公路基础设施网与能源网融合项目情况　　　　　　　　　　表7-3

签约单位	签约时间	战略合作内容	试点项目情况
中国能源建设股份有限公司、交通运输部规划研究院	2021年	山东枣庄至菏泽高速公路交能融合示范工程	聚焦高速公路深度减排，开展低碳能源技术应用示范
陕西交通控股集团有限公司、国家电力投资公司陕西分公司	2021年	"交通+能源"清洁低碳一体化综合智慧能源体系	开展绿色能源综合服务模式与市场化电力交易盈利模式研究，建设基于分布式光储系统的高速公路智慧能源服务平台
山西路桥集团交通机电工程有限公司	2022年	山西高速公路多能互补项目	在"就地平衡、多能互补"能源管理理念基础上，实现省级智慧能源服务平台在高速公路多能互补中的落地应用
甘肃省交通运输厅、张掖市政府	2022年	"十四五"交通基础设施省市共建协议	依托连霍高速公路沿线服务区、收费站所及其他闲置土地等资源，配套分布光伏发电项目，构建"集中式+分布式+充电桩+换电站"的交能融合产业体系
上海城投公路投资（集团）有限公司	2022年	长兴岛服务区光伏分布式发电项目	上海首例高速公路服务区分布式光伏发电项目
山东高速集团有限公司	2022年	山东济南东零碳服务区	实现了济南东服务区运营阶段零碳排放。济南东服务区充分利用小车位车棚、建筑屋顶和高速公路边坡等位置进行分布式光伏发电系统建设，总装机容量3.2MW。光伏发电系统预计平均年发电量约360万 kW·h，平均每年可减少二氧化碳排放约3200吨。为保证服务区微电网的安全性、稳定性，提高服务区绿色电力自给率，济南东服务区共配置容量1MW/3.2MW的储能系统，实现了服务区绿色电力100%自给

续上表

签约单位	签约时间	战略合作内容	试点项目情况
山东高速集团有限公司	2021年	荣乌高速公路荣成至文登段高速公路边坡光伏试验项目	全国首个高速公路边坡光伏试验项目,长度2290m。2021年12月31日开始建设,分4段建设,总装机容量2.1MW,通过边坡光伏建设有效盘活高速公路路域资源,预计山东高速边坡光伏建设容量可达3000MW
北京市首都公路发展集团有限公司	2022年	京礼高速公路(北京段)绿色能源综合服务项目	2022年4月15日并网运营,建设于阪泉服务区进、出京屋顶及三处隧道间桥梁遮雪棚,共分为5个子电站,光伏装机总规模1.24MW。隧道间桥梁遮雪棚光伏不仅为高速公路提供清洁能源,而且在隧道桥梁段加装光伏系统还能解决路面融雪结冰问题,并减少驾驶员在隧道连接处由于光线变化产生的视觉冲击,降低行车风险
四川省交通建设集团有限责任公司	2022年	攀枝花至大理高速公路	充分利用公路边坡、建筑屋顶、弃土场、隧道隔离带、服务区、收费站、沿线电子设备七大类场景,建设分布式光储,集成光伏发电、电能储存、车辆充电等多能供应。2022年8月24日并网运行,总装机容量2.68MW,预计可实现年平均发电量285万kW·h,可节约标准煤约940t。运营25年总发电量可达7125万kW·h,可节约标准煤约2.34万t、减少二氧化碳排放约5.7万t
江苏交通控股有限公司	2018年	江苏高速公路沿线收费站互通分布式光伏项目	利用G15高速江苏段4个收费站互通闲置土地共340亩①,建设4座分布式光伏电站,总装机容量13.58MW。采用全额上网模式。充分利用高速互通匝道闲置场地,将光伏电站与互通区自然景观相结合
同济大学、光实能源	2017年	济南承载式光伏高速公路试验段	拥有用自主知识产权的全球首段承载式光伏高速公路

注:1亩≈666.67m²。

(三)公路基础设施网和信息网融合方面

美国政府早在1993年9月就宣布实施"国家信息基础设施"(National Information Infrastructure,NII)计划,以求建设信息系统的"高速公路"。最新的《美国运输部战略计划2022—2026》共明确了六大战略目标(图7-5),其中"转型"(Transformation)目标对交通的信息化和智能化转型提出了更进一步的要求。例如提出了"深入研究自动化及无人机等新兴交通技术,分析它们如何影响交通系统的运行和基础设施的设计"。同时,针对新兴的信息技术进行"运输资产的生命周期成本评估,包括新兴技术对成本产生的影响",如图7-5所示。

图 7-5　美国运输部 2022—2026 年战略目标图

在此战略下,美国运输部下属的联邦公路管理局(Federal Highway Administration,FHWA)对公路基础设施网与信息网的转型发展提出并实施了具体规划。如重点建设了国家级的高速公路信息系统(Highway Performance Monitoring System,HPMS),该系统包含了国家高速公路的范围、路况、性能、使用和运营特征等数据,以求将公路基础设施进行信息化管控。同时,基础设施办公室还对路面、桥隧等的信息化建设和公路车流信息的采集和管理进行了新的规划。

欧洲高速公路向智能高速公路的转型发展已历经数年。欧盟委员会通过部署协作智能交通系统(Cooperative-ITS,C-ITS),为下一代 ITS 解决方案奠定基础,为运输部门的自动化铺平道路。C-ITS 是通过无线技术进行有效数据交换的系统,使得车辆之间、车辆与道路基础设施以及车辆与其他参与者之间能够实现互联。C-ITS 平台建设分为两个阶段,第一阶段是 2014—2016 年,欧盟委员会于 2014 年初决定建立 C-ITS 平台,使其在互联驾驶的部署中发挥更突出的作用。该平台提供了合作框架,包括国家当局、C-ITS 利益相关方和欧盟委员会,以期就 C-ITS 的可互操作部署制定共同愿景。因此,预计它将为制定欧盟 C-ITS 的技术路线图和部署战略提供政策建议,并确定一些关键跨领域问题的潜在解决方案。这一阶段,C-ITS 平台实现了欧盟互联和自动驾驶汽车的第一个里程碑。因此,欧盟委员会根据平台的建议制定了欧洲合作智能交通系统战略。第二阶段是 2016—2017 年,进一步发展了关于 C-ITS 的可互操作部署的共同愿景,以实现欧盟的协作、互联。

日本智能交通系统发展主要可以分为三个阶段,如图 7-6 所示。第一阶段是推动实用化,初步确定 ITS 战略导向,加强不同系统间的交互整合和研发。日本在第一阶段初步确定了 ITS 发展战略路线,并通过促进不同技术和系统间的整合,推进技术实用化应用。第二阶段是加速普及与提高社会贡献,大力开展交通基础设施建设,推出智慧公路(Smart Way)系统。日本在第二阶段加大了对智能交通基础设施的建设和技术推广,致力构建"安全、环保、舒适"的友好型社会。2007 年,日本将道路交通情报通信系统(Vehicle Information and Communication System,VICS)、先进的安全汽车(Advanced Safety Vehicle,ASV)、电子不停车收费系统(Electronic Toll Collection,ETC)、专用短程通信技术(Dedicated Short Range Communication,DSRC)和自动公路系统(Automated Highway System,AHS)与基础设施进行整合,推出了 Smart Way 系统,并在全国范围内开展安全驾驶辅助系统(Driving Safety Support Systems,DSSS)试验,同时大力开展路边基础设施(ITS Spot)建设,到 2011 年实现了 ITS Spot 覆盖整体高速公路网。第三阶段是解决诸多社会问题(如道路安全、交通拥堵),重点研发车路协同等新技术,升级交通管控及服务。2013 年,日本在东京世界大会提出 Cooperative-ITS,发布《创建世界上最先进的 IT 国家宣言》,次年发布《日本再兴战略》,以期解决出生率下降和人口老龄化、能源和环境问题、经济增长减速及安全保障四个社会挑战,构建安全、环保、便利的宜居社会。2015 年,日本提供 ETC 2.0 服务,通过车辆与道路设施双向通信协作实现不停车收费及道路实时路况分析预警等功能。2016 年至今,日本先后发布《自动驾驶汽车道路测试指南》《自动驾驶汽车安全技术指南》等政策,开展车路协同道路测试工作,大幅提升道路交通管控和服务能力,如图 7-6 所示。

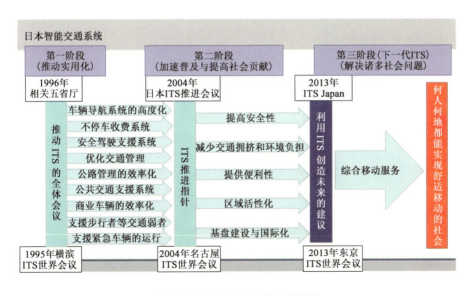

图 7-6 日本智能交通系统发展阶段

我国在国家层面和地区层面都出台了促进交通与信息融合的政策规划,见表7-4。

公路基础设施网与信息网融合发展政策　　　　　表7-4

	名称	发布单位	发布时间	重点内容
国家级政策规划	《交通强国建设纲要》	中共中央、国务院	2019年9月	• 推进数据资源赋能交通发展,加速交通基础设施网、运输服务网、能源网与信息网络融合发展,构建泛在先进的交通信息基础设施
	《国家综合立体交通网规划纲要》	中共中央、国务院	2021年2月	• 加强交通基础设施与信息基础设施统筹布局、协同建设及车联网部署和应用
	《"十四五"现代综合交通运输体系发展规划》	国务院	2021年12月	• 第五代移动通信(5G)、物联网、大数据、云计算、人工智能等技术与交通运输深度融合。 • 交通基础设施数字化率显著提高
	《"十四五"数字经济发展规划》	国务院	2021年12月	• 有序推进基础设施智能升级。加快推进能源、交通运输、水利、物流、环保等领域基础设施数字化改造
	《数字交通"十四五"发展规划》《公路"十四五"发展规划》	交通运输部	2022年	• 推动建筑信息模型、路网感知网络与公路基础设施同步规划建设。 • 完善公路感知网络,推进公路基础设施全要素全周期数字化
	《交通运输部关于推动交通运输领域新型基础设施建设的指导意见》	交通运输部	2020年8月	• 推动先进信息技术应用,逐步提升公路基础设施规划、设计、建造、养护、运行管理等全要素、全周期数字化水平
地方性政策规划	《关于推动信息基础设施与干线公路建设"三同步"的通知》	河南省交通运输厅	2021年4月	• 信息基础设施与干线公路建设主体工程同步规划、同步设计、同步建设
	《北京市关于加快建设全球数字经济标杆城市的实施方案》	北京市委办公厅、北京市人民政府办公厅	2021年8月	• 建设智能网联化城市道路。 • 加快推进高级别自动驾驶示范区建设和迭代升级。 • 探索城市道路、高速公路智慧基础设施的建设运营模式

续上表

名称		发布单位	发布时间	重点内容
地方性政策规划	《推进全省高速公路项目覆盖5G网络 助力"两新一重"建设》	广东省交通运输厅	2020年7月	● 提高高速公路"建、管、养、运"的信息化、智能化管理和服务水平
	《关于加快新型信息基础设施建设扩大信息消费的若干政策措施》	江苏省人民政府办公厅	2020年4月	● 加强车联网基础设施建设。 ● 加快智能网联汽车研发制造

同时,我国在车路协同和自动驾驶等领域进行了大量的研究和实践。相关创新技术的进步,加速了自动驾驶商业化实现,并促进通信、互联网、汽车电子、路侧设施等领域的加快发展,推动 IT、智能交通、汽车产业走向深度融合。目前已有不少实际工程建设对公路基础设施网与信息网融合进行试点、试验,表 7-5 列出了代表性的项目情况。

公路基础设施网与信息网融合项目情况　　　　表 7-5

签约单位	签约时间	战略合作内容	试点项目情况
中国移动通信集团有限公司、东风汽车集团有限公司、中国第一汽车集团有限公司、百度等	2021年6月	开放道路自动驾驶示范区	全国规模最大,场景最多,全面支撑公交车、网约车、末端无人物流车、龙灵山公园景区接驳车等自动驾驶应用
中国移动通信集团有限公司、轻舟智航、先导(苏州)新基建科技发展有限公司、北斗等	2020年10月	国家5G新基建车路协同项目	构建全天候、全天时、全地理的精准时空服务体系,用于车辆管理、车路协同、自动驾驶、自动泊车等交通领域
上海嘉定区人民政府、上海汽车集团股份有限公司、华为技术有限公司、中国移动通信集团有限公司	2019年9月	智慧交通示范项目	建设包含智能网联量产汽车、信息与通信基础设施和智能终端的智慧出行生态链
中国第一汽车集团有限公司、广州汽车集团股份有限公司、清华大学、大唐电信科技股份有限公司、华为技术有限公司、华北高速公路股份有限公司等	2018年9月	北京房山开放道路测试场	自动驾驶所需5G网络、边缘计算平台,基于5G的高级定位能力测试
无锡市滨湖区政府、公安部交通管理科学研究所、中国移动通信集团有限公司、华为技术有限公司	2018年5月	5G-V2X	以"人-车-路-云"系统协同为基础,提供基于交通管控信息、"车-基础设施(V2I)""车-车(V2V)""车-行人(V2P)"信息的应用场景

"四网融合"发展方面,虽然研究梳理的发达国家的战略政策中均未明确提出网间融合发展的概念,但各国公路基础设施发展探索的过程均不同程度上体现出融合发展的特

征。总体而言,各国公路系统"四网融合"路线的主要侧重点可以分为两类:数字智能和绿色低碳。

侧重数字智能化:美国、日本科学技术发展水平较高,率先进行了公路系统数字化、网联化、清洁化方向的探索,为这一发展路线的典型代表。美国引领了全球智能交通系统相关技术的发展,在信息数据采集、大数据分析、自动驾驶与物联网等科技前沿方向不断突破。此外,美国持续更新的ITS战略规划为世界其他国家制定ITS相关政策提供了参考。日本在ITS技术方面在世界上也处于领先地位,还在氢能、电气化方面发展出先进且较为成熟的技术,其精细且兼具文化特色的公路运输服务设施规划设计也为其他国家树立了样板。

侧重绿色低碳:欧盟以及新加坡是战略导向发展路线的典型代表。欧盟一直"希望成为发展气候友好型经济模式的先驱",很早就开始了包括公路交通领域在内的经济社会全方位绿色化方向战略的谋划,欧洲各国也在共同的战略目标下设计了具体的实施路径,取得了较好的绿色化转型成果,公路电动化水平世界领先。类似地,在《2030绿色计划》《智慧出行2030》等战略导向下,新加坡推动全面绿色化、数字化转型,公路交通服务水平、信息化和绿色化水平均取得了较大提升。

我国在公路领域的"四网"总体建设水平处于世界先进水平,有基础、有能力进一步提升公路基础设施现代化水平,跻身"科技引领"公路发展的第一梯队。目前,我国从顶层设计的高度,首次提出了公路规划建设"四网融合"的战略方向。借鉴发达国家的发展经验,"四网融合"发展应注意以下几方面的关系:

发展方向与战略目标层面:需要加强顶层设计,做好长期连续的战略规划与发展路径设计。

新问题、新方向、新技术层面:要把握公路数字化、网联化、清洁化发展趋势,从公路客货交通实际需求及问题出发,着重在前沿科技如自动驾驶、车路协同、公路智能管理决策系统、V2G技术、新能源汽车及其配套能源设施研发等方面寻求突破。另一方面,在探索新方向、发展新技术的同时,还应留意过程中可能产生的新问题,例如信息采集与公民隐私保护间的平衡、新能源转型对交通出行效率与安全方面的影响等。

实施路径及发展过程中市场和政府的关系层面:"四网融合"发展需要多个相关主体统筹规划、统一建设,可通过设立联合办公室或协调管理机构打通不同部门、不同区域之间的界限。例如,美国ITS战略规划是由智能交通系统联合项目办公室制定并监督实施;欧盟则提出设立统一的能源市场及协调机构,并建设跨欧洲运输网络TEN-T,促进欧洲能源网与公路基础设施网融合发展。此外,还可通过设置专项战略资金(如美国《两党基础设施法》、欧洲绿色新政以及澳大利亚"氢谷"等法案及政策的相关规定)加强资金保障。

相关国家或组织公路领域的"四网融合"建设重点归纳见表 7-6。

相关国家或组织公路领域的"四网融合"建设重点 表 7-6

建设重点		实施国家或组织	政策或项目
公路基础设施网与运输服务网融合	跨区域运输网络建设	欧盟	• 《跨欧洲运输网络》政策 • 《共同运输未来发展白皮书》
	公路物流服务体系	美国	• 配套物流仓储设施建设 • 公路运输网优化分析项目
		英国	• 依托智慧高速公路的智慧物流建设
		法国	• 智慧物流信息基础设施建设 • 公共信息服务平台建设 • 《2025 物流战略计划》
		德国	• 港口发达的公路集疏运体系建设
		韩国	• 五大内陆运输中心建设
		澳大利亚	• DHL 集团物流中心
		加拿大	• 马士基集团配送中心 • 沃尔玛集团卡尔加里配送中心
	公路特色服务区	日本	• 滨松服务区 • 刈谷市服务区
		韩国	• 下川服务区 • 京畿道服务区
	多式联运体系	美国	• 冰茶法案 • 运输部设立多式联运办公室 • 1996 年至今美国运输部发布的《美国交通部战略计划》均包含促进多式联运发展的措施
		新加坡	• 《陆路运输总体规划 2040》
	公路文旅	美国	• 国家旅游公路计划 • 州旅游公路计划
公路基础设施网与信息网融合	智能交通系统	美国	• 国家信息基础设施计划 • 高速公路信息系统 • 智能车辆公路系统战略计划 • 自 1996 年至今美国运输部发布的《智能交通系统战略规划》
		欧盟	• Cooperative-ITS 平台建设
		英国	• 交通信息高速公路和视频信息高速公路建设
		法国	• "保障车辆安全的欧洲道路基础设施计划":注重道路信息化建设
		瑞典	• Easy Way 智能交通运输系统建设

续上表

建设重点		实施国家或组织	政策或项目
公路基础设施网与信息网融合	智能交通系统	日本	•《推进 ITS 总体构想》 • Smart Way 系统 • ETC 2.0 系统
		韩国	• Smart Highway 项目
		新加坡	•《智慧出行 2030》 • ITS 系统
		澳大利亚	• Kwinana 高速公路交通管理系统
		加拿大	• 高速公路交通管理系统、全加拿大道路气候信息系统一体化网络
	自动驾驶、车联网、车路协同	美国	• 联邦自动驾驶政策:加速道路安全变革 •《自动驾驶法案》 •《自动驾驶汽车准则 2.0:安全愿景》 •《自动驾驶汽车准则 3.0:未来交通展望》 •《自动驾驶汽车准则 4.0:确保美国自动驾驶领先地位》
		德国	• INFRAMIX 自动驾驶验证项目
		日本	•《自动驾驶汽车道路测试指南》 •《自动驾驶汽车安全技术指南》
		韩国	• K-City 项目
		加拿大	•《交通运输 2030——加拿大未来交通运输战略规划》
公路基础设施网与能源网融合	新能源汽车补能基础设施建设	美国	•《清洁空气法》 •《美国复苏与再投资法案》 •《2010 电动汽车促进法》 •《两党基础设施法》
		欧盟	• 欧盟电池联盟,电池全生命周期绿色化改造
		英国	• 可再生能源快充桩:伦敦外环高速公路 M25
		法国	• 传统加油站充电功能改造 • 国家低碳战略 • "法国 2030" 投资计划投资充电基础设施建设
		德国	• 电力高速公路(eHighway)的交通减碳
		瑞典	• 电动卡车无线充电测试
		日本	•《能源基本计划》 •《氢能基本战略》 •《氢能利用进度表》
		韩国	•《中央高速公路(第 55 号)春川服务区氢能充电站建设协议》
		新加坡	•《新加坡绿色规划 2030》

续上表

建设重点		实施国家或组织	政策或项目
公路基础设施网与能源网融合	新能源汽车补能基础设施建设	澳大利亚	• 凯恩斯—图翁巴电力高速公路 • 西澳电力高速公路 • 休谟高速公路沿线加氢站建设
		加拿大	• 横贯加拿大电动高速公路 • 氢能早期采用者计划
	V2G技术	美国	• 日美岛屿电网项目 • 蓝鸟电动校车项目 • 克林顿校车示范项目
	光伏公路	美国	• 66号公路光伏路面改造升级试验路段
		日本	• 福崎町光伏电站
		韩国	• "高速公路沿线部署大型光伏发电装置"计划

二、我国"四网融合"建设典型案例

(一) 典型案例一：吉林省高速公路智能化示范工程

吉林省高速公路智能化示范工程(简称"示范工程")依据交通运输部吉林省交通信息化发展相关政策要求,结合吉林省高速公路集团高速公路建设管理需求,依托珲乌高速公路 G12 吉林省全线以及联络线(吉舒高速公路)作为试点路段。2021 年 6 月,示范工程建设内容基本完成并通过验收。

珲乌高速公路是连接珲春和乌兰浩特的高速公路,全长 889km,横穿吉林省全境,西接内蒙古,东邻朝鲜。珲乌高速公路于 2007 年动工,2010 年 10 月 29 日全线贯通,双向四、六、八车道。该路段是吉林省"五纵、四射、三横"高速公路网的重要组成部分,是落实"一带一路"倡议的重要抓手,也是促进东北亚现代物流、大力发展旅游业、振兴东北老工业基地的重要支撑基础。其中机场高速公路是珲乌高速公路中连接长春东至龙嘉机场的路段,全长 18.97km,双向六车道。吉舒高速公路是吉林至荒岗(吉黑界)高速公路(G1211)珲春至乌兰浩特高速公路吉林至黑河联络线的组成部分,连接吉林和舒兰,全长 71.603km,2018 年 10 月通车。上述试点路段地质条件复杂多变,气候环境变化较大,夏季雨水多容易造成水毁,冬季气温低路面易积雪结冰,具有典型的代表性。

通过智慧化建设,工程建设基本实现了预期目标,相关功能投入运行有效提升了路网运行管控能力,提升了跨部门协同管理和应急联动水平,增强了出行信息服务的精准性和及时性。其中,珲乌高速公路在交通运行管理水平、路网承载能力、交通运行安全、应急处置能力等方面均有明显改善。数据显示,2020年日均车流量为31.54万辆,2021年日均车流量为33.86万辆,同比增长7.97%,通行能力和路网承载能力显著提升。万车事故率由建设前1.18起下降至0.66起,万车事故率下降44.07%,安全通行保障能力显著提升。应急事件平均处理事件由8.84h降低至6.26h,下降29.2%,应急救援响应能力明显提升,事故处置时间明显缩短,通行秩序快速恢复能力显著提升。稽核系统自投入使用以来,工作效率显著提升,追缴车辆数同比增长70.65%,补缴金额同比增长13.19%,产生了非常可观的经济效益。公众出行服务方面,开发了"吉行高速",驾乘人员可通过微信小程序和App实现信息发布,查询高速公路出行服务信息。同时,基于"绿色+智慧"手段,在服务区试点建设太阳能并网发电、光伏地源热泵供暖系统、光导采光系统、新能源汽车充电桩等绿色节能设施及功能完善的机电设备能耗监测系统,有效提升管理能效,助力节能减排。

(二)典型案例二:京台高速公路泰安至枣庄(鲁苏界)段

京台高速公路泰安至枣庄(鲁苏界)段(简称"泰枣段")改扩建工程是完善国家和山东省高速公路网络、适应国家综合运输大通道发展的需要,也是提高公路通行能力和服务水平、适应交通量不断增长的需要。是全国首条智慧高速公路,意义重大。2021年10月,泰枣段智慧化建设完成。

根据交通运输部和山东省交通运输厅批复建设内容,泰枣段智慧化建设工程遵循"现有技术用足,未来技术预留"的基本原则,建设智能感知层、融合通信层、智慧高速公路示范软件管理平台、应用服务层四部分建设内容。

(1)智能感知层。部署监控摄像机(18处)、路面状态检测器(6处)、交通卡口监控(43处)、无人机、激光雷达、毫米波雷达、智能机箱等设施设备,全线构建涵盖视频感知、交通流感知、交通事件感知、交通环境感知、基础设施监测感知为一体的多元智能感知网,实现道路运行状态、路网环境状态和设备设施安全运行状态的实时感知。建设20km车路协同试验段,按照约200m间距布设毫米波雷达、远近焦摄像机,在重点区域部署激光雷达,实现支持车路协同自动驾驶的服务。

(2)融合通信层。建设集有线、无线、卫星通信于一体的地空高效融合通信网络。在传统光纤通信基础上,布设北斗卫星导航一级基准站(3处)、北斗卫星导航二级基准站(3处)、完好性监测站(4处)、路侧广播(52处)和车路协同路侧通信设备(55处)等多种通信设备,实现数据低延时、高可靠传输,为车路协同自动驾驶路段、外场感知设备互联互通和应急通信传输等提供保障。

(3)智慧高速公路示范软件管理平台。利用山东高速集团有限公司既有的"高速云"建设京台高速公路泰安段智慧高速公路示范软件管理平台。在宁阳东收费站建设20km

试验段车路协同管控系统。管理平台基于大数据分析、云存储、分布式计算等技术,通过数据汇聚与预处理、数据脱敏与数据清洗、数据标准化转换、大数据挖掘分析、数据交换共享、动态可视化管理等措施,实现多源数据融合、交通态势研判、运营决策分析、多方协同管控和全线指挥调度。

(4)应用服务层。一是基于智能感知层、融合通信层、智慧高速公路示范软件管理平台,在土门特大桥等4处桥梁的跨中梁底、桥墩盖梁等关键位置建设桥梁健康监测设备,在大汶河特大桥等6处桥梁护栏附近建设融冰除雪喷淋设备,在36处合流区建设预警设备和主线加密49处门架式可变信息标志等设施设备,实现桥梁健康监测、桥梁智能融冰除雪、主动交通管控、伴随式出行服务等功能。二是围绕数字化、智慧化建设宁阳智慧服务区,对邹城、滕州和枣庄服务区进行智慧化提升。

第三节 "四网融合"形势要求

我国公路基础设施网、运输服务网、信息网、能源网"四网"建设成效显著,网络布局日益完善、整体质量明显改善、综合效率快速提升,已形成超大规模基础设施网络,有力支撑了经济高速发展。当前,我国经济正由高速增长转向高质量发展,推动"四网融合"发展,提高基础设施的资源利用效率和生产要素配置能力,将扩大投资和消费,带动产业升级,为我国经济高质量发展注入强大新动能。

一、公路数字化、网络化、智能化已成为确定性发展趋势

《国家综合立体交通网规划纲要》要求推进交通基础设施数字化、网联化,并明确提出到2035年交通基础设施数字化率达到90%。

首先,随着小汽车不断普及,公路交通量不断增长,交通拥堵等影响公路通行效率的事件越来越频繁。公路数字化、网络化和智能化建设可以实现公路设备自动化管理、线路沿途自动监测等,通过应用物联网、互联网、大数据等技术,可以提高交通的通行效率。在公路管理过程中,实时地收集、处理、分析公路信息,包括公路状况、交通情况、气象状况等,能够及时发现问题并采取针对性措施,提高公路通行效率。

其次,公路交通管理可以通过数字化、网络化和智能化建设实现从传统的手动管理和人工巡检向在线化、自动化和智能化管理的转变。这样可以更好地监测和管理公路运输车辆,提高公路通行的安全性和效率。此外,还可以对车辆、物流、资金等信息进行科学管理,进一步提高公路运营效率。

最后,公路数字化、网络化和智能化可以全面、精细化管理各项要素,减少不安全因

素,提升公路行车安全。通过公路数字化建设,可以实时监测公路交通情况,及时发现交通事故隐患,提前采取相应措施,保障公路行车安全。同时,建立公路智能化管理系统,提高应急响应机制,做好公路紧急情况处置,进一步提升公路行车安全。

综上所述,公路数字化、网络化和智能化建设可以提高公路运营效率,提升公路安全性能,节约能源和资源,促进公路可持续发展。因此,公路数字化、网络化和智能化的发展是公路发展的必然趋势。

二、智慧高速公路建设使得公路基础设施用电量成倍增长

智慧高速公路建设需要增加大量的基础设施,客观上造成了用电量的大幅增多。从智慧高速公路建设的内容上来说,用电量的增长主要来自以下新建或改造的设备与系统。

交通运行管控系统:随着智慧高速公路的建设,为了提高公路交通的通行效率和安全性,要配备数量庞大的感知设备和监控系统等。这些系统的运行稳定性需要消耗大量电力,从而导致公路基础设施的用电量增加。

充电桩:电动汽车的快速普及,充电桩的需求数量也急速增加,这些充电桩需要接入电力系统才能正常运行,增加公路基础设施的用电量。

气象检测系统:为了增强智慧公路在紧急情况下的应对处置能力,在道路上按照一定空间间隔设置气象监测系统来监测团雾情况、降雨量、降雪量等,这将导致公路用电量进一步增大。

桥隧等重大结构物监测:为了确保桥隧工程安全、及时预报险情,通过智慧化手段设置了多种设施对桥隧结构进行长期跟踪监测、损伤预警,这些设施也会导致公路基础设施用电量增大。

三、"双碳"目标下,分布式能源发展期望利用公路资源

从我国范围来看,全国交通运输行业碳排放占比10%,其中公路交通碳排放总量占交通行业的80%。基于可再生能源的替代,是实现交通碳减排的关键路径。当前,各地积极推进高速公路服务区和边坡分布式光伏发电设施的建设。首先,边坡光伏发电系统充分利用边坡,而不需要占用耕地,因此建设成本较低,对环境的影响相对较小。其次,在边坡上建设光伏电池组件比在平地上更为高效。这是因为在边坡上,光伏面板布设的角度更利于对太阳能进行收集,从而实现更高的能量收集效率。此外,边坡地区具有较长的日照时间,提高了光伏发电设施的发电效率。最后,光伏发电系统产生的能源是清洁的,不会造成污染,无须燃料消耗和温室气体排放,对环境保护具有积极意义。

第三章
发展目标和总体架构

第一节 发展目标

"四网融合"系统的发展目标是将公路基础设施网、运输服务网、信息网和能源网进行融合和整合,以实现资源共享、信息互通和服务互联的目标。按照智慧公路"三步走"的推进路径,结合"四网融合"的发展需求,"四网融合"系统的发展应划分为三个阶段:第一阶段(近五年,到2027年),实现基本融合;第二阶段(到2035年),实现深度融合;第三阶段(到2050年),实现一体化服务,分阶段发展目标如图7-7所示。

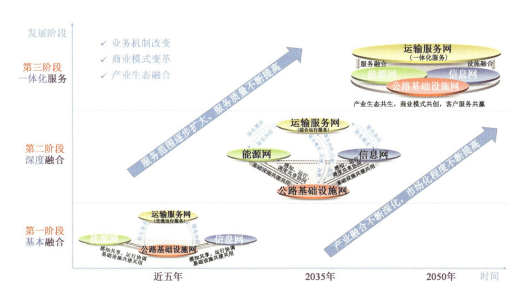

图7-7 "四网融合"系统分阶段发展目标

一、第一阶段目标：基本融合

近五年（到 2027 年）发展目标是：通过物理设施的统筹规划建设和数据的交换共享，推动公路基础设施网与运输服务网、信息网、能源网的基础设施之间融合，实现空间通道、设施设备的共用和运行数据的共享，以更少的资源要素投入产生更多的经济社会效益。

公路基础设施网、能源网和信息网的基础设施协同规划、统筹布局、有序建设取得实质性成效。地上通道、地下管廊等通道资源共用比例，路侧智能感知、供电、通信等设备复用与共享水平得到显著提升。

全国联网的公路运行管理平台基本建成，以公路基础设施网为主体，实现公路综合运行状况、公路沿线能源使用状况和公路沿线信息通信传输状况的动态监测，全网统一的运行标准、服务规则得到推行。

统一的综合基础设施服务平台初步形成，初步建成公路交通、能源供销、信息通信集成的大数据中心，基本具备提供差异化、定制化服务的能力。

高速公路服务区充电服务全覆盖。城市群区域高速公路服务区充电停车位占比超过 10%，高速公路隧道、服务区基本实现智慧能源管控。

二、第二阶段目标：深度融合

2035 年发展目标是：通过物理设施、数据、应用的共建共享共用，建成"四网融合"的综合基础设施供给网络，实现公路基础设施网、信息网、能源网的全面感知、即时互联、精准管控和智能调度，具备实时需求响应式的"交通＋能源""交通＋信息""交通＋旅游""交通＋物流"等融合供给服务能力。

区域联网的综合运行管理平台已建成，实现公路基础设施网、信息网、能源网等运行的全面感知、即时互联、精准管控和智能调度。

统一的综合基础设施服务平台已形成，建成公路交通、能源供销、信息通信等高度集成的大数据中心，实现供需实时互动，可提供个性化、定制化的"交通＋"综合服务。

以电力为主、多能互补的新型公路交通能源供给体系基本建成。公路沿线基本形成以大电网供给为主体、分布式光伏为补充，非化石能源消费比例逐渐提高的新型电力系统，全国高速公路服务区充电停车位占比不低于 20%（高寒高海拔地区除外）。重要货运通道重型载货汽车换电模式得到一定推广。高速公路和重要的国省干线公路基本实现智慧能源管控。

天地一体、结构合理的公路交通信息通信网络基本建成，可提供高带宽、低时延、高可靠的通信服务。

新模式、新业态更加丰富，综合基础设施运营商探索发展取得成效。

三、第三阶段目标：一体化服务

2050年发展目标是：公路基础设施网、运输服务网、信息网、能源网的物理实体空间和数字虚拟空间高度交互融合，综合服务"一张网"全面形成，交通与能源、信息旅游、物流等多业态融合的一体化服务更加完善。

第二节　"四网融合"的总体架构

"四网融合"将独立发展的四个网络融合集成为协同服务社会的高级基础设施网络。以5G、数据中心、云计算等前沿技术为支撑，实现"四网"终端互联互通，推动交通、能源、信息、运输服务各类数据跨平台共享，充分挖掘数据价值，实现"四网"高效协同、供需互动，使"四网"整体达到降低成本、提高效率、优化服务的目的。

"四网融合"系统的基本架构由物理层、数据层、平台层与服务层组成，如图7-8所示。

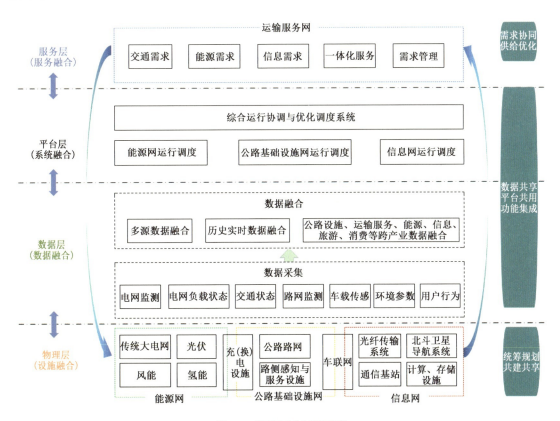

图7-8　"四网融合"系统架构

物理层由公路基础设施、能源、信息系统的一系列物理实体设施组成,包括公路路网、路侧感知与服务设施、传统大电网、光伏设施、光纤传输系统、通信基站等。通过各网基础设施的统筹规划、共建共享来降低建设成本,提高设施利用率,实现基础设施融合。

数据层在采集公路基础设施网、能源网与运输服务网的数据基础上,通过信息网采集物理层海量、高维、异构的运行数据,监测并感知物理层运行状态,实现数据融合。

平台层以数据处理与优化算法为核心,兼顾"四网"不同的运行特性,特别是需求和供给在时间、空间上的不同分布特性,形成统一的综合运行协调与优化调度系统,实现系统融合。

服务层是"四网融合"的核心,通过融合能源需求、交通需求、信息服务等需求,提供一体化的综合运营服务、能源互联网服务等,使综合服务全过程更高效、更节能、更便捷,最终实现"四网"绿色低碳、安全可靠、智慧协同和经济高效地融合发展。

第四章
"四网融合"发展需求

第一节 信息量匡算

一、智慧公路用信结构

智慧高速公路信息化系统从物理位置上分为外场、通信、内场三大部分,三者构成了智慧高速公路主要用信主体。

外场部分:外场部分是指新能源汽车系统的外部环境,包括实际道路和交通情况。在外场部分,一些设备如传感器、监控摄像头和气象站等部署在道路上,用于收集道路交通和气象信息。这些数据对于监测交通流量、路况和天气状况至关重要,以便更好地管理和控制交通。这些设备的数据收集为新能源汽车系统提供了基础,确保系统能够根据实时情况做出准确决策,并提供更安全高效的出行体验。

通信部分:通信部分是系统的核心,它负责将外场部分所收集到的数据传输到内场部分进行处理和分析。通信部分包括了网络基础设施、通信设备和通信协议等内容。常用的通信方式有光纤专网、以太网、移动专网、C-V2X 无线通信网、物联网、DSRC 短距通信网、北斗应急通信网等。同时,高速公路信息化系统需要快速且可靠的通信通道,以确保数据及时传递,同时也需要与车辆和驾驶员之间进行通信。通信部分还包括与紧急服务、交通管理中心和其他相关方的通信。通信部分对于新能源汽车系统的运作起着至关重要的作用,只有通过快速、可靠的通信手段,才能保证新能源汽车系统在实时监测和控制过程中得到稳定和安全的支持。

内场部分:内场部分是系统的智能核心,主要用于处理和分析从外场部分和通信部分收集到的数据。它包括数据处理服务器、数据存储设备、算法和应用程序等组成部分。通过这些设备和技术,内场部分能够对收集到的数据进行高效处理和深入分析。内场部分利用这些数据来进行交通管理、事故处理、路况预测、智能导航和其他相关功能。例如,通过分析交通流量数据,内场部分可以实现交通信号灯的智能优化,有效减少交通拥堵并提升道路通行效率。同时,内场部分还可以预测和监测路况,及时提供路况信息给驾驶员,帮助他们选择最佳的路线。此外,内场部分与驾驶员和车辆之间也可以进行互动,提供实时的交通信息和建议。例如,通过车载显示屏或语音助手,内场部分可以向驾驶员提供当前道路的交通情况、可用的停车位和加油站信息等,提高驾驶安全性和出行便利性。

从功能上看,智慧高速公路分为道路基础能力、云控平台、创新应用三大部分,如图 7-9 所示。

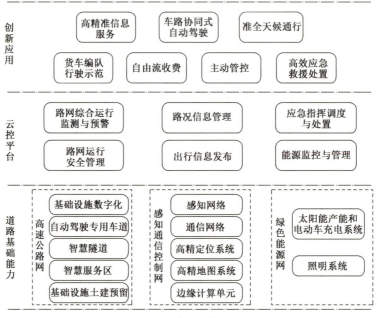

图 7-9　智慧高速公路系统功能

注:资料来源于中国智能交通协会。

二、智慧公路用信匡算方法

为了方便匡算智慧公路的信息用量,可按照物理位置分别计算不同位置的信息用量,然后进行叠加计算。进一步分析,按照数据类型,通常视频数据的信息量最大,为 MB 级别;路侧信息感知设备、北斗卫星导航系统、路面信息感知系统等信息量通常为 KB 级别,与视频设备的信息量大小相差 1024 倍,因此在信息量匡算时,可以忽略不计。

按照当前高速公路视频监控超过 20 万路,路段视频监控覆盖率达到 4 km 一处的规模,标清视频 1 分钟 4MB 的大小计算,视频监控产生的信息量约为 40 万 TB/年。

智慧高速公路在外场、通信、内场增加了感知设施、监控视频等设备来进一步监测路域环境、主体结构的技术状况、机电设施以及养护等。从采集数据类型方面看,仍以文字、图像、视频数据等为主,并未有本质的变化。但从规模、密度、视频格式等方面,较传统高速公路有大幅增加,仍以 20 万路视频监控计算,智慧高速公路视频监控的覆盖率为 500m 一处,视频为高清格式,1 分钟数据量为 240MB,产生的数据量为 19200 万 TB,相对当前普通高速公路增加 480 倍。

第二节 能耗量匡算

一、智慧公路用能结构

(一)传统高速公路用能场景

根据传统高速公路运营期的内容和功能要求的分析,传统高速公路运营期能源消耗场景主要为收费站、服务区、运营中心及其他附属设施等,满足高速公路监控、照明、信息控制、管理、服务、收费等运营功能需求而产生的能源消耗,见表 7-7。

传统高速公路用能结构 表 7-7

用能设备	用能项目	用能设备	能耗种类
隧道	隧道照明系统	照明灯具	电
	隧道通风系统	风机	
	隧道消防系统	监控设备	电、水
	隧道供电系统	供配电设备	电
	隧道交通安全设施	交通信号设备等	
收费站	收费车道	收费设备	电
	收费站监控系统	监控设备	
	收费站照明系统	照明灯具	
	收费站供配电系统	供配电设备	
运营管理中心	运营管理办公	办公设备	电
养护中心	养护工作	养护机械	石油、养护原料、水
服务区与停车区	服务区能耗	相关设备设施	电、水、油、燃气
	停车区能耗	相关设备设施	
生活区	生活能耗	生活设备	电、水
	用车能耗	交通车	油
沿线设施	主线监控系统	监控设备	电
	主线通信系统	通信设备	
	主线照明系统	照明灯具	
	主线交通安全设施	照明设备等	

(二)智慧高速公路新增用能场景

智慧高速公路相对于传统高速公路,新增了感知与监测设施、通信与传输设施、管控与服务设施等面向提升服务能力的信息基础设施。因此相应增加了高速公路的用能量。

同时,随着电动汽车的占比不断攀升,高速公路服务区提供的新能源汽车充电服务也提高了高速公路用能水平。

二、智慧公路用能匡算方法

(一)沿线基础设施用能

公路交通基础设施包括隧道、桥梁、收费站、沿线设备等,耗能情况根据文献整理如下。

隧道能耗:以秦岭终南山隧道为例,双向洞长 36.04km,引线洞长 2.75km,共计 38.79km,日用电量为 80000kW·h,单位公里隧道年平均用电量为 752000kW·h。另据文献统计昆龙高速公路四脚田隧道的数据,隧道洞长 3km,其日均用电量为 4718kW·h,全年共用电量为 1720000kW·h,单位隧道公里日用电量为 1570kW·h,单位公里隧道年用电量为 573000kW·h。造成数据相差较多原因是秦岭隧道长度较长,配备了更多的通风设施。因此本报告取单位公里年隧道平均用电量为 650000kW·h。

收费站:以云南省罗富高速公路的富宁收费站为例,收费站按照 6 条收费车道、配置广场照明情况下,其年度消耗电能超过 121000kW·h,即使在不设置收费广场照明的情况下,收费站的年度消耗电能为 68000kW·h,本报告取两者中位数,约为 94500kW·h。

沿线设备:以云南大力高速公路为例,总长 196km,配置各种机电设施设备共计 1780 台套,照明区域覆盖 38316 延米。日均用电量为 1075kW·h,全年共用电量为 392375kW·h,单位公里用电量为 5.3kW·h。

(二)服务设施用能

根据《高速公路交通工程及沿线设施设计通用规范》(JTG D80—2006)规定,高速公路上设置的服务区平均间距不宜大于 50km、最大间距不宜大于 60km。同时,《高速公路交通工程及沿线设施设计通用规范》(JTG D80—2006)给出服务区域的用地面积和建筑面积分别为 4.0 万~5.3 万 m^2 和 5500~6500m^2。按中位数计算,服务区域用地面积为 4.7 万 m^2。

考虑高速公路服务区多采用同区域对向分布的特点,我国正在运营的服务区约为 3000 对。在服务区用电量方面,根据嘉兴市交通投资集团有限责任公司公布的数据,嘉兴市南湖服务区日平均用电量为3000kW·h。公路服务区内用电设施基本相同，主要包括照明、取暖、生活用电，由于全国公路服务区用地面积基本相同，因此，可假定全国公路服务区平均用电量为3000kW·h/d，年用电量为3.29×10^9kW·h。

(三)智慧高速公路新增用能基础设施

随着智慧高速公路试点工程建设，新增的智慧化设施根据建设的标准和内容略有不同，其智慧化设施用能也不尽相同。耗能情况根据文献整理如下。

在沿线智慧设施方面，以江苏五峰山智慧高速公路为例，该智慧高速公路路线全长约35.9km，全线设置2处枢纽互通，4处匝道收费站，1处服务区，搭建了车道级雾天行车诱导、智慧服务区、车道级精细化管控等多项应用场景。其中，每日交通管控中各类外场设备全线用电量约为154.5kW·h，平均用电量约为7.05kW·h/km；每日收费设施总用电量105kW·h，单车道为2.7kW·h；每日智能运维设施中消冰除雪总用电量为285kW·h；每日管理中心机电设施中监控大屏和监控终端总用电量为53.7kW·h；每日管理设施中心模块化机房和收费站机房总用电量为523kW·h。

在智慧隧道方面，以江苏太湖隧道为例，隧道全长10.79km，建设了视觉疲劳唤醒系统、交通事件检测及预警系统、智能无极调光照明系统和隧道通风运营节能等智慧化系统。隧道交通管控中各类外场设施全隧道日用电量为342.6kW·h，平均用电量为34.26 kW·h/km；每日环境监测中各类传感器全隧道用电量为41.3kW·h，平均用电量为4.13kW·h/km；每日视觉唤醒中线条星光和LED发光屏的全隧道用电量为392kW·h，平均用电量为39.2kW·h/km；每日综合控制的全隧道用电量为11.55kW·h，平均用电量为1.07kW·h/km。

在智慧桥梁方面，以常泰长江大桥为例，全长约37km。其中塔柱机电中电梯、照明、亮化等每日全线用电量为838kW·h；锚碇机电中除湿、航空灯、照明等每日全线用电量为160kW·h；钢梁机电中除湿、航标灯、照明等每日全线用电量为432kW·h。

对比传统高速公路和智慧高速公路用能可知，按照当前智慧高速公路的用能水平计算，其基础设施耗电量约增长一倍。年总体能耗约为3.54×10^{10}kW·h。预计到2035年，公路里程按22万km计算，其年总体能耗将达到4.61×10^{10}kW·h。

(四)新能源汽车用能

近年来，我国政府大力推动新能源汽车产业的发展，并实施了一系列支持政策。这些政策包括购车补贴、免征车辆购置税等，为新能源汽车产业提供了前所未有的发展机遇。在这些政策的推动下，我国新能源汽车市场规模逐年扩大，根据最新数据，截至2023年上半年，我国新能源汽车保有量已超过3000万辆，占比全球新能源汽车保有量的一半以上。

同时,我国新能源汽车产销已连续 8 年位居全球第一,新能源汽车新车销售量占汽车新车销售总量的 25.6%,提前三年完成了《新能源汽车产业发展规划(2021—2035 年)》中提出"新能源汽车新车销售量达到汽车新车销售总量的 20% 左右"的目标。近三年的新能源汽车新车销量如图 7-10 所示。

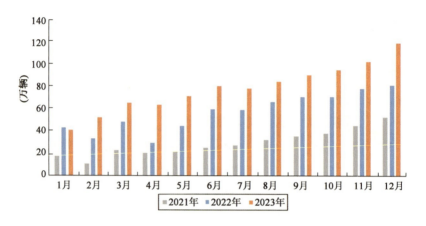

图 7-10　近三年的新能源汽车新车销量

随着新能源汽车的普及,未来高速公路新增用能方面还需包含新能源汽车在高速公路服务区充电的动力能需求。据估算,到 2035 年,全国纯电动汽车保有量将达到 1.2 亿辆,占汽车保有量的 23%。同时,全国高速公路年均行驶量约为 53.7 亿 km/日,纯电动汽车平均耗电量约为每百公里 12~18kW·h,取 15kW·h 作为平均值,则可算出 2035 年纯电动汽车在高速公路用电需求为 679 亿 kW·h。根据不同地区新能源汽车的保有量占比,不同地区的纯电动汽车用电需求计算见表 7-8。

表 7-8　2035 年高速公路电动汽车用电需求

地区	纯电动汽车用电需求占比(%)	纯电动汽车用电需求(亿 kW·h)
东部	60	407
中部	28	190
西部	10	68
东北	2	14
总计	100	679

注:1. 2035 年,汽车和纯电动汽车保有量分别按 5.2 亿辆、1.2 亿辆计算;
　　2. 2035 年高速公路行驶量按 53.7 亿 km/日计算;
　　3. 新能源车百公里耗电量按 15kW·h 计算。

三、智慧公路发电潜能测算

我国太阳能资源丰富,各地每平方米的年太阳辐照总量为 981~1921kW·h,中值为每平方米 1626kW·h。各地区分布情况见表 7-9。

我国各省(自治区、直辖市)2021年水平面总辐照量平均值　　表7-9

序号	省(自治区、直辖市)	水平面总辐照量($kW \cdot h/m^2$)
1	北京	1405.94
2	天津	1402.74
3	河北	1438.98
4	山西	1426.89
5	内蒙古	1581.32
6	辽宁	1381.25
7	吉林	1344.27
8	黑龙江	1294.16
9	上海	1251.66
10	江苏	1307.84
11	浙江	1251.88
12	安徽	1242.51
13	福建	1291.07
14	江西	1194.24
15	山东	1379.78
16	河南	1269.41
17	湖北	1151.51
18	湖南	1077.03
19	广东	1256.01
20	广西	1186.35
21	海南	1503.04
22	重庆	981.01
23	四川	1385.80
24	贵州	1021.26
25	云南	1490.81
26	西藏	1920.11
27	陕西	1321.47
28	甘肃	1636.62
29	青海	1798.11
30	宁夏	1617.78
31	新疆	1626.30

高速公路沿线可用光伏资源主要以服务区和边坡为主,测算也从以上两方面进行。

(一)服务区测算

截至2022年底,我国高速公路服务区数量建成约3625对(7250个)。2035年,服务区数量按照当前服务区数量和里程的比例折算,约为4300对。根据《高速公路交通工程及沿线设施设计通用规范》(JTG D80—2006)给出的服务区用地参考面积范围测算,我国每对服务区面积的中位数为4.7万 m^2。相关测算数据取值见表7-10。

服务区潜能测算数据取值　　　　　　　　　　　　　　表7-10

项目	现状	2035年测算
服务区数量	3625对	4300对
每对服务区面积(m^2)	4.7万	4.7万
可开发光伏面积占服务区用地面积比例	12%	12%
每对服务区可开发光伏面积(m^2)	5600	5600
光伏开发总面积(m^2)	2030万	2408万

我国服务区光伏发电潜力测算结果见表7-11,其中发电量计算方法为。

不同地区服务区光伏开发潜能表(到2035年)　　　　　表7-11

地区	服务区数量 (对)	平均年辐照总量 ($kW \cdot h/m^2$)	年可开发光伏潜能 (亿$kW \cdot h$)
东部	1203	1349	11
中部	989	1226	8
西部	1772	1463	17
东北	336	1340	3
总计	4300	1344	39

发电量($kW \cdot h$) = 当地总辐射能($kW \cdot h/m^2$) × 光伏方阵面积(m^2) × 电组件的转换效率 × 修正系数(转换效率一般取值为15%,修正系数为0.8)。

不同地区的服务区数量按照该地区高速公路里程占全国高速公路总里程的比例进行折算。

(二)边坡测算

高速公路考虑到上边坡布置光伏发电设备会引起安全隐患,如发生眩光、设备掉落等问题,因此仅计算下边坡,且具备开发潜能的面积按照30%的下边坡面积计算,计算结果见表7-12。

不同地区边坡光伏开发潜能(到 2035 年)　　　　表 7-12

地区	具备开发潜能的边坡面积 (m^2)	年可开发光伏潜能 (亿 kW·h)
东部	6.42×10^7	104
中部	5.73×10^7	84
西部	10.6×10^7	186
东北	2.16×10^7	35
总计	24.91×10^7	409

综上,边坡年可开发光伏潜能为 409 亿 kW·h。

第五章
"四网融合"建设总体思路和发展路径

第一节 建设总体思路

坚持"保障安全、绿色低碳、创新驱动、智能高效、深化改革、协调推进、服务为先、共享发展"等原则，统筹考虑发展基础、空间布局、技术水平、资源环境容量、投入产出效率等因素，以融合为重点，突破关键核心技术，逐级递进推动设施融合、数据融合、系统融合、服务融合，分步推进"基本融合""深度融合""一体化服务"。近期以"四网融合"示范工程为切入点，逐步探索形成可复制可推广的建设模式和运营模式，突破融合技术难点和制度瓶颈，构建共生共享产业生态，推动"四网融合"高质量、可持续发展，为加快建设交通强国、能源强国、网络强国作出积极贡献。

"四网"统筹规划、协同建设和运营，能够有力促进传统基础设施升级和新型基础设施建设，增强基础设施可持续发展能力。一是实现高效发展。推动"四网"资源共享、空间共用，以更少的资源要素投入产生更多的经济社会效益，实现全环节、全过程和全寿命周期高品质供给。如在电力铁塔上集成5G通信基站，可为通信基站节约80%建设成本。二是实现绿色发展。"四网融合"发展能够集约利用土地廊道等资源，减少生态空间占用，建设环境友好型基础设施体系，实现自然资源全面节约和可持续利用；推动基础设施用能清洁化，加速能源、交通行业脱碳，大幅减少污染物排放，促进生态保护和环境修复。三是实现协调发展。我国基础设施建设不协调，西部地区建设相对滞后，制约了经济社会发展。推动"四网融合"，能够加快补齐基础设施短板，将西部地区的清洁能源等资源优势转化为经济优势，带动当地交通、信息基础设施建设，提高居民收入，增加就业，改善民生，促进东西部协调发展。

第二节　发展路径

在我国大力推进数据资源赋能交通发展,加快公路基础设施网、运输服务网、能源网与信息网络融合发展,构建泛在先进的交通信息基础设施,打造便捷顺畅、经济高效、绿色集约、智能先进、安全可靠的国家综合立体交通网的要求下,"四网融合"将呈现近五年(到2027年)、2035年两个阶段的设施、管理、服务三方面的融合发展路径(表7-13~表7-15)。

公路基础设施网与服务网融合发展路径　　　表7-13

		近五年(到2027年)	2035年
目标		公路客、货运输状况全方位监测	实现全链条智慧公路运输服务
实现路径	设施	公路沿线合理布设运输场站	推进公路运输场站与多式联运、城市配送等设施共建共用
	管理	建设完善全国联网的公路运行管理平台、道路运输服务平台	实现跨区域公路交通运行、运输组织优化调度与智能决策
	服务	推广电子客票、电子运单	普及电子客票、电子运单,实现综合客运"一票制",多式联运"一单制"
		推进路运一体化,实现客流、物流全程可视化	提供需求响应式、定制化道路客/货运输服务

公路基础设施网与能源网融合发展路径　　　表7-14

		近五年(到2027年)	2035年
目标		交能设施统筹规划建设,公路用能状况全方位监测。	构建"源网荷储"一体化公路交能融合系统,实现用能智能管控
实现路径	设施	公路沿线合理布设光伏、风能等分布式发电基础设施 加快长三角、粤港澳大湾区等城市群地区充换电设施建设,充电停车位在服务区停车位的占比超过20%	建立公路沿线发电、储电、用电设施协同发展的产供销系统。 全国充电停车位在服务区停车位的占比超过10%(高寒高海拔地区除外);东部地区充电停车位占比达到45%
	管理	建设公路用能智能监测系统	建设公路产供销综合监测系统
	服务	实现公路沿线设施用能时间、空间的灵活调度	实现大电网、公路沿线微电网与电动汽车之间多网互动和动态协调调度

公路基础设施网与信息网融合发展路径　　　　　表 7-15

		近五年(到 2027 年)	2035 年
目标		交通与信息设施统筹规划建设,公路用信状况全方位监测	构建"云-边-端"协同的智慧路网
实现路径	设施	公路沿线合理布设车载通信、北斗卫星导航等信息基础设施,建立高精度地图	建立天地一体的公路交通信息通信网络,建立数字孪生系统
	管理	建设公路全要素感知系统,重点城市群大流量路段实现智慧扩容,通行能力提升 10%	建设"智慧路网大脑",实现交通管理协同化、智能化,城市群区域和高速公路主要通道的通行能力提升 20%
	服务	提供全方位、精细化公路交通信息服务,多源信息统一发布	提供分钟级、公里级精准信息服务,实现高速公路和普通公路信息服务一体化
		提供主动安全预警、辅助驾驶服务	提供高级别车路协同服务
		提供气象高影响路段通行服务保障	干线公路网基本具备准全天候通行保障能力,具备条件的通道提供全天候通行服务

第六章
"四网融合"重点建设任务

第一节 推进公路基础设施网与能源网融合发展

推进公路基础设施网与能源网统筹布局、规划建设,强化公路基础设施与能源基础设施共建共享,推动地上通道、地下管廊等通道资源共用,促进公路基础设施网和能源网的协同互补发展,形成交能融合的新型基础设施网络,确保公路交通用能安全可靠,提高公路与能源的资源利用效率和综合效能。

建立安全稳定的智慧公路新型能源供给体系。推动智慧公路与骨干电网统筹布局、协同建设,新增跨省份跨区域电力输送通道时,优先考虑在公路通道沿线布设,配电网改造升级中充分考虑公路交通用能保障,满足快速增长的电动化公路交通工具和智慧公路装备运行的用电需求。因地制宜地积极推进公路设施分布式光伏建设。利用价格等机制,充分发挥公路交通就地就近消纳新能源、参与电力需求侧响应的潜力,高比例释放电动汽车用电负荷的弹性。结合燃料电池重型载货汽车技术成熟度和推广应用需要,适时布局建设加氢设施。

大力推进公路沿线光伏资源开发利用。公路基础设施网光伏发电潜力较大。初步估算,2035年我国高速公路年光伏发电潜能为448亿kW·h(表7-16)。根据东部、中部、西部、东北等区域太阳能资源禀赋,统筹智慧公路自身和电动汽车的用能需求(表7-17),积极推进公路沿线服务区、下边坡等构造物光伏开发利用,推广光伏发电与建筑一体化应用,推动"源网荷储"一体化发展,就地补充公路基础设施设备运行和交通车辆电力需求,在满足交通用能的基础上实现余电上网。

2035 年高速公路光伏开发总潜能 表 7-16

地区	服务区数量（对）	具备开发潜能的边坡面积（m²）	平均年辐照总量（kW·h/m²）	年光伏发电潜能（亿 kW·h）
东部	1203	6.42×10^7	1349	115
中部	989	5.73×10^7	1226	92
西部	1772	10.6×10^7	1463	203
东北	336	2.16×10^7	1340	38
总计	4300	24.91×10^7	1344	448

注：1. 服务区数量按现状里程和服务区数等比例测算；
2. 仅计算下边坡，且具备开发潜能的边坡面积按照 30% 的下边坡面积计算。

2035 年高速公路总用能水平 表 7-17

地区	基础设施用电需求占比(%)	基础设施用电需求（亿 kW·h）	纯电动汽车用电需求占比(%)	纯电动汽车用电需求（亿 kW·h）	总用电需求（亿 kW·h）
东部	28	129	60	407	536
中部	23	106	28	190	296
西部	41	190	10	68	258
东北	8	36	2	14	50
总计	100	461	100	679	1140

完善公路服务区充（换）电设施网络。加快公路服务区大功率快充设施建设，全面推动车桩协同发展。促进电动汽车与智能电网间的能量和信息双向互动，开展光、储、充、换相结合的新型充（换）电站试点示范应用。按照估算，全国高速公路服务区充电停车位占比应与纯电动汽车在汽车保有量中的占比正相关，到 2035 年，东部、中部、西部和东北地区充电停车位占比分别达到 60%、28%、10% 和 2%（表 7-18）。结合新能源、清洁能源重型载货汽车应用试点，部署建设一批换电站、加氢站。在建设时序上，优先推动城市群区域服务区充电车位建设，逐步扩大至 6 轴、7 廊、8 通道沿线服务区，最后推广至全国。

2035 年各地区服务区充电车位占比表 表 7-18

地区	充电车位总数(个)	平均每对服务区充电车位占比(%)
东部	129000	60
中部	60200	28
西部	21500	10
东北	4300	2
总计	215000	—

第二节　推进公路基础设施网与信息网融合发展

推进公路基础设施网与信息网统筹布局，强化公路基础设施与信息基础设施共建共享，推动公路沿线基础设施、电力、管网等资源共用，强化新型基础设施和传统基础设施统筹建设，推动车路协同规模化应用。以变电站和5G基站的集约建设和运营为引领，以5G网络布点为切入，逐步引入边缘数据中心的建设。这一策略将推动包括芯片研发、设备制造、运营维护等在内的能源、信息通信领域全产业链发展。通过建立广覆盖、低时延、高带宽的通信网络和即时响应的边缘计算能力，支持新兴智能化服务应用需求。随着核心基础业务的成熟，逐步引入环境监测站、北斗地基增强站、储能站、分布式新能源发电站等站点的建设和运营，逐步形成区域级的集约共享网络。同时，采用共享铁塔的模式，在电力铁塔上安装通信设备，将光缆、通信基站、移动天线等通信设施附属在输电杆塔上，实现电力铁塔设施的再利用，大幅减少建设成本，缩短信息通信建站周期，有力推动5G等网络的推广应用。

升级完善全国高速公路沿线有线传输网。统筹高速公路沿线管网资源，升级完善覆盖高速公路全线的高速公路光纤网和电信运营商专线，形成双备份的行业传输网。其中，高速公路光纤网以传输海量的视频、图片等非结构化数据为主，电信运营商专线以传输可靠性要求高的路网运行状态感知、基础设施运行状态监测、行业管理与服务等结构化数据为主。

逐步推进高速公路沿线无线通信专网。探索5G在公路领域的应用场景，结合5G商用部署，充分利用高速公路沿线基础设施、电力、管网等资源，逐步推进5G在高速公路沿线的覆盖。到2027年，主要从城市周边公路网逐步推进对重点路段、服务区、桥隧等关键节点的覆盖；到2035年，重点面向车路协同、自动驾驶应用场景，结合专用短程通信（DSRC）、蜂窝车联网（C-V2X）等多种通信方式，建设新一代车用无线通信网络（5G-V2X），逐步覆盖骨干高速公路全线。表7-19列出了高速公路信息传输网通信需求类型。

高速公路信息传输网通信需求类型　　　　　　　　　　　　　　表7-19

网络类型		主要传输需求
有线	高速公路光纤网	视频、图片等海量非结构化数据传输为主，行业管理与服务业务数据为辅
	电信运营商专线	行业管理与服务业务数据、路网运行动态感知和基础设施运行状态监测等结构化数据传输为主，视频、图片等海量非结构化数据传输为辅

续上表

网络类型		主要传输需求
无线	蜂窝移动通信(4G/5G)	路网运行动态感知和基础设施运行状态监测等结构化数据
	窄带物联网(NB-IoT)	基础设施运行状态监测等结构化数据
	新一代车用无线通信网(5G-V2X)	车车、车路实时通信数据

完善北斗地基增强系统。在国家北斗地基增强框架网和各地区、通信运营商、行业等建设的加密网的基础上,在国家统一规划和标准的指导下,重点结合高速公路、跨径1000m以上长大桥梁和长隧道等应用场景需求,在公路沿线补点加密建设北斗地基增强站,逐步覆盖高速公路全线。

统筹推进新型基础设施建设和传统基础设施建设。完善修订公路基础设施工程建设规范,将公路新型基础设施纳入公路基础设施工程建设内容,实现同步规划、同步设计、同步建设、同步运维。构建智慧公路评价指标体系,指导智慧高速公路设计和建设。

构建统一的信息共享交换平台。加强跨区域、跨路网之间的信息共享和协同,推进信息服务范围从区域路网、跨区域路网向跨路网(高速公路和普通公路)的逐步拓展,实现公路信息服务"一张网"。

推进车路协同规模化应用。逐步丰富车路协同应用场景,构建全国统一的车路协同系统架构和标准体系,推动不同品牌、型号之间车路协同设备实现全面互联互通,推动车路协同跨区域、跨路网规模化部署应用。

第三节 构建"三网融合"的基础设施供给网络

在公路基础设施网和能源网、公路基础设施网和信息网两两充分融合的基础上,以提高基础设施运营效率为导向,推动公路基础设施网、能源网、信息网的共建共维共享,构建"三网融合"的综合基础设施供给网络。

建设综合基础设施智能调度体系。持续完善公路网运行监测管理与服务平台,建立全天候路网监测调度中心,实现云网边端互联的全息感知、精准预警、科学决策和智能调度,实现可视、可测、可控、可服务。推进公路基础设施网与能源网、信息网各自独立的感知-决策-控制系统之间的融合感知、即时互联、精准管控、协同决策与智能调度,实现基于实时信息的优化决策与控制。

培育综合基础设施运营商。激发高速公路运营企业投资路域资源综合开发的活力,充分利用高速公路沿线空间资源、通信管道资源、旅游资源等,探索低碳绿色的清洁能源开发,下一代长途干线光缆网的联合构建,以及"交通+自驾车营地""交通+休闲小镇"

等交旅融合产业的新路径、新模式,推动其向综合基础设施运营商转型发展。

推动"三网融合"示范工程建设。充分发挥示范工程的标杆引领作用,选择京港澳、沪蓉高速公路等重大通道、连霍高速公路新疆段以及长三角城市群,分别开展综合基础设施、绿色综合能源、绿色智慧服务区等重点方向的示范。

第四节 构建"四网融合"的一体化服务网

以高品质的综合服务需求为导向,推动"四网融合"产业生态联合创新,引导构建跨领域、跨区域的"一张网"协同运营服务模式,实现服务融合、生态融合,提供交通、旅游、商贸、物流、能源等多业态融合的一体化服务,全面实现"人享其行、物畅其流"。

构建统一的综合服务平台。利用大数据、互联网、人工智能等技术,研究用户的交通、用能、通信等行为习惯和特征,建立"1+1>2"的全局最优的供需匹配策略,通过统一的综合服务平台,实现站点供给能力、动态线路规划、实时定价策略等的优化调整,引导用户调整出行、充电、消费等行为,提供需求响应式的"交通+能源+通信"的融合服务,提升用户体验。

促进产业生态圈融合创新。发挥市场机制在"四网融合"资源配置中的决定性作用,引导社会各方投入"四网融合"发展,共同构建基于市场机制运营的"四网融合"运营服务新模式。推进智慧公路、智慧能源、互联网、出行服务、物流服务、信息服务、汽车制造业等的融合。

第七章
"四网融合"布局策略

第一节 公路基础设施网与信息网融合的布局策略

公路基础设施网与信息网融合布局是在现有公路基础设施的基础上,运用光纤数字传输网、有线传输网、无线通信网、无线通信专网、窄带物联网和北斗高精度定位网等通信信息新技术手段进行升级和改造,实现公路基础设施网与信息网的融合,提高公路的安全性、运行效率和智能化程度。

有线传输网(光纤数字传输网):有线行业专网因其大带宽、低误码率、低延迟等优点,主要用于视频、图片等海量非结构化数据传输,在高速公路中传输可靠性要求高的路网运行状态感知、基础设施运行状态监测、行业管理与服务等结构化数据。

新一代车用无线通信网(5G-V2X):新一代车用无线通信网(5G-V2X)是为车路协同通信所发展的无线数据传输网,其中车-路、车-路侧单元-车通信以及附加的节点边缘计算是一个相对独立的功能型网络。

无线通信专网:高速公路无线通信专网用于满足高速公路道路外场设备的灵活接入需求,是高速公范围内实现宽带无线接入的支撑设施,实现高速公路沿线的移动式通信业务接入。无线通信专网可选用 WiMax、LTE 等下一代移动通信的接入网技术构建。实现高速公路沿线 4G/5G 无线网络覆盖。业务种类包括车载信息终端、运营维护移动端工具、公众信息发布合作及车路协同通信。

窄带物联网(NB-IoT):窄带物联网是一种面向物联网应用的低功耗、广覆盖、连接密度高且安全可靠的无线通信技术,可以在高速公路环境下实现多种实际应用。为车、路、设备、自然环境等物联网提供接入通信,将高速公路交通设施联网,利用物联网接入种类丰富、传感器容量大等特点,通过密集布置传感器,可为高速公路基础设施数字化管理、运北斗地基增强加密网(北斗高精度定位网):北斗地基增强加密网是一种高精度、高稳定性和高安全性卫星导航监测系统,利用北斗高精度定位网技术可实现车辆的实时定位和监控,包括行车路线、车速、车辆状态等信息,为自动驾驶车辆提供高等级定位、授时服务。同时,利用北斗高精度定位网技术,可对高速公路交通状况进行实时监控和分析,及时发现和预警不安全因素,并通过导航终端提供实时路况和导航建议,以提升驾驶安全。

根据我国公路设施网的特点,不同公路基础设施网与信息网融合的策略也有差别,见表 7-20。

公路基础设施网与信息网融合布局策略　　　　表 7-20

项目	有线传输网	新一代车用无线通信网(5G-V2X)	无线通信专网	窄带物联网	北斗地基增强加密网
高速公路繁忙通道	●	●	●	●	●
城市群都市圈快速网络	●	●	●	●	—
重大战略性通道	●	—	●	●	●
其他高速公路	○	○	○	○	○

注:"●"为布置,"○"为可选布置,"—"为不布置。

(1)高速公路繁忙通道:该类型高速公路具有流量大、安全要求高、土地资源紧张等特点。公路基础设施网与信息网融合应重点考虑提升国家高速公路网络运行效率和服务水平,以东中部地区繁忙通道为重心,如北京至上海、北京至港澳、长春至深圳、上海至昆明等国家高速公路,结合扩容改建契机,重点有线行业专网按照"公网/专网结合、有线/无线结合"的原则建设,支持下一代互联网(IPv6)技术,具备提供语音、数据、视频等多种信息传输服务的能力;无线通信专网建设需支持但不限于专用短程通信(DSRC)、车路通信、窄带物联网、无线,同时建设高精度北斗地基增强加密网,并具备导航卫星观测数据采集、数据传输、数据存储、运行状态远程被监控、维护保障及安全防护等基本功能。

(2)城市群都市圈快速网络:该类型典型代表为京津冀、长三角、粤港澳大湾区和成渝地区双城经济圈等区域高速公路,公路基础设施网与信息网融合策略需满足支持城市群互动发展、构建高速公路环线系统、提升区域交通一体化水平等需求。同时,该类型高速公路具有客流大、服务要求高、智慧高速公路建设规模较大等特点。因此布局策略应根据业务场景,面向服务水平提升、管理协同等需求,建设有线通信网络与无线通信网络,并充分考虑高速公路业务系统与其他系统之间的数据共享传输,以及与互联网平台互联互通的需求,保证高速公路数据通信网与卫星通信网络、互联网的深度融合。同时,应建设北斗高精度定位系统,通过卫星导航系统、高精度地图、蜂窝网/局域网等多种技术的融合实现高精度定位要求,保证较高的数据传输速率,满足高精度地图实时传输的需求;在有条件的情况下,建设支持车路协同的信息网,如 LTE-V2X 技术、5G-V2X 技术等,实现车辆与周围车辆、道路设施、网络之间的信息交互。

(3)重大战略性通道:该类型高速公路典型代表为京藏、京新高速公路等出疆入藏、中西部地区、沿江沿海沿边战略骨干通道。该类型高速公路具有线路长、信息基础设施基础薄弱、以货运为主等特点,因此公路基础设施网与信息网融合建设宜采用重点路段重点监控、应急处置等功能的信息网布置策略。如有线行业专网和无线通信专网相结合的桥梁健康监测、隧道健康监测和服务区监测的融合模式。

(4)其他高速公路:采取因地制宜的信息网布局策略。根据当地实际情况,采用不同的信息化手段来建设高速公路信息网,以提高路面的通行安全性、优化用户体验。例如在高海拔地区、盐碱地、雪灾地区,可以采用窄带物联网建立气象监控系统、道路温度监测系统、冰雪防治系统等适用的信息网布局,提高高速公路在恶劣天气下的通行安全性。

第二节 公路基础设施网与能源网融合的布局策略

一、因地制宜地推进公路设施分布式光伏建设

根据本报告第四章测算结果可知,高速公路光伏发电潜能和用能水平存在巨大的差额,见表7-21。

高速公路光伏发电潜能和用能水平对比　　表7-21

地区	光伏发电潜能 (亿 kW·h)	高速公路用能需求 (亿 kW·h)	差额(潜能－用能) (亿 kW·h)
东部	115	536	－421
中部	92	296	－204
西部	203	258	－55
东北	38	50	－12
总计	448	1140	－692

因此,在建设高速公路光伏发电设施时,应考虑以下几方面原则:

(1)从光伏潜能来看,西部地区光伏发电潜能最大,同时用能水平较低,应大力推进公路沿线光伏资源开发利用,同时可在满足充电需求的同时,充分发挥交通在源网荷储中的源和储方面的作用,推动"源网荷储"一体化发展,就地补充公路基础设施设备运行和交通车辆电力需求,余电上网。

(2)从用能角度来看,东部地区用能量最大,占比最高。随着新能源车的占比上升和

续航里程增加,高速公路新能源车占比将显著增加,东部地区高速公路未来会呈现入不敷出的用能局面。因此东部地区应在开发光伏能源基础上按照新能源汽车的保有率增速适度增加其他供能方式,以保证未来年的用能需求。

(3)从发展时序来看,受气候条件影响,东北地区用能和发电潜能均最低,现阶段不宜超前发展光伏新能源;中部地区的用能和发电潜能均比较适中,光伏资源开发水平应与新能源车发展水平保持同步,不需提前开发。

二、以国家综合立体交通网为依托,建设便捷高效的充电网络

根据前文的统计结果,当前我国的新能源汽车的保有量和公共充电桩的车桩比为9.3∶1。全国高速公路服务区充电桩仅1.859万个,在公共充电桩总量中占比不足2%,高速公路沿线分布严重不足。同时,随着新能源汽车的续航里程的不断提高和城市群的发展,中距离和长距离出行的新能源出行比例逐渐提升,城市群连接线、城际之间的充电设施明显不足。据统计,我国最繁忙的高速公路排名前十的大部分都为东部地区的城市群之间的高速公路,如京沪高速公路无锡段、京港澳高速公路广州段、沪蓉高速公路南京段等。结合《国家综合立体交通网规划纲要》打造"6轴、7廊、8通道"的综合立体网的主骨架和建设京津冀、长三角、粤港澳大湾区、成渝地区双城经济圈枢纽集群的要求,城市群之间的新能源通勤预计将显著增加。因此在布局上应按照"适度超前"原则,进一步优化完善公路沿线服务充电基础设施网络,有效满足电动汽车充电需求,服务公众便捷出行需求:

(1)补齐重点城市群通道充电基础设施不足:集中精力解决重点城市之间的路网充电基础设施短板,确保这些关键城市之间的充电点位覆盖广泛,为电动汽车提供充足的充电便利。

(2)强化充电线路衔接:优化充电线路间的衔接,确保城际充电网络在整个国家综合立体交通网骨架中的无缝连接。提高城际充电网络的整体效能,为用户提供更加顺畅的中长途充电体验。

(3)加密优化设施点位布局:在国家高速公路网上,加密优化充电设施点位的布局,尤其关注重要节点,以确保用户在行驶过程中能够找到可用的充电桩,提高整体网络的可达性。

(4)强化关键节点充电网络连接能力:加强关键节点的充电网络连接能力,确保这些关键地点的充电站点能够满足高峰时段的充电需求,提升整体网络的稳定性和可靠性。

充电停车位比例测算:按照全国20%的充电车位占比目标计算,假设每对服务区拥有小汽车停车位250个,则2035年共需新能源停车位215000个。按地区新能源汽车占比与各地区行驶量加权(权重均为0.5)计算高速公路充电车位占比结果如表7-22所示。

2035年各地区服务区充电车位占比目标　　　　　　　　　　　　表7-22

地区	新能源车占比（%）	日均行驶量（万公里）	服务区数量（对）	充电车位总数（个）	平均每对服务区充电车位占比（%）
东部	60	206974	1203	129000	60
中部	28	15445	989	60200	28
西部	10	10060	1772	21500	10
东北	2	5813	336	4300	2

在充电停车位比例方面，地区间呈现差异明显，东部地区由于新能源车占比较高，在高速公路服务区的充电停车位需求最大，为60%。西部地区由于高速公路服务区数量较多，因此平均每个服务区的充电车位占比相对较低，为10%。东北地区由于气候原因，新能源汽车的占比最低，因此其的充电车位占比仅为2%。

因此，在建设高速公路服务区充电停车位时，应考虑以下几方面原则：

（1）在进行新能源充电车位建设时，应重点考虑需求最大东部地区，东部地区新能源充电车位占比应达到60%以上。

（2）东北地区由于气候原因，新能源车占比最低，仅需达到2%即可。

三、充分发挥公路交通就地就近消纳新能源，建设微电网

1. 提高高速公路新能源利用水平，推进就地就近消纳

随着高速公路新能源汽车的占比增大，沿途充电需求日益旺盛，从电力系统的角度来说，负荷侧波动加大，而电源侧可控性降低，导致电力供需的实时平衡越来越难。当电源侧灵活调节能力不足以跟随负荷及新能源的实时变化时，就会难以完成电力系统实时的供需平衡，从而导致供电系统不稳定。因此，需要提高高速公路沿线的新能源利用效率，提升新能源就地消纳能力，既满足高速公路的用能需求，又能保证电力系统的稳定运行，避免新能源因为无法消纳而造成浪费。

（1）充电站布局与交通网络协同规划，建设智能充电基础设施。充电基础设施建设作为实现电动汽车消纳新能源的重要基础设施，在建设过程中应充分考虑与国家高速公路规划或已建的骨干高速公路网相协调，重点关注交通流量大及城市群间等中短距离出行的区域。同时保证相邻充电站之间的合理联系，并根据电力供需情况和电网负荷状况，灵活调节充电桩的功率和充电时间。

（2）促进新能源就近高效利用。在新能源资源富集区，建设以新能源利用为主、多能集成互补联合运行的综合能源消纳体系，利用综合能源管理监控平台实现多能集成互补、源-网-荷互动，梯次高效利用。

（3）推动实现需求侧响应。通过需求侧响应激励机制、需求侧响应技术积极探索新能

源消纳与电力需求侧互动响应研究,鼓励电动汽车充电桩等可平移柔性负荷参加响应新能源消纳的电力辅助服务市场,消纳波动性新能源。

2. 补足高速公路用电短板,建设高速公路分布式微电网

利用公路网"线长面广"的特点,根据区域新能源禀赋和用能特征,结合高速公路电网基础条件构建与自然禀赋相适配、兼具并/离网运行能力、空间上分布部署的微电网。

(1)基于交通流量的布局:考虑到交通系统对电力需求的影响,可以根据不同地区的交通流量情况,进行微电网的布局。在交通密集区域或交通枢纽周边,建立微电网供应电动车充电桩、交通信号灯等设施的电力需求,以满足交通运输系统的用电需求。同时,结合智能交通管理系统,实现对交通流量和用电需求的实时监测和调控,提高电力供应的效率和可靠性,提升交通运输的可持续发展水平。

(2)多元化能源布局:根据不同区域的能源资源情况,选择太阳能、风能等适宜的能源作为微电网的主要能源来源,实现多元化的能源供应,提高微电网的稳定性和可靠性。

(3)并网与孤网相结合布局:根据用电负荷及微电网容量情况差异,灵活采用微电网与传统电网联网形式,以便在需要时向微电网注入额外的电力,同时也可以将微电网中产生的多余电力储存在储能设备或输送到传统电网中。在紧急情况下,切换为孤岛运行模式,独立供电。

(4)集中与分散布局相结合:根据用电需求和地理位置,将微电网建设在高速公路沿线重要区域和地点,确保对关键设施和重要场所的供电;同时,在大电网未覆盖的区域建设小型微电网,满足当地的交通设施用电需求。

(5)韧性与抗灾布局:考虑抗灾和韧性特性,在进行布局时确保微电网在自然灾害或其他突发事件中能够持续供电。同时,建立备用供电系统和紧急应急措施,以应对电力中断等紧急情况。

第八章
保障措施

从发展政策、体制机制、标准体系、监测评估等方面，构建"四网融合"的支撑保障体系，保障"四网"在规划、建设、运营、管理等方面的统筹推进。

一、建立"四网融合"发展政策和体制机制

推动相关行业主管部门加强沟通协调，推动中央与地方之间、区域之间的政策协同，加强规划建设、技术标准、投融资、运营管理等跨行业综合政策制定和引导。建立统一衔接的"四网融合"统筹规划体系，健全规划衔接协调机制，明确衔接原则和重点，规范衔接程序，确保各类规划协调一致。

二、强化"四网融合"标准体系建设

研究制定覆盖规划设计、建设运营、管理维护等全寿命周期的"四网融合"标准体系。制定标准体系制修订计划，有序组织"四网融合"相关标准制修订工作。加强"四网融合"产品生产、设计施工、运营维护等全链条标准衔接，提升"四网融合"工程规范化水平。

三、加强"四网融合"规划和标准实施监测和考核评估

建立健全"四网融合"规划和标准实施监测评估机制，开展实施情况监测分析和总结评估，强化监测评估结果应用。建立"四网融合"规划和标准实施监督考核机制，探索实施考核结果与被考核责任主体绩效相挂钩机制。

第九章
"四网融合"示范工程建议

建议选择规划建设和正在建设的公路工程,开展"四网融合"试点示范。

第一节 示范目的

以高品质的综合服务需求为导向,建设公路基础设施、能源基础设施、信息基础设施深度融合的综合基础设施供给网络,打造国家级"四网融合"智慧公路示范,实现全面感知、即时互联、精准管控和智能调度,开展跨领域、跨区域的"一张网"协同运营服务模式创新,引导培育综合基础设施运营商,显著提升智慧公路综合服务水平。

第二节 建设内容

在公路沿线有条件的下边坡、服务区、收费站等,建设光伏发电系统,构建路域供能微电网;推动通道沿线管网资源的统筹利用,实现高速公路光纤、电信专线、5G 网和北斗地基增强加密网的天地一体融合通信服务;开发智慧高速公路管理平台示范软件,实现多元化智能感知、主动式交通管控和伴随式出行服务;开展车路协同应用示范路段建设;打造零碳服务区。

具体包含以下四个示范项目。

(1)山东枣庄至菏泽高速公路交能融合示范工程。线路全长 177.767km。利用高速公路沿线南侧符合建设条件的护坡,以及高速公路沿线服务区、收费站内符合建设条件的建筑物屋面、建筑物周边地面建设分布式光伏电站,总装机容量 124MW,其中路域光伏

119MW,服务区和收费站光伏约5MW,建有充电桩32座、智慧路灯16套、风机16套,建有智慧能源系统1套。

(2)山东京台高速公路泰安至枣庄段智慧高速公路与济南东零碳服务区示范工程。线路全长189.483km,全线构建涵盖视频感知、交通流感知、交通事件感知、交通环境感知、基础设施监测感知为一体的多元智能感知网,建设20km车路协同试验段。在济南东打造零碳服务区,建设可再生能源利用系统、零碳智慧管控系统、污废资源化处理系统、林业碳汇提升系统,实现"零碳"运营。

(3)四川攀枝花至大理高速公路分布式光储项目。线路全长41.002km。充分利用公路边坡、建筑屋顶、弃土场、隧道隔离带、服务区、收费站、沿线电子设备七大类场景,建设分布式光储系统,集成光伏发电、电能储存、车辆充电等多能供应,装配总装机容量为2.68MW的分布式光储设备,平均每天发电约 $1.31 \times 10^4 kW \cdot h$。

(4)河北京哈高速公路智能化建设项目二期(京津冀大流量高速公路准全天候通行试验示范段)。线路全长238.243km。破解京哈高速公路跨部门(交通、气象、交警)气象数据协同互认、管控制度协同互认和跨区域(河北、北京、天津)协同互认两大难题,打造跨省域京津冀联合的准全天候通行示范路,实现全量感知、全线可控、全端触达、全天通行和非特殊情况不管控、不分流。

第三节 预期成效

构建公路基础设施、能源基础设施、信息基础设施深度融合的综合基础设施供给网络,打造国家级"四网融合"智慧公路示范标杆,实现高速公路通行效率显著提升,交通能源自洽率显著提升,二氧化碳排放量显著降低。四个示范项目的具体预期成效如表7-23所示。

"四网融合"示范项目预期成效表　　　表7-23

序号	项目名称	预期成效
1	山东枣庄至菏泽高速公路交能融合示范工程	高速沿线服务区、收费站和光伏车棚产生电能实现"自发自用、余电上网",高速公路沿线护坡区域所产生电能实现"全额上网"。项目建成后每年可为电网节约标准煤约4.15万t,每年减少二氧化碳排放约11.4万t
2	山东京台高速公路泰安至枣庄段智慧高速公路与济南东零碳服务区示范工程	京台高速平均拥堵时长减少19%,交通事件平均处置时长降低20%;建成国内首个零碳服务区,年均减少二氧化碳排放3400t,日均发电量10000kW·h以上,年节约标准煤1200t,实现服务区100%"绿电"供应和100%中水回收利用

续上表

序号	项目名称	预期成效
3	四川攀枝花至大理高速公路分布式光储项目	实现年平均发电量 285 万 kW·h,运营 25 年总发电量达 7125 万 kW·h,节约标准煤约 2.34 万 t,减少二氧化碳排放约 5.7 万 t,减少二氧化硫排放约 0.052 万 t
4	河北京哈高速公路智能化建设项目二期(京津冀大流量高速公路准全天候通行试验示范路)	实现准全天候通行,恶劣气象下高速公路通行能力提升 30%,因恶劣气象导致的封路时长降低 20%,因事故导致的拥堵时长减少 30%,应急指挥调度事件发现及处置时长降低 10%

参考文献

[1] 傅志寰,孙永福.交通强国战略研究 第一卷[M].北京:人民交通出版社股份有限公司,2019.

[2] 刘振亚.能源网 交通网 信息网 积极推进"三网"融合发展[N].学习时报,2020-12-09(8).

[3] 贾利民,师瑞峰,吉莉,等.我国道路交通与能源融合发展战略研究[J].中国工程科学,2022,24(3):163-172.

[4] 陈清泉."四网四流"融合技术将引领电气化交通新时代[J].城市轨道交通研究,2021,24(7):6,230.

[5] KALIL T. Public policy and the national information infrastructure[J]. Business Economics,1995,30(4):15-20.

[6] KRAEMER K L, DEDRICK J, JEONG K H,et al. National information infrastructure:A cross-country comparison[J]. Center for Research on Information Technology and Organizations,1996:81-93.

[7] 袁裕鹏,袁成清,徐洪磊,等.我国水路交通与能源融合发展路径探析[J].中国工程科学,2022,24(3):184-194.

[8] 高柯夫,孙宏彬,王楠,等."互联网+"智能交通发展战略研究[J].中国工程科学,2020,22(4):101-105.

[9] 汤博阳."八纵八横"干线网筑起中国通信业的脊梁[J].数字通信世界,2008,12:17-22.

[10] 顾阳.智能电网+特高压电网+清洁能源 能源互联网成电力转型关键[EB/OL].(2019-04-23)[2023-12-26]. http://energy.people.com.cn/n1/2019/0423/c71661-31044378.html.

[11] WU T,LIU S,NI M,et al. Model design and structure research for integration system of

energy, information and transportation networks based on ANP-fuzzy comprehensive evaluation[J]. Global Energy Interconnection,2018,1(2):137-144.

[12] 曹文翰,张雪永.历史、理论与实践:解读交通强国战略的三重逻辑[J].社会科学研究,2021,3:34-40.

[13] 方斯顿,赵常宏,丁肇豪,等.面向碳中和的港口综合能源系统(二):能源-交通融合中的柔性资源与关键技术[J].中国电机工程学报,2023,43(3):950-969.

[14] 卢海涛.高速公路全生命周期能耗统计模型研究[D].长沙:长沙理工大学,2011.

[15] 王剑波,李腾飞.基于大数据挖掘的高速公路货车能耗统计方法研究与应用[J].公路,2019,4:228-232.

[16] 罗文结.公路项目建设期能耗计算及评估系统设计与实现[D].广州:华南理工大学,2019.

[17] 唐珂.高速公路营运期能耗水平分析与测算方法研究[D].西安:长安大学,2013.

[18] SUN D H, LI Y F, LIU W N,et al. Research summary on transportation cyber physical systems and the challenging technologies[J]. China Journal of Highway and Transport,2013,26(1):144.

[19] 王笑京.新一代智能交通系统的技术特点和发展建议[J].工程研究:跨学科视野中的工程,2014,6,1:37-42.

[20] 沈孟如,杨萌柯.交通信息网和电信网的融合架构及融合信息系统的技术评价[J].公路交通科技,2015,32(10):108-119.

[21] 吴建清,宋修广.智慧公路关键技术发展综述[J].山东大学学报(工学版),2020,50(4):52-69.